"十二五"职业教育国家规划教材

经全国职业教育教材审定委员会审定

普通高等教育"十一五"国家级规划教材

房地产开发与经营

第3版

主　编　刘学应

副主编　田明刚　史广喜　吴明桦　俞卫康

参　编　毛建生　陈晓汀　陈宏刚　刘东哲
　　　　佟莉新　金水根　李米撑

机械工业出版社

本书为"十二五"职业教育国家规划教材，经全国职业教育教材审定委员会审定。

全书共 9 章，并附有与房地产相关的新法规。本书主要介绍了房地产及房地产开发的基本概念，房地产开发项目的可行性研究，土地使用权的获取和开发前期准备，房地产开发项目的管理、营销与策划、资金筹措与风险防范，房地产税收与保险，物业管理等内容。

本书第 3 版增加了房地产实际项目，特别是典型工程案例的内容，内容贴近工程实际，更具实用性；涉及政策法规的部分全部按新颁布法规和最新修订的内容进行更新，并适当进行补充完善，在每章节后增加分析与讨论环节，目的在于增加学生分析与解决实际问题的能力，以引导学生关注与房地产相关的热点问题，同时培养学生的职业创新能力。根据高职高专的特点，本书以应用为目的，强调实用和可操作性。

本书可作为高职高专土木工程类、工程管理类、房地产及物业管理类等专业学生的教学用书，同时也可供建设单位、房地产开发单位、工程咨询单位等有关单位的工程技术管理人员参考。

图书在版编目（CIP）数据

房地产开发与经营/刘学应主编．—3 版．—北京：机械工业出版社，2016.11（2024.6 重印）
"十二五"职业教育国家规划教材　普通高等教育"十一五"国家级规划教材
ISBN 978-7-111-55652-7

Ⅰ. ①房… Ⅱ. ①刘… Ⅲ. ①房地产开发—高等职业教育—教材　②房地产经济—高等职业教育—教材 Ⅳ. ①F293.3

中国版本图书馆 CIP 数据核字（2016）第 302708 号

机械工业出版社（北京市百万庄大街 22 号　邮政编码 100037）
策划编辑：崔占军　赵志鹏　责任编辑：赵志鹏　宋　燕
责任校对：黄兴伟　潘　蕊　封面设计：鞠　杨
责任印制：单爱军
北京虎彩文化传播有限公司印刷
2024 年 6 月第 3 版第 7 次印刷
184mm×260mm·16.5 印张·398 千字
标准书号：ISBN 978-7-111-55652-7
定价：45.00 元

电话服务　　　　　　　　　网络服务
客服电话：010-88361066　　机 工 官 网：www.cmpbook.com
　　　　　010-88379833　　机 工 官 博：weibo.com/cmp1952
　　　　　010-68326294　　金 书 网：www.golden-book.com
封底无防伪标均为盗版　　　机工教育服务网：www.cmpedu.com

第3版　前言

本书是21世纪高职高专规划教材《房地产开发与经营 第2版》的修订版。本书第1、2版已经过多次印刷，在全国范围内已被许多院校使用，第2版被教育部列入高等教育"十一五"国家级规划教材。

由于房地产开发与经营是一门实践性较强的专业课程，因此本书第3版在第2版的基础上，增加了实际房地产项目开发与经营的案例，以及许多要求实践和现场调研的内容，以使同学们所掌握的理论知识更有针对性，目的性也更加明确；同时在每章后增加分析与讨论环节，以提高学生分析与解决实际问题的能力，特意引导同学们关注与房地产相关的热点问题，以及培养学生的职业创新能力。房地产开发由于政策性强，所涉及的法律、法规也非常多，因此对不合时宜的内容进行了删减，对新的政策相关内容做了适当的补充和完善。附录部分还替换并增补了与房地产开发相关的政策法律、法规条文。

针对高职高专教育的特点，本书在编写内容方面突出应用型人才的培养，理论知识适度，加强实践性和可操作性。教材编写组由长期从事房地产及相关专业教学的一线高校教师和从事房地产开发、房地产管理的专业技术人员组成，以尽可能地缩短理论与实践的距离。

本书可作为两年制和三年制高职高专院校及其他职大、业大、成人高校房地产与经营、物业管理、土木工程类专业教材，也可供应用本科房地产开发与经营、物业管理、土木工程类专业以及从事房地产开发与经营的技术人员和管理人员参考。

本书由刘学应主编，其中第1、2章由刘学应编写，第3章由吴明桦编写，第4章由俞卫康编写，第5、6章与部分案例由田明刚编写，第7章由陈晓汀、陈宏刚编写，第8章及部分案例由史广喜编写，附录由刘东哲编写，第9章由佟莉新、毛建生编写。金水根、李米撑等提供了部分案例素材，并参加了部分章节内容的编写工作。全书由刘学应负责统稿、整理工作。本书在编写过程中得到了机械工业出版社和编者所在的有关单位大力支持，在此谨表示感谢！

由于编者水平有限，书中错漏在所难免，恳切希望广大读者批评指正。

编　者

目 录

第3版 前言

第1章 概述 1
- 1.1 房地产概述 1
- 1.2 房地产产权 2
- 1.3 房地产业的概念、特征 3
- 1.4 房地产市场 6
- 本章小结 11
- 复习思考题 12
- 综合实践题 12
- 分析与讨论 12

第2章 房地产开发 13
- 2.1 房地产开发概述 13
- 2.2 房地产开发的方式和程序 15
- 2.3 房地产开发机构 18
- 本章小结 21
- 复习思考题 21
- 综合实践题 21
- 分析与讨论 26

第3章 房地产开发项目的可行性研究 27
- 3.1 可行性研究概述 27
- 3.2 房地产开发项目的可行性研究的特点 32
- 3.3 房地产开发项目的综合评价 33
- 3.4 房地产开发项目的可行性研究报告的内容 36
- 3.5 项目可行性研究案例 39
- 本章小结 46
- 复习思考题 46
- 综合实践题 46
- 分析与讨论 47

第4章 土地使用权的获取和开发前期准备 51
- 4.1 土地的基本概念 51
- 4.2 土地使用权的获取途径和程序 56
- 4.3 房地产开发中的拆迁补偿与安置工作 63
- 4.4 房地产开发的前期准备工作 67
- 本章小结 69
- 复习思考题 69
- 综合实践题 70
- 分析与讨论 70

第5章 房地产开发项目的管理 71
- 5.1 业主对开发项目的管理 71
- 5.2 房地产开发项目的招标管理 73
- 5.3 房地产开发项目的合同管理 77
- 5.4 房地产开发项目的质量、进度、投资控制 81
- 5.5 房地产开发项目的环境管理 86
- 5.6 房地产开发项目的竣工验收 88
- 本章小结 94
- 复习思考题 94
- 综合实践题 94
- 分析与讨论 95

第6章 房地产开发项目的营销与策划 97
- 6.1 房地产开发项目的营销与营销计划 97
- 6.2 房地产开发项目的价格策划 100
- 6.3 房地产开发项目的促销策划 109
- 本章小结 121
- 复习思考题 121
- 分析与讨论 121

第7章 房地产开发项目的资金筹措与风险防范 125
- 7.1 房地产开发项目的资金运作 125
- 7.2 房地产开发项目资金筹措的渠道 128

7.3 融资方案分析 135
7.4 房地产开发项目的
    资金成本与筹资决策 136
7.5 房地产开发项目筹资风险分析 139
本章小结 144
复习思考题 145
综合实践题 145
分析与讨论 145

第 8 章 房地产税收与保险 146
8.1 中国现行房地产税 146
8.2 房地产税费的有关政策及其影响 159
8.3 房地产保险 163
本章小结 171
复习思考题 171
综合实践题 171
分析与讨论 172

第 9 章 物业管理 173
9.1 物业管理概述 173
9.2 物业管理机构设置 176

9.3 物业管理的模式与内容 181
9.4 收益性物业经营管理的
    收入与费用 184
本章小结 190
复习思考题 190
综合实践题 191

附录 192
附录 A 中华人民共和国城市房地产
       管理法 192
附录 B 中华人民共和国城乡规划法 199
附录 C 中华人民共和国物权法 208
附录 D 物业管理条例（2007 修订）..... 227
附录 E 关于印发《经济适用住房
       管理办法》的通知 234
附录 F 城市房地产转让管理规定 239
附录 G 商品房销售管理办法 242
附录 H 公共租赁住房管理办法 248
附录 I 关于公共租赁住房和廉租住房
       并轨运行的通知 253

参考文献 255

第1章 概 述

【学习目的】

通过本章的学习，熟悉房地产的基本概念，正确认识房地产产权的基本内涵，以及房屋所有权和该房屋占用国有土地的使用权；能正确理解房地产业的概念、基本特征，能够准确把握房地产业基本内容，通过实践熟悉房地产市场交易的相关环节。

1.1 房地产概述

"房地产"一词有狭义和广义两种解释。狭义的房地产是指房屋、屋基地以及附属土地，这些附属土地是指房屋的院落占地、楼间空地、道路占地等空间上与房屋和屋基地紧密结合的土地。广义的房地产是指全部土地和房屋，以及附着于土地和房屋上不可分离的部分。从法律意义上说，房地产本质上是指以土地和房屋作为物质存在形态的财产，这种财产是寓含于房地产实体中的各种经济利益以及由此而形成的各种权利，如所有权、使用权、租赁权、抵押权等。简单地说，房地产就是房产和地产的总称，包含土地、建筑物和附着在土地、建筑物上不可分离部分以及附带部分的各种权益。

房产是在法律上明确了权属关系的房屋财产。房产具有实物形态，是明确了权属关系的房屋及构筑物等建筑物；房产具有商品属性，有使用价值和价值，能够用来交换；房产具有法律属性，其产权主体具有相应的权利及依法获取经济利益的权利。

地产即土地财产，是在一定土地所有制下作为财产的土地。地产作为物质资料表现为土地，是由地球表面上空一定高度和地球表面及地下一定深度的岩石、土壤、矿藏、水域、植被、空气等构成的物质整体。土地是自然资源，是自然界中客观存在物；土地也可以是社会资源，即经过人类劳动而加以改造，成为已被开发的土地。而地产是具有使用价值和交换价值的土地，有商品属性，能够用来交换。因各国土地制度不同，不同土地制度下的土地交换具有不同的内容。在我国，土地交换表现为土地使用权和经营权的交换，不存在土地所有权的交换。地产具有法律属性，就是土地所有制关系表现为法权关系，使土地权利主体具有支配、使用土地并获得经济利益的权利。

地产和土地、房产和房屋既有联系又有区别。土地是自然资源，是人类具有的不可缺少的自然条件，房屋是人类居住、生产或从事其他活动的建筑物。作为财产，它们体现了人们经济关系和法律关系，但是这些经济关系和法律关系不能独立存在，必须以房屋和土地作为其物质承担者。

房地产作为财产以归属为前提，体现了所有制关系，土地和房屋归谁所有，即由谁占有、使用、收益、处分。目前，我国土地存在国家和集体两级所有制，土地使用权由国家有偿出让，使用者在使用年期内可依法处置使用权。因此，房地产具有商品属性。

房地产又具有一定的法律形态，房地产经济关系被房地产法律规范调整而形成一种法律上的权利和义务关系，也就是人们对土地和房屋的权利。围绕土地和房屋之间发生权利、义务关系，土地和房屋是行使这种权利的物质基础。除土地和房屋的所有权外，还有抵押权、租赁权、使用权等。

1.2 房地产产权

1.2.1 房地产产权的概念

房地产产权是指房屋所有权和该房屋占用国有、集体土地的使用权，以及基于上述权利附着或派生出的其他权利，如用房地产作抵押担保而存在的房地产抵押权，因房屋典当而产生的典权，以及属于债权的房地产租赁权等。

房地产产权是指房地产所有者对其房地产享有的占有、使用、收益、处分权。所谓占有权，是合法取得和拥有的意思。它是指事实上对房地产的控制和支配。占有权是房地产产权的基本内容，占有房地产的可以是所有者本身，也可以是非所有者通过合法手续对房地产的占有。

所谓使用权，是指房地产的占有者按照房屋的性能及使用价值对房屋合理地加以利用的权利。房地产的权属所有人可以自己行使使用权，如自住、自用等；也可以依一定的条件把房地产的使用权转让给他人，如出租、出借、抵押等。

房地产的使用权和占有权是密不可分的，没有占有权，使用权就失去了存在的基础，而使用权又可以从所有权中分离出来，即有使用权不一定就有所有权，但却一定有占有权。所谓收益权，是指房地产所有权人按照法律规定，从履行权利义务关系中得到的收益，如出租房屋收取的租金。房地产收益是房地产所有权内在固有的要求，它是所有权实现重要的途径之一。所谓处分权，是指房屋所有权人在法律允许的范围内，根据自己的意愿，对房地产进行处置的权利，如依法对自己所有的房地产出售、赠与、交换等。

1.2.2 房地产产权的基本内容

房地产产权有狭义和广义之分，狭义的房地产产权是指房地产产权所有人依法对土地及其地上或地下的建筑物、其他附属物拥有占有、使用、收益和处分的权利。广义的房地产产权是指对房地产拥有处分权、售卖权、租赁权、抵押权、典当权、留置权、赠与权和房地产继承权等。

1. 房地产所有权

房地产所有权指房地产所有人在法律规定的范围内独立地支配其所有财产的权利，也就是房地产所有人对属于自己的房地产享有占有、使用、收益和处分的权利，他可以将这些权利集于一身，也可以依法让渡。

2. 占有权

占有权即产权人事实上对自己房地产的控制和支配的权利，占有权可分为所有权占有权和非所有权占有权。

3．使用权

使用权是指按照房地产的性质和功能加以利用的权利，使用权也可分为所有权使用权和非所有权使用权。

4．收益权

收益权即按照法律的规定，在履行权利和义务中获取利益的权利。

5．处分权

处分权即产权人在法律的范围内，根据自己的意愿处置房地产的权利。

6．抵押权

抵押权是指债务人或第三人以其所拥有的房屋所有权和土地使用权作为履行债务的担保，当债务人不能履行债务时，债权人有权处置抵押物，并且有首先受偿的权利。

7．典权

典权是指支付典价而占有他人房地产并进行使用、获取收益的权利，也就是房地产产权人作为出典人将其土地使用权和房屋所有权交给承典人，承典人支付典价，获得了在典期内的房地产典物的使用权，并且可以转典或出典。

8．租赁权

租赁权是指土地使用权获得者在其土地使用权及其土地之上的建筑物、构筑物的使用期内，将使用权在一定时期或分期地让渡出去。

1.3 房地产业的概念、特征

1.3.1 房地产业的概念

房地产业是指从事房地产开发、经营、管理和服务的产业，并由从事以上活动的各类单位所组成。房地产业包括土地开发，房屋建设，维修和管理，土地使用权的出让、转让，房屋所有权的买卖、租赁，产权产籍管理，物业管理，售后服务等一系列经济活动和从事这些活动的经济主体。

房地产业是一个独立的产业部门。联合国制定的《国际标准行业分类》中，把经济行业分为 10 类，房地产业属于第八类，由四个部分组成：出租和经营房地产；进行土地功能分区和房地产开发；不动产出租人；通过合同或收费方式经营的租赁、买卖、管理、评估房地产的代理人、经纪人和管理者。

2012 年，根据国家质检总局和国家标准委颁布的《国民经济行业分类》(GB/T 4754—2011)，国家统计局再次对 2003 年《三次产业划分规定》进行了修订。三次产业的范围：第一产业是指农、林、牧、渔业（不含农、林、牧、渔服务业）。第二产业是指采矿业（不含开采辅助活动），制造业（不含金属制品、机械和设备修理业），电力、热力、燃气及水生产和供应业，建筑业。

第三产业即服务业，是指除第一产业、第二产业以外的其他行业。第三产业包括：批发和零售业，交通运输、仓储和邮政业，住宿和餐饮业，信息传输、软件和信息技术服务业，金融业，房地产业，租赁和商务服务业，科学研究和技术服务业，水利、环境和公共设施管理业，居民服务、修理和其他服务业，教育，卫生和社会工作，文化、体育和娱乐业，公共管理、社会保障和社会组织，国际组织，以及农、林、牧、渔业中的农、林、牧、渔服务业，采矿业中的开采辅助活动，制造业中的金属制品、机械和设备修理业。

国家把建筑业和房地产业分别列入了第二、三产业，建筑业是房地产业的基础，没有建筑业，房地产业无从谈起，房地产业是建筑业的延伸，它们之间既有联系又有区别。根据房地产业在国民经济中所占的重要分量，将其列为一个独立的产业部门是社会经济发展结果的必然选择。

按照《国民经济行业分类与代码》（GB/T 4754—2011）的分类，房地产业包括房地产开发经营、物业管理、房地产中介服务、自有房地产经营活动和其他房地产业等。

房地产开发经营是指房地产开发企业进行的房屋、基础设施建设等开发，以及转让房地产开发项目或者销售、出租房屋等活动，具体包括：

1）土地使用权的转让、买卖和租赁活动。
2）住宅、公寓的开发、销售、出租等活动。
3）办公楼的开发、销售、出租等活动。
4）商业营业用房的开发、销售、出租等活动。
5）其他建筑物的开发、销售、出租等活动。

物业管理是指物业服务企业依照合同约定，对房屋及其配套的设施设备和相关场地进行维修、养护、管理，维护环境卫生和相关秩序的活动，具体包括：

1）住宅小区、住宅楼、公寓、别墅、度假村等物业管理。
2）综合楼、办公楼、写字楼、商场、商厦、购物中心、酒店、康乐场所等物业管理。
3）工厂厂房、仓库等物业管理。
4）车站、机场、港口、码头、医院、学校等物业管理。
5）房管部门（房管局、房管所）对直管公房的管理。
6）单位对自有房屋的管理。
7）其他物业管理。

房地产中介服务是指房地产咨询、房地产价格评估、房地产经纪等活动，具体包括：

1）房地产价格评估机构活动。
2）房屋买卖居间、代理活动。
3）房屋租赁居间、代理活动。
4）房地产咨询活动。
5）房屋置业担保。
6）其他房地产中介代理。

自有房地产经营活动是指除房地产开发商、房地产中介、物业公司以外的单位和居民住户对自有房地产（土地、住房、生产经营用房和办公用房）的买卖和以营利为目的的租赁活动，以及房地产管理部门和企事业、机关提供的非营利租赁服务，还包括居民居住自有住房所形成的住房服务。

1.3.2 房地产业的特征

高投入、高风险、高回报是房地产业的特征。要最大限度地降低投资风险，对投资环境的了解，对投资项目的可行性分析就显得尤为重要。

房地产作为商品还有不同于其他商品的特性，所以生产和经营这种商品的产业就有不同于其他产业的特性，主要表现在以下方面：

1. 房地产业的基础性

人们生活离不开房地产，人们从事生产活动也离不开房地产，房地产是人们生产、生活以及从事各种经济活动的重要基础条件，也是社会经济发展的重要基础条件。从这个意义上说，房地产业是基础性产业。房地产业为国民经济发展提供基本的生产要素和基本条件。任何一项经济活动，都离不开房屋和土地。房地产业为各行各业提供从事生产和其他经济活动的入住空间，提供生产性和非生产性固定资产，从而为国民经济发展提供一个基本条件。尤其是在当代，现代化生产和经济活动，经济全球化的趋势，客观上要求先进完善的基础设施的入住空间作为发展经济、吸引外资与国际接轨的基本条件。

房地产业为居民提供基本的生活资料。房屋是居民生活基本的物质条件，居住条件改善是生活水平的提高、消费内容和消费结构改变的目标之一，我国经济社会发展的长远规划内容之一就是提高人均住房指标。正因为如此，在近几十年内，房地产业对投资者极具吸引力，新区开发和老区的改造，为改善居民基本的生活条件做出了巨大贡献。

房地产业是城市建设和发展的基础。城市化是社会生产力改革所引起的人类生产方式、生活方式和居住方式改变的过程。城市化表现之一就是城镇数目不断增加，城市人口不断膨胀，城市用地规模不断扩大，城市基础设施和公共服务设施水平不断提高。城市化是社会生产力发展的必然结果。房地产业为城市化发展做出重大贡献，为城市的建立、扩展和现代化提供入住空间和基础设施，从而创造良好的投资环境和舒适、优雅、方便的生产和生活环境，有利于吸引各方面资金来投入城市经济的建设。

2. 房地产业的先导性

房地产业的先导性是指房地产对于发展社会和改善人民生活所具有的先导作用。人们居住条件的改善依赖于房地产业提供数量不断增加，优质的、符合现时经济发展水平的居住要求的住房；生产的发展要求有符合生产经济技术要求的入住空间；社会经济发展，要求有相应的基础设施。所以，生活水平的提高，生产、社会经济的发展要求房地产业超前发展，为各行各业发展提供相应的条件。国民经济各行各业有了基本的生产和生活条件，才能从事各种各样的生产活动和社会活动，才能发展各项事业，因此，房地产业是先导产业。

3. 房地产业的灵敏性

在市场经济条件下，房地产业能够灵敏地反映社会经济运动的周期性。在经济周期运动的不同阶段，各行各业的经营状况不同，它们对房地产需求有明显差别，居民对住宅的需求状况也有明显不同，房地产业面临市场供求状况变化，进而调节增长速度和增长规模、借款规模和订货规模，因此，房地产业发展状况直接反映了社会经济运行状况。

4. 房地产业是支柱产业

在国民生产总值中房地产业占有一定的比重，一般为 6%～12%；人们的收入水平越高，社会对房产商品的需求越旺；房地产业有较广泛的前向后向联系，能带动很多相关产业的发展。它与建筑业、建材、冶金、化工、机械、电器、家具等 50 多个物质生产部门有紧密的联系，还与金融、邮电通信、旅游、交通运输、商业、服务业等第三产业部门有依存关系。所以，国民经济的发展离不开房地产业的发展。它在国民经济发展中起着重要的推动作用，是能对国民经济产生很大影响的产业部门。

5．房地产业的风险性

房地产开发项目投资额巨大，其生产商品价格高昂，有垄断性、利润丰厚和高风险性。特别是房地产业的产业经营状况受市场状况直接影响，要承担很大的风险。

1.4 房地产市场

1.4.1 房地产市场的概念

房地产市场是市场经济条件下市场体系的一个有机组成部分。房地产市场有多种含义：

1）房地产市场是指房地产买卖、租赁、抵押、典当等交易的活动场所。
2）房地产市场是指整个社会房地产关系的总和。
3）房地产市场是指房地产商品流通环节的状况，包括供给和需求状况及其相互关系。
4）房地产市场是指房地产经济内在调节机制，即调节房地产经济的价值规律。

房地产市场作为经济范畴，随着商品经济发展产生并且其内涵不断充实和科学化，其外延不断扩展。房地产市场的发展受制于整个国民经济发展的状况，它的发展状况反映了国民经济发展的成果与存在的问题。

1.4.2 房地产市场内在系统

一个完整的市场有其内在的构成系统，房地产市场也不例外，它是由市场主体、市场客体、市场行为、市场秩序和市场规则、市场运行机制等构成的一个系统。

1．房地产市场主体

市场主体是指在市场中从事交易活动的组织和个人。它包括自然人和法人；包括营利性机构，也包括非营利性机构。具体来讲，市场主体一般包括企业、政府、居民和其他非营利性机构。房地产市场主体是指在房地产市场中从事交易活动的组织和个人。根据在房地产市场从事交易活动地位的不同，可将房地产市场主体划分为供给者、需求者、中介人和管理者。

（1）供给者　供给者是指向房地产市场提供土地或房屋交易对象，也就是卖者。卖者一般为政府相应机构、房地产开发公司、企业、事业单位和居民。

（2）需求者　需求者是指在房地产市场中用有偿方式取得房地产商品所有权或者使用权的市场主体。需求者一般有企业、居民、政府机构、事业单位和外国驻华机构等。

（3）中介人　中介人是指从事房地产市场交易服务的具有法人资格的机构，主要有房地产交易所、经纪人、保险公司、律师事务所和资产评估机构等。

（4）管理者　管理者是指为维护正常的交易秩序、提高交易效率而对房地产市场进行管理并行使职能的专门机构。我国房地产市场管理者主要有土地管理局、房地产管理局以及住房与城乡建设局、物价局、税务局、工商行政管理局等监管房地产市场的机构。

2. 房地产市场客体

市场客体是指作为交易对象的各种商品和劳务，市场客体有有形商品和无形商品，有生产资料和消费资料，有商品和要素等。房地产市场的客体主要是土地使用权、房屋所有权和使用权。

3. 房地产市场行为

市场行为是指市场主体在市场交换过程中为了某种目的而进行的市场活动，包括购买行为、销售行为和竞争行为。房地产市场行为特指房地产市场主体在房地产市场交换过程中为了某种目的而进行的市场活动，包括为了购买或销售土地使用权、房屋所有权或者使用权以及为了进行竞争所进行的活动。

4. 房地产市场秩序和市场规则

市场秩序就是市场有序、有条理运行的条件。没有相应的条件或条件不完全就会造成市场运行的混乱。市场秩序依赖于完善的市场规则。市场规则是国家依据市场运行规律的要求，为保证市场运行有序性而制定的所有市场主体都必须遵守的规章制度。市场规则主要包括市场准入规则、市场交易规则、市场竞争规则和市场仲裁规则等。在市场运行过程中，人们对市场运行规律的内容、要求的认识不断深化和全面，反映在规章制度的制定上也不断完善，贯彻制度的组织机构不断体系化。

房地产市场秩序和市场规则是市场秩序和市场规则的一个有机组成部分和细化。为建立正常的市场秩序，规范市场行为主体的行为，应建立房地产法律体系。我国房地产法律体系由多部法律以及相应的法规和规章构成，主要法律有《中华人民共和国土地管理法》《中华人民共和国城乡规划法》《中华人民共和国城市房地产管理法》《中华人民共和国物权法》；主要法规有《城市房屋拆迁管理条例》《中华人民共和国城镇国有土地使用权出让和转让暂行条例》《城市房地产开发经营管理条例》《物业管理条例》《城市房地产转让管理规定》《商品房销售管理办法》《经济适用住房管理办法》等。

5. 房地产市场运行机制

（1）房地产市场运行机制是市场机制　市场机制属于经济机制范畴，经济机制是指一定经济机体内各构成要素之间相互联系和相互作用而形成的功能，它存在于社会再生产的生产、交换、分配和消费的全过程。由于经济机制是经济机体的有序运动，因此，经济机制又称经济运行机制。经济机制运行的基本功能是将个别劳动还原为社会劳动，在社会生产和社会需求之间建立平衡关系，实现资源的最佳配置。在市场经济条件下，价值规律具有以上功能。所以，市场机制就是价值规律的作用机制，也就是在市场机制内，竞争、供求、价格等要素之间相互联系和作用，形成价值作用的价值功能。市场机制的运行过程就是竞争机制、供求机制、价格机制互相联系和互相作用的过程。

1）在房地产市场中，竞争机制是房地产市场主体为自身经济利益而展开的斗争。这种斗争有市场供给者之间的斗争，有市场需求者之间的斗争，有供给者和需求者之间的斗争。竞争机制发挥功能不是孤立的，必须在与价格机制与供求机制相互联系和相互作用中发挥功能。在市场竞争中，当房地产供给超过需求时，供给者处于竞争劣势，为了实现房地产价值或暂时让渡使用权，供给者之间竞争激烈，最终使价格下降，促使房地产投资减少，从而又刺激需求者购买，实现一定时期内的房地产供求平衡，价格趋向价值。房地产市场的供给者，为了在竞争中取胜，面对竞争压力，必须改进经营管理和提高劳动生产率，增加卖点，扩大竞争优势，从而推动整个房地产业的发展。

2）供求关系反映价格与供求关系的内在联系。房地产市场供求关系变化，导致市场价格的涨落，市场价格的涨落，在一定时期里会刺激供给和需求的增减。

3）价格机制是在房地产市场中供给与需求同价格的有机联系和运动。供给关系变化，引起价格变动；价格变动又会引起供求变化；在这种联系和波动中，供求趋势一致，价格趋向价值。但由于房地产商品从生产到形成市场供给，有一个时间间隔，因此，供求平衡需要一定时间逐渐实现。

所以，房地产市场运行机制就是价值规律的作用机制，是价格、供求、竞争三大市场机制作用于市场运行，调节房地产市场供给、需求、价格，使它们从不平衡到平衡到不平衡再到平衡，波浪式运动，使房地产市场在运动中发展。

(2) 市场机制的特点

1）联系性。任何一个机制的作用都会引起其他机制的相应的反应和作用，机制的作用是互为前提条件和相互作用的，缺一不可，缺少任何一个因素都不能成为市场机制。

2）客观性。特定条件下的市场机制的作用方向是特定的，不以人的意志为转移，如房地产商品供不应求，市场机制的作用表现为其价格上升，而不是下降。

3）利益制约性。市场机制通过调节市场主体经济利益，使其利益受益或受损引起经济主体市场行为发生变化，这种市场行为的变化就是价值规律作用的表现。

4）内在性。市场机制的作用来自于市场内部各要素相互作用、彼此影响的结果，是各要素耦合而形成的功能，不是市场外部作用的结果。

5）动态性。市场机制的运动从来没有停止过，其作用是在市场机制运动中实现的。

(3) 市场机制对房地产市场的作用

1）调节一定区域内的房地产供求关系，在一定时期内实现资源在房地产业的合理配置。由于房地产的位置固定性，房地产商品不能像其他商品那样从一个地区流到另一个地区，因此，市场机制的调节只能是一定区域内的调节。此外，房地产商品生产时间多于一般商品生产时间，增加房地产商品供给既不能依赖于从其他地区调入，也不能在短期内生产出成品。这样，当房地产商品供不应求时，价格上升，促使生产者增加生产，房地产需求者则因价格上升而减少需求，达到供求的暂时平衡。经过一定生产时期后，供给增加，价格回落，刺激购买，当价格下降到生产经营者难以承受的程度时，其商品的出售将等待下一个经济周期的到来，房地产从而将成为下一个经济周期的卖点。

市场机制对房地产商品的供求调节是波浪式的、运动的、长时期的趋向平衡的调节。

2）促进市场竞争和促使生产改进技术，提高管理水平和经济效益。在激烈的市场竞争中，生产者要占有市场、扩大市场占有率，唯一出路就是向购买者提供优质廉价的商品，必须不断提高技术水平，改进管理，提高经济效益。市场机制对生产者的这种激励作用的结果是带来了房地产业的发展。

房地产市场运行机制对房地产市场乃至房地产业具有积极作用，但由于市场机制不可避免地具有作用的局限性以及房地产市场自身具有的特性，因此，市场机制的作用不是完全自发的，受到政府间接或直接制约，即政府能够对房地产市场实行宏观调控，抑制其不良作用，促使房地产市场健康运行。

1.4.3 房地产市场的特性

作为市场体系的一个有机组成部分，房地产市场既具有各类市场的共同特性，又具有与其他市场不同的特性，房地产市场的特性取决于房地产商品的特性。

1. 房地产市场具有不可分割性

房地产市场的不可分割性一般是指房产和地产连为一体，因此，房产市场和地产市场必然融为一体，房屋所有权和使用权交易必然连同土地使用权交易同时进行。当然，在房地产市场中存在土地使用权交易市场，但是只要进行房屋交易就要连同其存在的基础即土地一同进行交易。其他各类市场中，商品或各要素可以独立进行交易。

2. 房地产市场又是房地产权益的交易市场

房地产商品市场交易中只有产权主体的变更和货币的运动，不发生房屋土地在空间的移动，没有物流。原因是房地产是不动产，进入市场参与流通的是房地产所有权和使用权等，是无形商品交易，在消费环节则表现为有形商品消费。因此，在市场运动中房地产取得有形商品和无形商品形态，房地产交易只能是契约的买卖形式。

3. 房地产市场具有区域性

一般商品在统一的市场体系下可以在全国甚至世界范围内流动，从一个区域进入另一个区域。由于房地产是不动产，有位置不可移动性，房地产交易是在一定区域内进行的一定地理位置上的房地产交易。

4. 房地产市场的不完全开放性

市场体系应是具有开放性的特点，但由于房地产资源的相对稀缺，随着经济社会的发展对房地产需求绝对量不断增长，同时，房地产资源配置直接关系到经济发展、人民生活和社会及自然环境状况，国家对房地产开发与经营实行严格管理，实行土地使用权有偿、有期限、有条件出让；城镇土地开发、经营活动必须符合城市总体规划的要求等，所以房地产市场还不是一个完全开放的市场，是受到各种限制的市场。

5. 房地产市场是非完全竞争的市场

这种特性易于出现市场的不均衡和垄断，具体表现为在我国土地一级市场由政府垄断，即土地使用权的出让主体是政府，房地产开发实行统一规划、统一征地等原则，只允许在二、三级市场由各类经济组织和个人进行土地使用权的转让和租赁等。此外，房地产的单质性和价格昂贵及投资数额巨大等因素都限制了市场的竞争。市场竞争的首要条件是市场主体及相应的资金资本能够自由地不受限制地进出市场，并且能在各种市场中自由转移。此外，只有市场中存在足够多的买家和卖家，才能使市场不至于被少数人垄断。

6. 房地产市场是综合性市场

目前，我国房地产市场是具有多功能、多层次、多样形式的综合性市场。房地产市场既包括生产资料，又包括消费资料；既有商品市场，又有劳务市场；既存在有形商品市场，又有无形商品市场，具有多功能性。

房地产市场多层次性表现为价格的多层次性，有福利价、成本价、准成本价、优惠价和商品价等。随着市场体制的完善，市场价格体系的层次也会发生相应的变化。

房地产市场多样形式表现为流通形式和经营形式的多种特征，如出售、租赁、按揭、抵押、现货和期货等各种交易方式以适应买卖双方的需要。

7. 房地产经济寿命长，可多次重复交易

普通商品一旦进入消费，很难再进入流通，或没有必要再进入流通。房地产经济寿命一般80年，在一个经济寿命周期内可能多次进入流通，多次易主。尤其是地产及其使用权的出让次数之多不可估算。

1.4.4 房地产市场运行的一般规律

房地产市场作为要素市场与其他要素市场不同，房地产市场作为市场组成部分也与一般商品市场不同，有其自身特点，这些特点决定了房地产市场运行与其他商品市场运行不同。

市场运行是指运动的有序过程而不是杂乱无章的运动，是按照一定的规则和程序运动的。

1. 房地产市场的运行规则

按照价值规律的要求，在市场竞争、价格、供求三大要素作用下展开房地产市场的运动。由于房地产具有稀缺性，尤其是地产其物质存在形态不可增加，社会对房地产价格总是超出其价值。此外，因房地产存在一定程度的垄断，竞争机制的作用表现不充分，使运行过程具有不完全竞争性。所以在房地产市场运行中，价值规律作为一种运作规则制约着行为主体的经济行为。

政府制定的法律、法规对房地产市场运行的作用具有强制性。法律是客观经济关系的法制化，法规是贯彻法律的具体行政规定，法律、法规制约经济主体行为，使社会运动有序进行。改革开放以来，我国房地产法律制度不断加强和完善，陆续颁发了一系列法律和法规，从房地产开发、房地产交易、房地产管理、房地产税收等房地产业运行的各个环节到房地产业的各个方面都有相应的法律、法规制约其活动，规范着经济主体的经济行为。今后，随着对现实经济关系的认识不断深入，新的法律、法规的颁布，执法机构建设的加强，房地产市场行为和运行具有法律规范化的特点。

2. 我国房地产市场运行的环节

我国房地产市场运行包括相互联系和相互作用的四个环节。

(1) 地产交易环节　进入这个环节的交易主体有政府、企事业单位、金融机构、个人或外商，他们构成交易双方，即买卖双方、租赁双方或者抵押双方等。交易的标的物是土地使用权。交易的中介机构有交易媒体、融资媒体、咨询、估价、广告等。交易媒体有经纪商、代理商、地产交易机构等。融资媒体是为地产投资提供贷款的金融机构或者财务机构。此外，还有地产估价机构、信息咨询机构等。

市场运行这个环节，是市场相关主体有偿取得或者转让土地使用权的过程，即将土地使用权以外的其他权益作为商品进行交换，交换的具体形式有出让、买卖、租赁、互换、典当等。这个过程首先由政府发布批租通告，房地产商研究并进行投资咨询，做出投资决策，参加拍卖或者协商达成协议，办理交割；或者由取得土地使用权的房地产开发企业对土地进行开发后将开发的土地转让给经营者和使用者。

（2）房地产开发市场和建筑施工市场　房地产市场运行阶段，开发商获得土地使用权后，为了确保开发工程的质量，降低开发成本，提高开发的投资效益，确保工期，必须做好建设前的准备工作和施工工作。为此，开发商和金融机构发生市场关系，解决短期资金和长期资金的来源问题；开发商和勘察公司和具有规划设计职能的机构发生市场关系；为了做好拆迁工作，房地产开发公司与房屋拆迁公司发生市场关系；为了实现"七通一平"，房地产开发公司和土地开发公司发生市场关系；通过招标投标选择建筑公司；为了确保工程质量，房地产开发公司与工程建设监理公司发生市场关系。此外，作为建材供应商和建筑设备供应商也要进入这个市场。所以，市场运行的这个阶段是众多经济主体进入市场，开发商作为市场核心主体以筹措资金、勘测设计、组织施工交易活动为主要内容的市场运行过程。

（3）物业交易和租赁市场运行阶段　在市场运行的阶段，开发商将建成后的物业销售或出租给入住者或者经营者，实现房地产商品价值，获取利润。进入此阶段的经济主体有房地产开发商、房地产需求者和经营者、中间商以及金融机构、保险机构等。

这个阶段是房地产市场运行的核心阶段，它的重要性表现为：房地产开发商投资的预期目标能否实现依赖于此，如果能按开发商预期的价格销售和租赁房地产商品，房地产开发商进行开发经营投入的资金可以得到收回并取得相应的利润，否则相反。前两个运行阶段甚至第四个市场运行阶段均为市场运行这一阶段服务。

（4）物业管理市场运行阶段　物业管理公司为入住者提供有偿的物业服务和入住者选择物业公司的市场活动是这个阶段的主要内容。业主在选择物业公司时，一般采取协议、招标或者委托方式。

在房地产市场运行过程中，执法机构参与运行的始终，以确保运行有序进行。

本 章 小 结

房地产是房产和地产的总称。

房产和房屋、地产和土地有联系又有区别。土地是自然资源，是人类具有的不可缺少的自然条件，房屋是人类生活和生产及从事其他活动的建筑物。作为财产，它们体现了人们经济关系和法律关系。

房地产产权是指房屋所有权和该房屋占用国有土地的使用权。房地产的使用权和占有权是密不可分的，没有占有权，使用权就失去了存在的基础，而使用权又可以从所有权中分离出来，即有使用权不一定就有所有权，但却一定有占有权。

房地产业属于第三产业的范畴。房地产业是一个独立的产业部门，它与建筑业都是独立产业，它们之间有联系又有区别。房地产业在国民经济中占有非常重要的地位。

房地产业包括房地产开发经营、物业管理、房地产中介服务、自有房地产经营活动和其他房地产活动等。

房地产市场运行主要包括地产交易、房地产开发市场和建筑施工市场、物业交易和租赁市场运行、物业管理等阶段。

房地产市场作为市场体系的一个有机组成部分，具有各类市场的共同特性，又具有与其他市场不同的特性，其特性取决于房地产商品本身的特性。

复习思考题

1. 什么是房地产？它包括的基本内容是什么？
2. 我国房地产产权的基本内容包括哪些？
3. 根据《三次产业划分规定》的规定，第一、二、三产业分别指哪些内容？房地产业又属于哪一产业？
4. 房地产业包括哪几个主要方面？每一方面具体又包括哪些内容？
5. 房地产业具有什么样的特征？
6. 房地产市场运行有哪些环节？谈谈您对房地产市场的认识。

综合实践题

1. 请安排时间到本市的房地产市场或相关市场进行调研。请了解房地产有关办证的种类及办理程序，如房屋交易时的契证、房产证、土地使用权证办理的流程、手续，要准备哪些资料？
2. 请在互联网上搜索自己所在城市房地产信息政府网站的相关内容，请查询国家及本地区房地产的最新政策和最新动态，并就自己所关心的问题在同学之间开展交流。

分析与讨论

根据《国家新型城镇化规划（2014—2020年）》的要求，将颁布《不动产统一登记条例》，国家建立以土地为基础的不动产统一登记制度，实现全国住房信息联网，推进部门信息共享。《不动产统一登记条例》是建立实施以土地为核心的不动产统一登记制度，是我国产权管理体制机制的一项重大改革。大概用3年时间全面建立不动产统一登记制度；用4年时间运行统一的不动产登记信息管理基础平台。请分析《不动产统一登记条例》的实施对房地产业带来哪些影响？分析房产、地产所应统一登记的内容，讨论为什么要登记这些内容，从不同的角度分析不动产登记所需信息的来源，如何能保证数据信息的准确？

第 2 章 房地产开发

【学习目的】

通过本章的学习，熟悉房地产开发的基本概念，掌握房地产开发基本原则及其与城市规划关系的基本内容，熟悉房地产开发的方式；通过理论学习和实践，掌握房地产开发的基本流程程序，了解房地产开发机构的设立条件和基本要求。

2.1 房地产开发概述

2.1.1 房地产开发基本概念

房地产开发，是指按照城市建设总体要求和社会经济发展的需要，选择一定规模的用地，有组织、有步骤地进行征地、动迁、土地开发、基础建设、房屋及配套设施建设和经营管理的一项综合性经济活动。

房地产开发跨越生产和流通两个领域，其经营活动内容包括：规划设计、征地拆迁、土地开发、各类房屋及配套设施建造、工程验收、经营销售、售后服务和管理。房地产开发具有周期长、投资大、风险大、利润高、综合性强等特点。因此，房地产开发要求有周密的规划，各个环节要求相互衔接、紧密配合，在保证工程质量和使用功能的前提下尽量缩短工期，降低风险，以求获得社会效益、经济效益和环境效益的完美统一。

房地产就开发的对象而言，有土地开发、房屋开发和房地产综合开发。房地产综合开发是指在一定开发区域内对土地和房屋实行一体化开发的全过程。

房地产就开发的区域而言，有新区开发和旧区开发之分。

房地产就开发规模而言，可划分为单项零星开发和成片集中开发。

2.1.2 房地产开发的基本要求

房地产开发项目的设计、施工，必须符合国家的有关标准和规范。房地产开发项目竣工，经验收合格后，方可交付使用。房地产开发是一种有组织的、涉及面非常广，并要求城市建设各个部门、各个方面相互配合、彼此协调的工程建设活动。因此，这种开发活动受到各个方面的制约和影响，同时，它又对各个方面的活动产生影响。所以，需要用相应的政策去指导，并用相应的法规去约束、规范房地产开发活动。在房地产开发活动过程中应遵循下列原则：

1）房地产开发必须是城市国有土地。房地产开发，是指在依法取得国有土地使用权的土地上进行基础设施、房屋建设的行为。农村集体土地不能直接用于房地产开发，必须事先通过国家征用转为国有土地后，才能成为房地产开发用地。通过出让或划拨方式依法取得国有土地使用权是房地产开发的前提条件。

2）房地产开发必须严格执行城市规划原则。房地产开发是城市规划实现的重要活动。城市规划是城市发展的纲领，是城市各项建设的依据。城市规划是指为了实现一定时期内城市的经济和社会发展目标，确定城市的性质、规模和发展方向，合理利用城市土地、协调城市空间布局和管理城市的基本依据，是保证城市土地合理利用和开发经营活动协调进行的前提和基础，是实现城市经济和社会发展目标的重要手段。城市规划指导房地产开发，使房地产开发得以合理发展，有明确的目标和发展方向。在城市规划区域内进行房地产开发，必须坚持适用经济的原则，开发项目的选址、布局、土地利用及各项建设必须符合城市规划，服从规划管理。在城市规划区域内进行开发需要申请用地的，必须持国家批准开发项目的有关文件，向城市规划行政主管部门申请用地，由城市规划行政主管部门审核，签发"建设用地规划许可证"。开发单位或个人在取得建设用地规划许可证后，方可向有关政府土地管理部门申请划批土地；任何单位和个人都必须服从城市人民政府根据城市规划做出的调整用地决定；各项开发工程不能妨碍城市的发展，危害城市的安全，污染和破坏城市环境，影响城市各项功能的协调；城市新区开发应当合理利用城市现有设施，开发城市新区应当具备水资源、能源、交通、防灾等建设条件，避开地下矿藏、有保护价值的地下文物古迹以及工程地质、水文条件不宜开发的地段；城市规划区内的开发工程要接受城市规划行政主管部门的检查。

3）房地产开发应当坚持全面规划、合理布局、综合开发、配套建设的原则。这一原则是实施房地产开发的最主要原则，它规范了从事开发的内容要符合城市建设总体规划；决定了调节开发过程中内在各种关系的方针，统筹安排建设项目，分期施工、协调发展；规定了房地产开发的目的是实现社会效益、经济效益、环境效益的统一。这一原则的贯彻，使房地产开发对我国社会主义现代化建设做出了巨大贡献。综合开发的内容，包括开发区的勘测、规划、设计、征地拆迁、安置、土地平整和所需道路、给水、排水、供电供热、通信等工程建设。有条件的地方，还可以包建住宅、生活服务设施，公共建筑、通用厂房等。过去我国在很长一段时间内，由于投资来源分散，城市建设采取的是分散建设，见缝插针的小生产方式。采取这种方式进行城市建设，造成城市规划难以实施，城市建设缺乏系统性，总体效益差。

4）房地产开发在实施过程中，应严格实行"统一规划、统一征地、统一设计、统一施工、统一配套、统一管理"的原则，有计划、有步骤地进行开发建设。

5）房地产开发必须坚持遵照土地使用权出让合同的规定开发土地的原则。开发者必须按合同约定的内容开发土地，必须按合同约定的动工期限开发土地。

6）房地产开发项目建设必须严格按工程建设程序实施，竣工验收合格，并经过政府行政主管部门竣工备案后才能交付使用。为了贯彻这一原则，房地产开发项目的规划、设计、施工和管理，必须符合国家的有关规定和标准。

7）房地产开发项目在实施商品房的预售和销售时，必须执行国家和各地方的销售许可制度和政策。

房地产开发若违反了这些原则，将会给人民生活、生命安全带来严重危害，容易给社会、经济建设带来难以估量的损失。我国的《中华人民共和国城市房地产管理法》《城市规划法》《城市房地产开发经营管理条例》等，对从事房地产开发应遵守的原则做出了明确规定。

2.2 房地产开发的方式和程序

2.2.1 房地产开发的形式

房地产开发主要有三种形式：新区开发、旧城区的改造，以及新区开发和旧城区改造相结合三种情况。

1. 新区开发

新区开发一般是指在市区边缘建成区以外，把农田或荒地改造加工，变成建设用地，设立新市区或建设卫星城，进行房地产开发。新区开发的特点是从"生地"开始，严格按照城市规划和开发区的功能进行房地产开发。一般来说，新区与城市中心地段相比区位条件较差，但用地条件宽敞，受限制因素较少，适合规模较大的产业和住宅等成片开发，但土地使用必须严格执行国家土地使用政策，节约用地，保护耕地和林地，保护农业用地。新区开发不仅仅提供了一个新的生产、生活和从事各种经济活动的区域，而且改变了一个区域甚至一个国家的城市结构以及基础设施的状况。因此，必须严格按城市总体规划要求和开发区的功能、特点进行新区开发。在新区开发过程中，首先进行土地开发，将非城市用地开发为可用于城市建设用地，然后进行房屋和公共设施的建设，铺设道路，使一个新城区初具规模，在此后一个相当长的时期内，新城区的开发工作将继续进行。

2. 旧城区的改造

旧城区的改造是指对建成区或老城区某些区段的建筑和各项配套设施进行拆迁改造或重新建设，以克服旧城区人口过密、交通紧张、住房拥挤、房屋陈旧、设施落后和环境污染严重的弊端。旧城区的改造改变或扩大了原有建筑地段的使用性能和功能，对节约土地资源、重新焕发城市青春起着重要作用。随着经济的发展，城市原有建设设施无论从数量上还是技术性能上都远远落后于发展的需要，最好的办法就是改造。除特殊原因外，一个国家或一个区域内，旧城区的改造需要连续不断地进行。一个城市历经若干年后也必须进行改建，才能跟上时代发展的步伐，令其充满历史与时代的气息，城市才能永存。旧城区的改造从某种意义上说比新区开发工作更为复杂，需要妥善处理好各种关系，既要对历史负责，又需满足现实和未来的期望。

3. 新区开发和旧城区改造相结合

新区开发既是经济发展的需要，又为旧城区改造提供条件，使新区开发和旧城区改造有机结合起来，相互促进。新区开发为旧城区的拆迁户提供房屋建筑，为旧城区生产力的调整提供生产基地，为有效使用土地、改变土地使用方向提供所需建筑物和构筑物。所以，旧城区改造对新区开发提供要求，新区开发为旧城区改造提供条件，这样有利于加快开发速度，缩短开发周期，又可以克服旧城区改造面临的一系列困难，促使新区开发所有投资资金尽快收回。因此，新区开发和旧城区改造相结合的开发是一种越来越受到重视的开发，尤其是随着现代化进程加快，相当一部分旧城区面临改造的问题，这种开发形式是一种首选的开发形式。因此，不少城市将建设的重点从新区开发转移到旧城区开发上来，实行新区开发和旧城区改造"双管齐下"的举措。

2.2.2 房地产开发的规模

房地产开发的规模一般有单项开发、小区开发和成片开发三种。

1. 单项开发

单项开发是指一个种类和一种性质的项目开发。这种开发往往是新区开发或旧城区改造中一个相对独立的项目，其规模较小，功能单一，配套设施简单，与成片开发相比，需要投资较少，建设周期较短，资金周转快，往往在新开发区或旧城区改造中形成一个相对独立的项目。但要求其设计式样、建筑景观等与周围地区协调一致。单项开发应考虑与城市总体规划相协调，其详细规划是城市规划的一个组成部分。例如，旧城区改造计划中要修建一幢商业大厦作为单项开发首先加以建设，既可满足未来区内需要，又能满足目前周围居民对购物的需要，从而带来社会效益并为开发公司带来经济效益。所以单项开发往往出自对社会效益、环境效益和经济效益的综合考虑，或更多地出自对自身经济效益的考虑。

2. 小区开发

小区开发是指有一定开发规模和较大的资源数额，占有相当面积的土地，建设周期较长的房地产开发。既有新建小区开发，也有对旧城区改造的小区开发。前者是新城区开发的一个区域内的开发，后者是旧城区内相对独立的街区的改造。小区开发要求各种基础设施齐全并建有相应的公共建筑，有理想的室外环境。单一性小区开发，主要是住宅小区开发，为满足住宅区内居民需求，建设了商业、文化娱乐、文教卫生、体育等设施。

3. 成片开发

成片开发是指开发规模巨大、投资数额较高、内含众多开发项目、开发周期长、占地面积相当于一个区域的综合性开发。成片开发包含有若干小区开发和单项开发。小者为一个居住小区，大者可相当于开辟一个新的城区，如高科技园区、贸易区、工业区、大型住宅社区等，规划设计中既有主体功能建筑又同时建有居住、商业、文化等设施。成片开发是一个国家或地区经济起飞的要求和体现。我国改革开放带来了经济腾飞，也使成片开发项目的规模越来越大。

成片开发使城市容易形成多个各具特色、定位不同、环境景观各异而又在城市整体交通网络的连接下的有机统一体，使城市真正呈现无限生机。同时，这样的模式有利于政府部门规范房地产业，更重要的是能够集中利用有限而宝贵的土地资源，并根据可持续发展的原则科学地制定城市建设布局，使城市充分发挥自身的作用。

可见，成片集中开发与综合开发的内涵是一致的，因为不进行综合开发，就不可能实现成片开发的目标。因此，应尽可能实施房地产开发项目的成片开发和集中建设。

2.2.3 房地产开发的程序

房地产开发内容复杂、工程巨大、建设周期长、对社会经济影响较大。因此，必须严格按开发程序进行开发。按照市场经济的运行机制要求和开发时间先后，开发程序依次分为投资决策阶段、项目前期工作阶段、项目建设实施阶段和房屋销售及物业管理阶段。

1. 投资决策阶段

这一阶段主要是对拟开发地和开发项目进行可行性研究，选定开发地点和开发项目，然后向政府有关部门申请立项，同时提出用地申请。待政府有关部门批准后，再进行规划区细部规划。

房地产开发项目经过一系列市场调查分析和可行性研究后，并确定一个最佳的投资方案。这个阶段是整个开发过程中最为关键的一个阶段，它包括三个方面的工作，即开发项目的初步设想、项目设想具体化、项目的可行性研究。

1）开发项目的初步设想是开发商依据获取和掌握的信息，形成开发项目的初步设想，即包括对开发项目的地点、开发规模、投资额、资金筹措、配套建设、市场情况、资金回收等内容的设想。

2）项目设想具体化是指项目如果可行，就需与城市规划部门、土地管理部门和其他相关部门进行沟通，从而明确：开发项目地点是否符合城市总体规划；建设用地是否取得土地管理部门批准，即能否初步落实建设用地；所选开发地址的自然条件是否适合开发；与相关的众多部门沟通，能否取得这些部门对开发过程各种业务活动的支持。

3）项目可行性研究是在做出投资决策前，对建设项目进行全面的技术经济分析和论证的科学过程，使决策失误的可能性尽量减少，使开发项目所带来的社会效益、经济效益和环境效益尽量增大。

可行性研究对于项目投资决策有重要意义，是项目投资决策的依据。通过可行性研究，分析市场的供应状况，需求前景，明确项目的开发规模、开发内容、建设过程、技术经济可行性、未来商品房销售情况、项目的经营收入与各项费用支出进行比较等，从而决定是否进行投资开发这个项目。

2. 项目前期工作阶段

项目前期工作阶段是指投资决策后到正式施工之前的工作阶段。这个阶段的主要工作有规划设计和征地拆迁。

（1）规划设计　它是指房地产开发公司以社会效益、经济效益和环境效益为目的，符合城市规划总体要求，坚持适合开发地的具体情况与开发设想相一致的原则进行设计，根据政策法规，选出最佳设计方案。这项工作是一个复杂的系统工程，围绕"一书两证"开展工作，也就是作为开发公司，这个时期的工作主要是为获取选址意见书、建设用地规划许可证、建设工程规划许可证展开工作，使工程项目获得有关主管部门的批准。

（2）征地拆迁　如果开发项目使用农村土地，可根据经济社会发展需要依法对集体所有的土地实行征用，将集体所有的土地转变为国家所有，再将土地使用权出让给建设用地的申请单位。这个过程有相应的审批程序和严格的审批权限规定，并且对安置补偿有明确规定。拆迁就是拆除建设用地范围内原有的房屋，由拆迁人对被拆迁人进行安置和补偿。拆迁和补偿有相应的程序、规定及方法。

前期的工作较为复杂，总结起来主要有如下几方面的内容：

1）征用土地，获得土地使用权。
2）编制建设计划，制订开发项目的建设方案。
3）委托设计，进行开发项目的工程勘察和规划设计。

4) 筹措建设资金，建设项目报建登记。
5) 办理房屋拆迁许可证，实施拆迁安置。
6) 完成施工现场的基础设施配套建设，做好开工前的"三通一平"（通电、通水、通道路、平整土地）或"七通一平"等准备工作。

3. 项目建设实施阶段

项目的建设阶段就是严格按照施工图，实施项目的建设计划并生产出建筑产品的过程。这一阶段的主要工作有：落实发包承包、施工组织、建设监理、市政和公共建筑配套、竣工验收等。通过投标，房地产开发公司确定施工单位，签订施工合同，进行施工建设；同时进行有效的工程管理、质量监督等工作。

4. 房屋销售及物业管理阶段

在施工期间，房地产开发公司即可按规定申办销售许可证，进行销售活动，竣工验收后，交付使用，进行权属登记，取得《商品房权属证明书》并进行售后服务工作。房地产开发公司通过物业管理为入住者在消费建筑产品过程中提供各种生活服务，使入住者获得一个良好的生活条件和环境，能够舒适、安全、方便地居住，并通过物业管理对建筑产品进行维修和养护等，延长其使用寿命。

房地产开发程序的四个阶段是需要严格遵守的，除个别步骤可以交替进行外，其他都应严格按程序中的先后次序办理，并要对各环节进行有机协调。

2.3 房地产开发机构

2.3.1 房地产开发机构的设立

房地产开发企业是以盈利为目的，从事房地产开发和经营的企业。设立房地产开发企业，应当具备下列条件：
1) 有自己的名称和组织机构。
2) 有固定的经营场所。
3) 有符合国家规定的注册资金。
4) 有足够的专业技术人员。
5) 法律、行政法规规定的其他条件。

设立房地产开发企业，应当向工商行政管理部门申请登记。工商行政管理部门对符合法律、法规规定条件的，应当予以登记，发给营业执照；对不符合法律、法规规定条件的，不予登记。

设立有限责任公司、股份有限公司，从事房地产开发经营的，还应当执行《公司法》的有关规定。

房地产开发企业在领取营业执照后的一个月内，应当到登记机关所在地的县级以上地方人民政府规定的部门备案。房地产开发企业的注册资本与投资总额的比例应当符合国家有关规定。

房地产开发企业分期开发房地产的，分期投资额应当与项目规模相适应，并按照土地使用权出让合同的规定，按期投入资金，用于项目建设。

2.3.2 房地产开发企业的分类

房地产开发企业，又称开发商、发展商、房地产开发公司等，是依法成立的具有法人资格的经济组织。作为经济组织，在开发和经营活动中以获取最大限度的经济利益为目的。

房地产开发公司的分类，可以从不同的角度划分。例如以所有制结构分类，有国有房地产开发公司、集体所有制的房地产开发公司、私营的房地产开发公司、中外合资的房地产开发公司、中外合作的房地产开发公司和外商独资的房地产开发公司。又如，以开发业务在经营范围中的作用不同，房地产开发公司可以划分为以下三类：

（1）房地产开发专营公司　房地产开发专营公司是专门以房地产开发为经营内容或以房地产开发作为主要经营内容的公司。

（2）房地产开发兼营公司　房地产开发兼营公司是指以经营其他内容为主，兼营房地产开发的公司。

（3）房地产开发项目公司　房地产开发项目公司是指以房地产开发项目为对象的从事单项房地产开发经营的公司。这类公司的经营对象只限于被批准的项目。

2.3.3 房地产开发公司的资质管理

为了加强对房地产开发的管理，规范我国的房地产市场，必须对房地产开发公司的资质进行审查。根据我国房产有关法规和公司管理的规定，对房地产开发企业资质审查的重点是：

1）有明确的经营宗旨和管理章程，实行自主经营、独立核算、自负盈亏，能独立承担民事责任，具有企业法人资格。

2）有独立健全的组织管理机构，有上级主管部门正式任命或聘任的专职经理，并配备有与公司等级相适应的专职技术人员和经济管理人员。

3）不少于等级规定的企业自有流动资金。

4）有符合财政部、建设银行规定的财务管理制度。

5）有固定的办公地点。

中华人民共和国住房和城乡建设部于 2015 年 5 月 4 日发布《房地产开发企业资质管理规定》，对开发企业的资质等级标准做了严格规定。房地产开发企业按照企业条件分为一、二、三、四共四个等级。各级资质等级的条件如下：

（1）一级资质

1）从事房地产开发经营 5 年以上。

2）近 3 年房屋建筑面积累计竣工 30 万 m^2 以上，或者累计完成与此相当的房地产开发投资额（提供竣工验收备案证）。

3）连续 5 年建筑工程质量合格率达 100%。

4）上一年房屋建筑施工面积 15 万 m^2 以上，或者完成与此相当的房地产开发投资额。

5）有职称的建筑、结构、财务、房地产及有关经济类的专业管理人员不少于 40 人，其中具有中级以上职称的管理人员不少于 20 人，持有资格证书的专职会计人员不少于 4 人（以上人员需提供劳动合同及社保缴纳证明）。

6）工程技术、财务、统计等业务负责人具有相应专业中级以上职称。

7）具有完善的质量保证体系，商品住宅销售中实行了《住宅质量保证书》和《住宅使用说明书》制度。

8）未发生过重大工程质量事故。

（2）二级资质

1）从事房地产开发经营 3 年以上。

2）近 3 年房屋建筑面积累计竣工 15 万 m^2 以上，或者累计完成与此相当的房地产开发投资额。

3）连续 3 年建筑工程质量合格率达 100%。

4）上一年房屋建筑施工面积 10 万 m^2 以上，或者完成与此相当的房地产开发投资额。

5）有职称的建筑、结构、财务、房地产及有关经济类的专业管理人员不少于 20 人，其中具有中级以上职称的管理人员不少于 10 人，持有资格证书的专职会计人员不少于 3 人。

6）工程技术、财务、统计等业务负责人具有相应专业中级以上职称。

7）具有完善的质量保证体系，商品住宅销售中实行了《住宅质量保证书》和《住宅使用说明书》制度。

8）未发生过重大工程质量事故。

（3）三级资质

1）从事房地产开发经营 2 年以上。

2）房屋建筑面积累计竣工 5 万 m^2 以上，或者累计完成与此相当的房地产开发投资额。

3）连续 2 年建筑工程质量合格率达 100%。

4）有职称的建筑、结构、财务、房地产及有关经济类的专业管理人员不少于 10 人，其中具有中级以上职称的管理人员不少于 5 人，持有资格证书的专职会计人员不少于 2 人。

5）工程技术、财务等业务负责人具有相应专业中级以上职称，统计等其他业务负责人具有相应专业初级以上职称。

6）具有完善的质量保证体系，商品住宅销售中实行了《住宅质量保证书》和《住宅使用说明书》制度。

7）未发生过重大工程质量事故。

（4）四级资质

1）从事房地产开发经营 1 年以上。

2）已竣工的建筑工程质量合格率达 100%。

3）有职称的建筑、结构、财务、房地产及有关经济类的专业管理人员不少于 5 人，持有资格证书的专职会计人员不少于 2 人。

4）工程技术负责人具有相应专业中级以上职称，财务负责人具有相应专业初级以上职称，配有专业统计人员。

5）商品住宅销售中实行了《住宅质量保证书》和《住宅使用说明书》制度。

6）未发生过重大工程质量事故。

房地产开发专营公司应当按规定申请资质等级。兼营公司经营房地产开发业务要经省级以上建设行政主管部门批准，但不定资质等级。项目开发公司也不定资质等级，由项目所在地的建设行政主管部门根据其项目规模审定其资金、人员条件，核发一次性《资质证书》。房地产开发专营公司资质等级实行分级审批。一级资质房地产开发公司由省、自治区、直辖市建设行政主管部门初审，报国务院建设主管部门审批；二级资质及二级资质以下企业审批办法由省、自治区、直辖市人民政府建设行政主管部门制定。经资质审核合格的企业，由资质审批部门发给相应等级的资质证书。新办的房地产开发经营公司，在资质审定后，按照《企业法人登记管理条例》的有关规定，办理开业登记。房地产开发专营公司的资质每年核定一次，一～四级公司按照《房地产开发企业资质等级证书》确定的业务范围从事房地产开发业务，不得越级承担业务。

一级资质的房地产开发公司承担房地产项目的建设规模不受限制，可以在全国范围承揽房地产开发项目。二级资质及二级资质以下的房地产开发公司可以承担建筑面积 25 万 m^2 以下的开发项目，承担业务的具体范围由省、自治区、直辖市人民政府建设行政主管部门确定。

本 章 小 结

房地产开发是有步骤、有目的地进行土地、房屋及综合配套设施的建设并实施经营的一项经济活动。

房地产开发必须严格执行城市规划，按照经济效益、社会效益、环境效益相统一的原则，实行全面规划、合理布局、综合开发、配套建设。

房地产开发有新区开发、旧城区的改造或新建城区和旧城区改造相结合等情况，按开发方式可分为：单项开发、小区开发和成片开发三种。

房地产开发应按照工程建设程序进行。房地产开发可分为投资决策阶段、项目前期阶段、项目建设实施阶段和销售及物业管理阶段。

房地产开发企业必须依法设立并依法进行房地产市场经营活动。

复习思考题

1. 房地产开发的含义是什么？有哪些主要活动内容？
2. 房地产开发应遵循哪些原则？
3. 房地产开发的方式有哪些？
4. 房地产开发分为哪些阶段？
5. 设立房地产开发企业应具备哪些条件？

综合实践题

1. 房地产开发商实际上扮演着双重角色：一是商人；二是城市建设者。第一种角色要求开发商不可避免地追求开发利润的最大化，第二种角色又要求开发商追求开发的社会效应并承担相应的社会责任。如果您今后从事房地产开发，该如何处理经济利益和社会责任这两者之间的关系？

2. 某城市人民政府有关职能部门在建设工程办证中心及行政审批中心分别公布了房地产开发项目立项审批、规划设计、建设项目报建和竣工验收等阶段以及商品房预售许可证环节的办事流程，同时明确了办理相关手续时应提供如下资料：

1. 立项审批阶段

1）项目立项申请报告书（原件一份）。
2）经批准的项目建议书或项目可行性研究报告（一份）。
3）建设用地的权属文件或建设项目用地预审意见书（一份）。
4）项目建设投资概算（一份）。
5）金融信贷部门出示的资金证明（原件一份）。
6）企业法人营业执照副本及资质证书（复印件一份）。
7）开发项目地形图（一份）。
8）有关职能部门的意见。

2. 规划设计阶段

1）由市规划局根据城市总体规划和立项文件核发勘察设计红线，提供规划设计条件。
2）建筑设计三个阶段的设计图，即方案设计图、初步设计图和建筑施工设计图。
3）市建设局负责联系市有关部门对初步设计进行的会审批复。

3. 房地产项目报建阶段

（1）房地产工程项目报建时，到市建设局办理登记手续，需要具备如下材料
1）计划部门核发的固定资产投资许可证或主管部门批准的计划任务书。
2）规划部门核发的建设用地规划许可证和建设工程规划许可证。
3）国土资源管理部门核发的国有土地使用证。
4）符合项目设计资格设计单位设计的施工图样和施工图设计文件审查批准书。
5）人防部门核发的人民防空工程建设许可证。
6）消防部门核发的《建筑工程消防设计审核意见书》。
7）防雷设施检测所核发的《防雷设施设计审核书》。
8）市抗震办公室核发的《抗震设防审核意见书》。
9）市墙改办和节能办核发的《新型建材使用、建筑节能设计审核意见书》。
10）建设资金证明。
11）工程预算书和造价部门核发的《建设工程类别核定书》。
12）法律、法规规定的其他资料。
（2）公开招标的建设工程，需要提交如下资料到市招标办办理手续
1）建设单位法定代表人证明或法定代表人委托证明。
2）建设工程施工公开招标申请表。
3）建设工程监理公开招标申请表。
（3）邀请招标的建设工程，需要提交如下资料到市招标办办理手续
1）建设单位法定代表人证明或法定代表人委托证明。
2）建设工程施工邀请招标审批表。
3）建设工程监理邀请招标审批表。
4）法人营业执照。
5）申请邀请招标理由证明。
（4）直接发包的建设工程，需要提交如下资料到市招标办办理手续
1）建设单位法定代表人证明或法定代表人委托证明。

2）建设单位申请安排建设工程施工单位报告。
3）建设单位申请安排建设工程监理单位报告。
4）工商部门签发的私营企业证明。
5）法人营业执照。
6）建设工程直接发包审批表。

4．办理质量、安全监督手续阶段

(1) 办理建设工程质量监督手续，要提供如下资料
1）规划许可证。
2）工程施工中标通知书或工程施工发包审批表。
3）工程监理中标通知书或工程监理发包审批表。
4）施工合同及其单位资质证书复印件。
5）监理合同及其单位资质证书复印件。
6）施工图设计文件审查批准书。
7）建设工程质量监督申请表。
8）法律、法规规定的其他资料。

(2) 办理建设工程施工安全监督手续，需要建设单位和施工单位分别提供资料
1）建设单位所应提供的资料包括：
① 工程施工安全监督报告。
② 工程施工中标通知书或工程施工发包审批表。
③ 工程监理中标通知书或工程监理发包审批表。
④ 工程项目地质勘察报告（结论部分）。
⑤ 施工图样（含地下室平面、立面、剖面图）。
⑥ 工程预算书（总建筑面积、层数、总高度、工程造价）。
2）施工单位所应提供的资料包括：
① 安全生产、文明施工责任制。
② 安全生产、文明施工管理目标。
③ 施工组织设计方案和专项技术方案。
④ 安全生产、文明施工检查制度。
⑤ 安全生产、文明施工教育制度。
⑥ 项目经理资质证书复印件，安全员、特种作业人员上岗证原件和复印件。
⑦ 现场设施、安全标志等总平面布置图。
⑧ 购买安全网的合格证、准用证发票原件和复印件。
⑨ 建设工程施工安全生产责任书。
⑩ 建设工程施工安全受监申请表。
⑪ 法律、法规规定的其他资料。

(3) 领取施工许可证，除房地产项目报建阶段第（1）条规定提供的资料外，还需要补充如下资料到市建委办理手续
1）工程施工中标通知书或工程施工发包审批表。
2）工程监理中标通知书和工程监理合同。

3）施工单位项目经理资质证书（桩基础工程要提供建设行政主管部门核发的桩机管理手册）。

4）使用商品混凝土《购销合同》或经建设行政主管部门批准现场搅拌的批文。

5）质量监督申请安排表。

6）安全监督申请安排表。

7）建设工程质量监督书。

8）建设工程施工安全受监证。

9）施工许可申请表。

5．建设工程竣工验收阶段

（1）建设工程竣工验收

建设工程竣工验收要提供如下资料到市建设工程质量监督站审核，质监站在7个工作日内审核完毕；建设单位组织有关单位验收时，质监站派员现场监督。

1）已完成工程设计和合同约定的各项内容。

2）工程竣工验收申请表。

3）工程质量评估报告。

4）勘察、设计文件质量检查报告。

5）完整的技术档案和施工管理资料（包括设备资料）。

6）工程使用的主要建筑材料、建筑构配件和设备的进场试验报告。

7）地基与基础、主体混凝土结构及重要部位检验报告。

8）建设单位已按合同约定支付工程款的证明文件。

9）施工单位签署的《工程质量保修书》。

10）市政基础设施的有关质量检测和功能性试验资料。

11）规划部门出具的规划验收合格证。

12）公安、消防、环保、防雷、电梯等部门出具的验收意见书或验收合格证。

13）质监站责令整改的问题已全部整改好的证明文件。

14）造价站出具的工程竣工结算书。

（2）建设工程竣工验收前准备工作

建设工程竣工验收前，施工单位要向市建设局提供由市建设工程安全监督站出具的工程施工安全评价书。

（3）建设工程竣工验收备案

自工程竣工验收之日起15个工作日内，要提供如下资料到市建设局办理竣工备案手续：

1）工程竣工验收报告。

2）施工许可证。

3）竣工验收备案表。

4）工程质量监督报告。

5）工程竣工验收申请表。

6）工程质量评估报告。

7）工程施工安全评价书。

8）工程质量保修书。

9）工程竣工结算书。
10）商品住宅要提供《住宅质量保证书》和《住宅使用说明书》。
11）法律、法规规定的其他资料。
（4）建设工程竣工结算审核，要提供如下资料到市造价站办理手续
1）工程按实际结算的，要提供如下资料：
① 建设单位和施工单位的委托书。
② 工程类别核定书。
③ 工程施工中标通知书或工程施工发包审批表。
④ 工程施工承发包合同。
⑤ 施工组织设计方案。
⑥ 图样会审记录。
⑦ 工程施工开工报告。
⑧ 隐蔽工程验收记录。
⑨ 工程施工进度表。
⑩ 工程子目换算和抽料（筋）表。
⑪ 工程设计变更资料。
⑫ 施工现场签证资料。
⑬ 竣工图。
2）工程按甲、乙双方约定的固定价格（或总造价）结算的，要提供如下资料：
① 建设单位和施工单位的委托书。
② 工程承包合同原件。
③ 竣工图。

6．办理预售许可证阶段

房地产开发企业在办理预售许可证前，必须符合以下条件：
1）预售人已取得房地产开发证书、营业执照。
2）已取得土地管理部门出具的用地批文及土地使用证。
3）持有建设工程规划许可证及建设工程施工许可证。
4）已取得计划部门签发的项目投资许可证。
5）如向境外销售，需提供境外销售商品房批文。
6）已签房屋施工合同。
7）商品房项目已完成主体结构工程的证明材料。
8）建设银行审核开发建设资金要达到工程总投资25%以上资金的验资证明。
9）已在项目所在地商业银行开设商品房预售款专用账户。
10）预售商品房项目及其土地使用权未设定他项权。
11）具有预售说明书（内容包括：商品房的位置、地点、装修标准、售价表、销售计划；公共建筑的分摊、项目工程施工进度、开工及竣工交付使用时间等）。
12）项目规划平面图（由核发预售许可证部门在平面图中注明预售商品房项目的坐落位置和楼号）。
13）物业管理方案已经落实。

请根据上述背景材料,结合一个具体房地产开发项目,分组对各房地产开发项目各阶段办理手续所需资料进行调研。要求同学们在调研的基础上,设计一个房地产开发项目的流程图或设计某一具体环节的流程。

分析与讨论

国务院公布了《国家新型城镇化规划(2014—2020)》,并提出下列重点工作:
(1) 有序推进农业转移人口市民化。
(2) 优化城镇化布局和形态。
(3) 提高城市可持续发展能力。
(4) 推动城乡一体化发展。
(5) 改革完善城镇化发展体制。

这给房地产业带来了新的发展战略机遇和无限的商机。请从推动城乡一体化的角度,结合房地产开发建设的程序,从征迁、工程建设、配套建设、用地性质等方面,分析新型城镇化条件下的开发建设与传统的城市开发建设有何不同之处,并就城乡一体化背景条件下人口结构变化、交通布局、环境保护、生态建设、美丽乡村等诸多感兴趣的话题展开讨论。

第 3 章 房地产开发项目的可行性研究

【学习目的】

本章介绍了可行性研究的一般概念及其含义、作用和地位，阐述了房地产开发项目投资的特点，着重介绍了可行性研究的内容和综合评价方法。通过案例的学习，应熟悉并掌握房地产开发项目可行性研究报告的内容、编制要求和编制方法。

3.1 可行性研究概述

可行性研究是近几十年来逐渐发展起来的进行技术、经济论证的一种有效方法。近20年来，国家有关部委连续发文，强调各类建设项目建设前期必须搞好可行性研究，特别突出了可行性研究的重要地位和作用。

3.1.1 可行性研究的概念

随着现代管理科学的发展，一些传统思想已逐步发展成为系统的规范化的理论，我们称之为决策科学。近几十年来，决策科学发展迅速，已成为管理科学一个极其重要的组成部分。现代决策科学有两个重要标志：一是决策的比较基础；二是书面形式的规范化的程序。决策科学兴起的另一个重要标志是科学决策的思想从个别的、自发的被运用发展成为普遍的、理性的选择。它以书面的、规范化的形式出现，体现了现代决策的基本特征。

现代决策和传统的判断决策，所分析的主要内容是一致的，不同的只是分析论证的思想和方法。对于一般性的企业或社会问题决策，其理论和方法构成了通常所说的"决策学"。但对于项目决策问题，因其特殊的内容，形成了一种独特的方法和学科——可行性研究。因此可以说可行性研究是现代项目决策的根本方法，其相应的理论构成了项目决策科学。随着社会的进步、经济的发展，几十年来，可行性研究的理论和实践得到了飞速发展，现在已经基本上形成了相对独立的方法体系和学科体系，并且其运用范围越来越广泛。

可行性研究有着丰富的内涵，从实践方法和学科的不同角度有不同的理解，同时还存在着广义和狭义之分。可行性研究既可以指一种实践活动、一个学科，也可以指一种方法。从实践活动方面看，它是指在决策阶段所进行的综合性的分析论证工作，这是科学决策的前提和基础。它包括了某种方案的构想，市场调查分析，机会研究，方案的技术经济论证和比选，方案实施所具备的多种资源和环境条件的论证,方案的预期效果以及对决策方案进行风险分析和评价,采取预防风险措施和对策等。事实上,可行性研究的现代发展已经突破了仅仅作为方法论的局限,发展成现代项目决策的基本内容和主要工作方法。现在一些国家政府部门,世界性组织和大型的企业都把可行性研究作为强制性的程序在项目决策中推行。

3.1.2 可行性研究的含义、地位和作用

1. 可行性研究的含义

一般建设工程项目,都要经历投资前期、建设时期及生产经营时期等三个时期,其全部过程如图 3-1 所示。

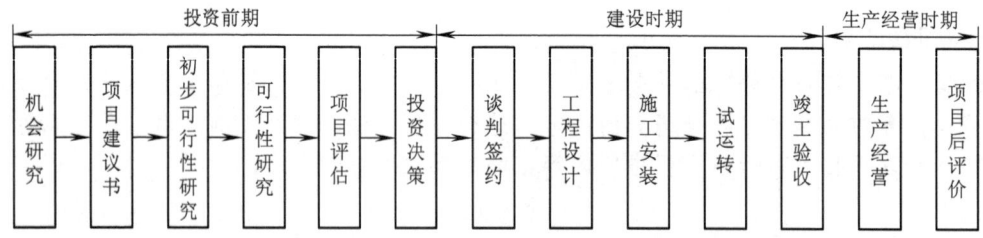

图 3-1 工程项目全过程示意图

投资前期是决定工程项目经济效果的关键时期,而可行性研究则是这个时期工作的重中之重。它必须在市场调查、科学预测和机会研究的基础上,提出对某一工程项目的基本构想和初步方案;然后运用多种科学手段综合分析论证该项目技术上是否先进、实用和可靠,在财务上是否盈利,市场需求和资源条件上是否可行,在环境上是否安全可行,并对社会效益和经济效果做出评价,预测抗风险的能力。在对上述系列问题进行充分论证后,为投资决策提供科学的依据。

从技术性角度看,可行性研究就是要确保拟建项目在技术上具有先进性,即为实现项目目标所采用的技术措施、施工工艺、施工顺序、施工方案都是可靠的,是有依据的,而且能采用最新科技成果,推广使用"新技术、新材料、新工艺、新方法",从而确保经济效益和投资效果。这里讲的技术性,属广义范畴,包括可提供借鉴的多种技术资料、经验资料、技术信息,测量定位成果,拟建场地的工程地质与水文地质条件,以及自然地理、经济地理条件等,这些因素都对项目建设的决策产生影响。

从经济性角度来看,可行性研究就是论证拟建项目以最小的消耗取得最佳的经济效果,确保工程项目规划设计的质量。其研究的核心是项目的财务分析与经济效果评价。以投入产出的效果和社会效益作为确定建设项目是否可行的主要指标。它主要考虑拟建项目的资金筹措,需要投入的人力、物力和资源条件,对市场前景做出预测并对项目的经济效益和社会效益是否显著做出评价。

2. 可行性研究的地位

由于没有投资前期的可行性研究工作,往往在实施过程中发现很多问题,诸如工程费用过高、投资不足、建设场地地质状况不良、原材料不配套、市场前景和经济效益不好、环境污染问题难以处理、工程质量和计划工期难以得到控制等问题。这些现象有时是相当严重的,教训是十分深刻的。

对于可行性研究在建设项目中的地位，有些学者指出：这项工作对任何事情成功的重要性，无论怎样强调都不过分。尤其是当今世界已进入知识经济时代，充满着竞争风险和各种信息。许多经济领域都必须有综合的多学科知识，互相交叉，互相影响。因而可行性研究是一门多智能的高综合性研究，有时缺少一门知识都不行。特别是涉及国民经济发展的特大项目，涉及水利、铁路、电力、矿业方面的大项目，如"南水北调""西气东送"，长江、黄河上的大型水利工程，都必须进行广泛而持久的综合性论证和可行性研究。这些项目普遍涉及的气象、水文、地质、地震、地壳稳定性、生态、环保、移民、经济效益等重大问题，必须综合评价、综合论证、综合平衡。一旦疏漏某一个因素或指导思想上产生片面性，都会造成严重的不良后果。

同样，在房地产开发领域，前些年，不少开发商受经济利益的驱动，只顾赚钱，不顾环境影响，不顾市场需求，也不认真做可行性研究，互相攀比，盲目上马，大搞楼堂馆所、别墅区、度假村等。有些人炒作土地，炒作房产，导致房价飙升，居高不下，这样往往隐含着极大的风险，并带来了严重的负面影响。

3. 可行性研究的作用

1) 作为投资项目决策的基本依据。一个建设项目能否成功，效益是否可行，受到社会多方面因素的影响，包括经济的、技术的、政治法律的、管理的以及自然的环境因素。通过对项目进行周密、细致的可行性研究，有助于认识和分析这些影响因素，从而克服主观主义和片面性，为项目决策提供科学、可靠的信息，使决策者有据可依；同时通过可行性研究，可以构架和分析多种投资方案，使投资决策者心中有数，并在此基础上进行方案优选，降低投资风险，提高投资效益。

2) 作为投资项目规划设计文件和组织实施的依据。投资项目可行性研究的基本任务之一，就是要构架多种可能的投资方案，其中有关项目的目标、规模、地点、环境、融资、功能设想、技术方案等内容自然应作为进一步规划和设计的基础。可行性研究报告中提出的市场调查与分析、方案比选和论证资料，都可在规划设计的技术经济论证中使用。众多资料和因素分析，实施方面的设想都可以为项目组织实施提供依据。总之，在规划设计实施中可以广泛地利用已有的研究成果，从而节省相应的时间和费用。

3) 作为向银行等金融组织、风险投资机构和向社会筹集资金的依据。银行对建设项目实行贷款，首先要严格审查项目的可行性研究报告。银行对工程项目的经济效益，盈利状况需要进行分析，进行项目评估，并以此判断资金借出后有无偿还能力。只有在确认有能力按时归还贷款，不致承担过高风险时，才会给予贷款。金融机构对可行性报告的审查，主要是审查其真实性、可靠性和精确性。

风险投资机构不同于一般的金融机构，它要以项目成果作为自己的贷款回收的担保，对项目的了解主要来自项目的可行性研究报告。如果可行性研究报告不过关，那项目不能通过初选，也就没有做进一步研究的必要了。在这种情况下，不但可行性研究的内容和结论具有重要作用，而且其形式也非常重要。如果以项目为对象向社会筹资，资金偿还者就需要了解项目情况，而可行性研究报告是最重要的信息资料。

4) 作为该建设项目与有关部门签订多种协议和合同的依据。根据可行性研究的内容要求，可与各有关部门签订为完成该项目建设所需要的各种原材料、燃料、水电、运输，以及其他各方面相互间的协议和合同，以确保项目的顺利进行。

5) 作为向当地政府及规划部门申请建设执照的依据。一般比较大的项目，在进行投资时，一般都要向项目所在地政府有关部门申报，政府部门通过审查项目的可行性研究报告，确定项目是否符合国家规定标准。这些部门主要是规划部门、环保部门、建设管理部门。例如有的项目需要"三通一平"，需要爆破岩土，要到国土资源局申报采矿许可证，这又涉及公安、国务院国有资产监督管理委员会下面的安全生产管理部门；需要砍伐原有林木和改变原有植被，要到林业部门报审；需要水土保持，要到水利水电部门报审；需要修路造桥，还要到交警、交通等部门报审。

一句话，向上述这些部门申报，没有可行性研究报告，都是行不通的。

6) 作为各种科研试验制作项目拟采用的新技术、新设备的依据。

7) 作为企业机构设置、招收人员、定员定编、职工培训等方面的工作依据。

8) 在可行性研究中对于合理的生产组织、工程进度都做了论证。因此，可行性研究还可作为组织施工、安排进度、确定质量目标、进行竣工验收的依据。

9) 作为企业或其他单位生产经营组织和项目后评价的依据。在可行性研究报告中，要对项目生产经营时期的许多问题进行分析、预测和方案规划研究，如生产技术工艺、劳动组织与人力资源、市场和销售研究、投入要素分析等。这些当然可以作为企业或其他单位生产经营组织的重要依据。此外，在项目后评价中，可行性研究的资料和成果，大多数都要用来与运营效果进行对比分析，构成项目后评价的重要依据。

3.1.3 国家相关法规对可行性研究的要求

党的十一届三中全会以来，国家已肯定可行性研究工作在基本建设中的地位与作用，把可行性研究报告作为正式文件列入基本建设程序。

《建设项目经济评价方法与参数》（第3版）于2006年7月3日由国家发展和改革委员会和建设部㊀以发改投资〔2006〕1325号文印发，要求在投资项目的经济评价工作中使用，为正确实行可行性研究，科学决策项目投资，提供了指导原则。

为了加强房地产行业的项目经济评价工作，2000年9月18日，建设部下达《房地产开发项目经济评价方法》的通知，明确指出：房地产开发项目（以下简称房地产项目）经济评价，是房地产项目可行性研究的重要组成部分，是房地产项目决策科学化的重要手段。房地产项目应根据社会经济发展的需要和城市总体规划的要求，运用微观效益与宏观效益分析相结合，定量分析与定性分析相结合，动态分析与静态分析相结合的方法，做好经济评价工作。

至此，我国有关建设项目可行性研究的立法工作已日臻完善，基本上能够满足建设项目决策的需要。但近些年来，部分地区房地产开发项目投资增幅过大，土地供应过量，价格上涨过快，出现了不同程度的"过热"和结构性问题，存在严重的市场风险。为了加强对房地产市场的宏观调控，国务院专门召开了房地产工作会议，及时出台了一系列新的紧急措施，除了加强对土地供应的管理外，对房地产开发商从银行获取资金提高了门槛。中国人民银行下达了《关于进一步加强房地产信贷业务管理的通知》，如果要申请银行贷款，银行要求开发商提供可行性研究报告并进行项目评估，只有效益好，符合银行贷款要求和

㊀ 现已更名为中华人民共和国住房和城乡建设部。

国家产业政策的才发放贷款。中国人民银行新政策中有三条规定对开发商予以较大的限制：第一，开发商申请贷款时其自有资金不低于开发项目总投资的35%以上；第二，商业银行只能对购买主体结构已封顶住房的个人发放个人住房贷款，这意味着开发商要提前在项目上投入大量资金；第三，严格防止建筑施工企业为开发商垫资，进一步切断了开发商的资金源。这些措施和规定对于防止盲目建设，重复建设，防范风险起到了积极作用，也进一步证明了可行性研究工作的重要性和必要性。

此外，近几十年来，国家计委、原国家经贸委、国家农业综合开发办、水利水电部等中央部委都分别对房地产、水利水电、农业综合开发，外资投资商业项目的可行性研究工作下达了一系列文件，对项目评价内容、评价方法、评价体系都做出了明确的规范化的指示，所有这些都是通过对新中国成立以来，国家基本建设正反两方面的经验总结，这里面既有成功的经验，也有血的教训。因此，我们必须重视学习，深刻领会其精神实质，认真贯彻于实际工作中。

3.1.4 可行性研究的阶段划分

投资项目可行性研究是一项综合性工作，需要花费一定的时间和费用。根据项目投资额大小，建设周期、配套关系的复杂程度不同，这项工作可以一次性完成，也可以分阶段分层次进行。为了节省投资，防止资源浪费，避免对早期就应淘汰的方案或项目做无效研究，一般将可行性研究分为机会研究、初步可行性研究和可行性研究（也称详细可行性研究）三个阶段。

在机会研究阶段，政府机构或行业主要部门根据国家、地方、部门经济发展战略规划和市场要求提出投资意向，企业则根据这种意向，结合自身的发展规划，提出具体的投资项目设想，并对该设想进行粗略分析和筛选。

初步可行性研究和可行性研究的基本内容相同，有时两者可合并进行，尤其是中小型项目更是如此。但初步可行性研究完成后，一般要以建议书的形式上报并由政府部门或银行组织专家对初步可行性研究报告进行评估，据此进行审批，以提高决策的科学性。

机会研究、初步可行性研究和可行性研究的差异主要是研究的详细程度、深度与广度不同，各阶段的特征对比见表3-1。

表3-1 可行性研究各阶段的特征对比表

阶段名称	工作深度特征	估算误差精度	研究费用占总投资的比例（%）	所需时间/月
机会研究	在若干个可能的机会中进行鉴别和筛选	±30%	0.1～1.0	1～2
初步可行性研究	1. 宏观上的总体设想，目的是推荐项目 2. 分析、测算程度粗，相对简单 3. 对选定的项目进行市场分析，进行初步技术经济评价，确定是否需要进行深入的研究	±20%	0.25～1.25	2～3
可行性研究	1. 微观上的全面分析论证、比较，为决策提供依据，是项目立项的决策文件 2. 分析论证细、测算程度精 3. 对需要进行深入可行性研究的项目进行细致的分析，减少项目的不确定性，制订防范风险措施	±10%	大项目 0.2～1.0 小项目 1.0～3.0	3～6 甚至更长

3.2 房地产开发项目的可行性研究的特点

房地产开发项目的可行性研究是一种内容十分丰富广泛的技术经济分析,不仅要对房地产市场、技术、规范、组织等多因素进行综合研究,而且要考虑与社会经济发展大环境相适应,与城市地区或总体发展相协调,与国民经济宏观政策相统一等问题,要把握住时代与经济的脉搏,把握住大的方向才不会出现大的问题。

房地产开发项目的可行性研究一般具有以下特点。

1. 房地产开发项目的敏感性

房地产开发项目的可行性研究必须对项目的特性、规模、合作伙伴等受投资的影响程度做出分析判断和评价,并提出相关改进和规避风险的措施。

2. 房地产开发项目的风险性

房地产开发收益是与风险并存的,其特点表现为投资数量大,投资回收期长、资金变现能力差,加上房地产的不可移动性,更增加了其风险性。因此,在选择项目时,必须研究国家投资的法律、法规、金融和房地产业政策,研究所在地政府的具体政策和行政的规范性。因此,房地产开发企业在选择项目的时候必须研究国家法律和政府法规政策允许的投资范围,政府的投资导向及优惠政策,研究政府对规划的控制水平、对房地产业的行业管理方法、法定投资程序以及房地产业征收的税费。同时,必须研究当地政府政策的稳定性、政府依法行政的水平和一贯性、政府效率和公务员的工作作风等。再者,宏观经济环境、当地的民风民俗、当地百姓的综合素质等也影响着房地产业的发展。房地产开发企业把握住政策和宏观经济环境会有效地降低房地产投资风险,使房地产开发项目顺利地进行。

3. 房地产项目的开发是一个复杂的系统工程

一个项目的开发,从可行性研究到设计和实施阶段,工作十分复杂,它与地区的社会经济发展紧密相关。房地产项目的开发实施必须服从城市规划,必须以社会经济发展的大环境为前提;可行性研究必须分析研究项目所在地的社会经济和社会生活的方方面面,研究它们的总体发展趋势,预测其未来;同时对该地的土地使用权的获取,环境保护,建筑设施配套体系都必须详细地研究与论证。

现在很多地区都在进行新一轮的城市规划,有的地区包括欠发达地区也在做城镇发展规划,这就是总体趋势。房地产开发企业安排和选择项目就必须对该地区的规划进行分析,以确定如何把自己的项目融入其中,要做到步调一致,配套协调发展;同时着重预测本项目对周边环境的影响及建设配套的科学性、实用性。

4. 可行性研究的市场调研应研究市场的现状和发展趋势

房地产开发项目的可行性研究的市场调研工作重点在于:研究作为支柱产业的房地产开发占我国固定投资的比例;寻找房地产周期同国民经济周期的关系,以及分析影响房地产周期的因素;研究社区功能的配置和变化,社会商业利润、工业布局、社会文化以及地段交通等情况。对于社区功能及社会商业利润分析最容易被忽略,而实际上,正是这一点对市场走向预测起到了最为重要的作用。市场调查不能只停留在表面现象,不能只对总量进行调查,而且应对供需的分布情况进行调查与预测,特别是对周边项目进行细致的调查,不仅有定性的分析,更要有定量的测算。

5. 以经济效益为中心

在房地产开发项目的综合效益中应以经济效益为中心,在经济效益中,又以财务效益为主。毫无疑问,开发商投资的经济效益驱动是最为重要的,因此开发商基本上不涉足基础设施和公益性项目。即使是带有社会福利性质的"经济适用房"和"安居工程"建设,他们也不会去做亏本买卖,至少是保本或微利。因此,在做房地产项目的可行性研究和评估时,应主要分析其财务效益是否可行。

3.3 房地产开发项目的综合评价

在了解房地产开发项目的可行性研究特点之后,我们再来讨论房地产项目的综合评价问题。纵观国内外房地产项目的实践,其综合评价主要是从区域或社会发展的角度出发,考察房地产开发项目的效益与费用,并评价房地产项目的合理性,其中包括综合盈利能力分析和社会影响分析。

3.3.1 国民经济评价与财务评价的主要区别

国民经济评价与财务评价的主要区别表现在以下几个方面。

1. 经济目标不同

财务评价主要侧重于项目本身的获利能力。国民经济评价侧重于项目对国民经济的贡献,按照资源合理配置的原则,从一个国家整体的角度来分析项目的效益和费用,主要是一种宏观分析与评价,不仅要考虑微观盈利状况,还要考虑项目对整个国民经济的贡献。

2. 价值尺度不同

财务评价采用的是现行价格水平;而国民经济评价采用的是影子价格体系。

3. 折现率不同

财务评价采用的是行业或者部门的基准收益率或无风险收益率再加上风险调整值,不同的项目可能具有不同的折现率,而国民经济评价采用的是全国统一的社会折现率。

4. 汇率不同

财务评价采用的是现行市场汇率,而国民经济评价采用的是经过购买力调整过的影子汇率体系。

3.3.2 综合评价中项目的效益

房地产综合评价中项目的效益,主要是指房地产项目对区域经济的贡献和利益,可分为直接效益与间接效益。

1. 直接效益

直接效益是指房地产项目的实施后当地政府能够得到的收益,主要包含以下几个方面:
1) 出让和转让国有土地使用权所得到的收益。
2) 因土地使用权转让而得到的收益,如土地增值税等。
3) 项目范围内的工商企业多种税收,如房产税、土地使用税、车船使用税、印花税、进口关税和增值税、营业税、城市维护建设税及教育费附加、消费税、资源税、所得税等。

4）项目范围基础设施的收益，如供电增容费、供水增容费、排水增容费、城市增容费、电费、水费、电信费等。

2．间接效益

间接效益是指由房地产项目引起的、在项目直接效益中未得到反映的那部分效益。

间接效益主要有：增加地区就业人口、繁荣地区商贸服务、促进地区旅游业所带来的收益。

3.3.3　综合评价中项目的费用

费用是指区域经济为项目所付出的代价，分为直接费用和间接费用。

1．直接费用

直接费用是指在项目范围内政府所花费的投资和经营管理费用，一般包括下列方面：
1）征地费用。
2）土地开发和基础设施投资费用。
3）建筑工程和城市配套设施费用。
4）经营管理费用。

2．间接费用

间接费用是指由项目引起的、在直接费用中未得到反映的那部分费用。间接费用主要有：在项目范围外为项目配套的基础设施投资，为满足项目需要而引起的基础服务供应缺口使区域经济产生的损失等。当基础服务（如电力）供不应求时，为满足项目需求而使区域经济产生的损失，可用该项服务的当地最高价格计算。

3.3.4　评价原则

综合评价应遵循费用与效益计算口径对应一致的原则，防止重复计算或漏算。例如：

1）具有行政职能的开发企业在开发过程中上缴政府的税费，如耕地占用税、建设期间的土地使用税等，在综合评价中应视作区域经济中的转移支付，不计为项目的效益或费用。一般商业性开发企业在开发过程中上缴政府的税费，在综合评价中应作为效益处理。

2）同类基础服务在不同情况下，可能使项目产生不同的效益和费用，对此应注意识别。以电力供应为例，项目效益与费用识别见表 3-2。

表 3-2　项目供电的效益与费用识别

电力供应特点	与供电有关的项目效果	
	效益	费用
电厂在项目范围外	供电增容费、电力销售收入减去电力购进支出	输变电投资、经营管理费用
电厂在项目范围内，由具有行政职能的开发企业投资经营	供电增容费、电力销售收入	全部电力投资、经营管理费用
电厂在项目范围内，由独立的电力公司投资经营	税费收入	无

3.3.5 综合评价盈利能力分析

综合评价盈利能力分析是根据房地产项目的直接效益和直接费用，以及可以用货币计量的间接效益和间接费用，计算综合内部收益率（CIRR）来考察房地产项目投资的盈利水平。

综合内部收益率是指房地产项目在整个计算期内，各期净现金流量现值等于零时的折现率。它反映房地产项目所占用资金的盈利率，是考察房地产项目盈利能力的评价指标。

综合内部收益率可根据综合评价现金流量表中的净现金流量用试差法计算求得，并可与政府的期望收益率或银行的贷款利率进行比较，以判断项目的盈利能力。

综合评价盈利能力分析的主要报表是综合评价现金流量表。该表不分投资资金来源，以全部投资作为计算的基础，考虑直接费用和效益与间接费用和效益，计算综合内部收益率指标，考察房地产项目的盈利能力。

3.3.6 社会影响分析

社会影响分析主要是定性和定量地描述用货币计量的间接效益和间接费用对房地产项目的影响。

1) 就业效果分析。就业效果分析主要是指考虑房地产项目对区域劳动力就业的影响。如果当地并无就业压力，项目范围内主要使用外来劳动力，则不必进行就业效果分析。就业效果以就业成本和就业密度两项指标来进行描述，并可与当地的相应指标进行比较。

就业成本=项目开发总投资÷项目范围内就业人数

就业密度=项目范围内就业人数÷项目占地面积

2) 对环保和生态平衡的影响分析。
3) 对区域资源配置的影响分析。
4) 对区域科技进步的影响分析。
5) 对区域经济发展的影响分析。
6) 对减少进口和增加出口的影响分析。
7) 对节约及合理利用资源的影响分析。
8) 对提高人民物质文化生活及社会福利的影响分析。
9) 对远景发展的影响分析。

3.3.7 影子价格体系

1. 影子价格的含义

影子价格是在进行项目国民经济评价时，计算国民经济效益与费用时的专用价格，是按照一定的原则确定的，能够反映投入物和产出物真实经济价值，反映市场供求状况，反映资源稀缺程度，使得资源得到合理配置的价格。

在进行项目的国民经济评价时，项目的主要投入物和产出物，均需要采用影子价格。

2. 影子价格的确定

（1）市场定价物品的影子价格

在市场经济中，大多数物品价格由市场形成，可以近似地反映该物品的实际价值，因此，这类商品的影子价格可以将这些货物的市场价格加上或者减去国内的运杂费，作为投入品（加上运输费用）或产出品（减去运输费用）的影子价格。

（2）政府调控价格货物的影子价格

电、水、铁路运输等投入物，按照机会成本分解定价，产出物按照消费者意愿定价。比如电，作为项目投入物时，按照完全成本分解定价方法，当电力过剩时，可以按照变动成本定价。当电作为项目的产出物时，可按照电对当地经济边际贡献率定价。

（3）特殊投入品的影子价格

1）影子工资：反映国民经济为项目使用劳动力所付出的真实代价，由劳动力机会成本（劳动力不从事拟建项目所能够获得的最大收益）以及劳动力转移所引起的新增资源耗费（劳动力就业或者迁移所引起的城市管理费和城市交通基础设施投资费用）组成。

2）土地的影子价格：包括农地的影子价格[占用农地后国家放弃的收益，由土地的机会成本以及占用土地引起的新增资源消耗（拆迁费用和劳动力安置费用）组成]以及城市土地的影子价格，按照市场价格计算。

3）自然资源的影子价格：作为一种投入物，如矿产资源、水资源、森林资源等对国家资源的占用和消耗，其影子价格的确定，对于不可再生资源，其影子价格按照资源的机会成本计算，水和森林等可再生资源的影子价格按照资源的再生费用计算。

3.4 房地产开发项目的可行性研究报告的内容

由于房地产开发项目的具体内容、目标和环境条件不同，可行性研究的内容应有所差异。但就一般房地产项目而言，应包括以下内容：

3.4.1 总论

总论主要包括：
1）项目名称。
2）该项目提出的背景。
3）承办单位概况。
4）可行性报告编制的依据。
5）项目提出的理由（来由）。
6）项目拟建地点。
7）项目预期目标。
8）项目主要建设条件。
9）主要技术经济指标。
10）问题与建议。

3.4.2 项目投资环境与市场研究

项目投资环境与市场研究主要包括：
（1）投资环境分析　此部分应简述国家政治、经济形势和有关政策选择，开发地区的经济社会及管理情况、政策因素。

（2）市场供求分析　具体包括相关地段、用途、规模、档次、价位、平面布置等的房地产的供求状况，如供给量、有效需求量、空置量和空置率等。其中供给量应包括已完成的项目、在建项目、已审批立项的项目、潜在的竞争项目，及其投入市场的预计时间。

（3）销售预测

（4）营销策略　此部分内容中应包括自身竞争能力及竞争对手分析；分析相关市场，如建材市场、劳动力市场等。

3.4.3　建设规模与项目开发条件

建设规模与项目开发条件主要包括：
1）建设规模设想比选，如结构形式、建筑面积、使用功能。
2）推荐建设规模方案，含建筑总面积、建设和装修档次、平面布置等。
3）项目现状概况，项目建设地点与地理位置、土地权属类别及占地面积，土地状况。
4）项目建设条件。具体包括地形、地貌、水文地质条件，不良地质现象，如滑坡体、断裂构造、洪水、泥石流、岩溶、岩洞、软弱地基等情况；还应分析周边建筑、环境条件、城市规划与区域性规划要求、交通、社会、法律、公共设施、征地拆迁、施工条件等诸多问题。
5）拟建场地条件比选。
6）推荐选址方案。

3.4.4　建设方案比选

建设方案比选主要包括：
1）设计指导思想、创意和设计原则。
2）项目总体规划方案。
3）建筑方案。具体包括建筑艺术与风格、特征与结构、建筑与城市总体协调情况、建筑主体与辅助工程、建筑效果图及比选。
4）主要技术经济指标。

3.4.5　节能节水措施

节能节水措施主要包括：
1）节能措施及能耗指标分析。
2）节水措施及水耗指标分析。

3.4.6　环境影响评价

环境影响评价是一个比较重要的内容，应包括：
1）项目建设地环境状态。

2）项目实施与运作后对环境的影响。
3）环境保护措施，包括对水的污染，对林业、水利、农田、矿产等方面的影响，采取何种保护措施与投资计划。
4）环境影响评价专项报告。

3.4.7　劳动、安全、卫生与消防

劳动、安全、卫生与消防的主要内容包括：
1）危害因素分析。
2）有害物质种类及危害程度等分析。
3）安全设施与措施。
4）消防设施与措施。
5）土石方爆破安全。

3.4.8　组织机构与人力资源

组织机构与人力资源主要内容包括：
1）组织机构的设立、体系、网络、管理层次。
2）人力资源及其配置。

3.4.9　项目进度计划

项目进度计划主要包括：
1）建设工期目标。
2）项目进度计划（网络图、横道图）。

3.4.10　投资估算与资金筹措计划

投资估算与资金筹措计划应包括：
1）投资估算。其中涉及土地费用（指为取得房地产项目用地而发生的费用），前期工程费（含规划、设计、可行性研究、勘察、测绘、"三通一平"费），基础设施建设费（指建筑物 2m 以外和项目用地规划红线以内的工程管线建设费用、与市政设施的接口费用以及其他室外工程费用等），建筑安装工程费，公共配套设施建设费[指居住小区内为居民服务配套建设的各种非营利性的公共配套设施（又称公建设施）的建设费用]，开发间接费用，管理费，销售费用，不可预见费，税费，建设期利息及施工图设计审查费，工程交易服务费，各项检测费用，施工噪声及排污费，工程监理费，工程保险费，施工执照申领费等其他费用。
2）编制投资估算表，含总投资汇总表与分年度计划。
3）资金筹措方式与来源。资金来源渠道包括资本金、预租售收入及借贷资金（较多的情况下为银行贷款）等。资金投放次序：先使用资本金，之后考虑使用预租售收入的再投

入。如果预售收入的再投入安排之后仍然有资金缺口时，可安排使用借贷资金。资金筹措计划表的编制：房地产开发项目应根据可能的建设进度和将会发生的实际付款时间和金额编制资金使用计划表。

3.4.11 财务评价

财务评价主要是考核项目的经济效益，主要包括：
1）财务评价基础资料选取。比如，总销售价格和租金、计算期、财务基准收益率设定。
2）销售出租收入计算。
3）编制财务评估分类报表，一般包括：财务现金流量表、损益和利润分配表、资金来源与运用表、借款偿还计划表。同时应引进财务评价指标的分析，其中有：财务内部收益率、投资各方收益率、资本金收益率、投资各方收益率、财务净现值、投资回收期、投资利润率、收入和成本估算。

3.4.12 社会评价

社会评价的主要论证工作有：
1）项目对社会的影响评价，一般分为社会调查、识别社会因素和论证比选方案三个步骤。
2）社会风险分析。
3）评估结论等。

3.4.13 研究结论与建议

研究结论与建议主要包括：
1）结论。
2）建议。
最后是附图、附表、附件等内容。
附图包括项目总体规划平面图；各种建筑方案图，平面图、立面图、剖面图及标准楼层图；辅助配套设施、建筑小品等图样。
附表是指各类财务分析计算表、计划表。
附件主要有：项目建议书或立项申请的政府批复文件，设计方案的评审纪要文件，对环境影响评价报告的审批文件，当地政府的环境、林业、土地、计划、安全、规划、交通等各方面的批复文件。另外，还有关于水、电、燃气、通信等供应或协调文件等。
总之，上面介绍的可行性研究内容是普遍要求和较广泛的研究内容，但由于项目内容、区域和当地环境的差异，在进行可行性研究时，应根据不同项目特点和规模而各有侧重，不一定面面俱到，要突出对自然地理、地质背景、建设条件、环境影响、市场预测、财务评价等主要内容。

3.5 项目可行性研究案例

为了对项目建议书和可行性研究工作有更多切合实际的了解，这里介绍两个项目的开发前期工作实例,供读者学习,以提高对房地产开发项目可行性研究的认识。

案例　　杭州滨江区某房地产开发建设项目可行性研究报告

1　项目概述

本案基地位于杭州市滨江区内,项目北至二号支路,东北向距钱江三桥约 1.5km;南至月明路,与市级经济适用房新州花苑比邻;西至阡陌路,西北侧为滨江区政府周边核心住宅区;东至西兴路。

1.1　项目名称、业主及负责人

项目名称:××××××××××
项目业主:××××××××××
法人代表:×××

1.2　建设单位简介(略)

1.3　项目主要技术经济指标(见表3-3)

表 3-3　项目主要技术经济指标表

名　称	指　标	单　位
用地面积	38 100	m²
容积率	2.4	
总建筑面积	118 452	m²
地上建筑面积	91 440	m²
其中		
住宅	88 590	m²
会所	2 000	m²
物业及其他	640+210	m²
地下建筑面积	27 012	m²
建筑密度	22%	
绿化率	30%	
户均面积	149	m²
总户数	600	户
车位配比	1:1	
车位个数	600	个
车位面积	45	m²

1.4　编制依据

1)××市城市规范设计研究院:××区详细规划(送审稿)。
2)国有土地使用出让协议书。

2 项目建设背景和必要性

2.1 项目建设背景（略）

2.2 项目建设必要性（略）

3 项目选址和建设条件

3.1 项目选址

本案基地位于杭州市滨江区区政府周边核心住宅区内，东临杭州南北快速路风情大道，西靠滨江区区政府所在地。项目北至二号支路，南至月明路，西至阡陌路，东至西兴路，本案南靠市级经济适用房新州花苑，距在建轨道交通地铁1号线江陵路站800m。

3.2 外部配套条件

本项目交通优势明显，通过江南大道至四桥约4km，至三桥约2km。在建地铁1号线江陵路站和滨合路站距本案均在800m范围内，另据政府消息，规划当中的地铁6号线将在江陵路站形成与1号线的换乘。

中、小学：江南实验学校、博文小学、西兴二小、西兴中学、中兴小学、江三小学、长河小学。

医院：武警医院、浙二医院滨江分院（在建）。

公共交通：目前附近街区有k501、317、322、337、520路，轨道交通地铁1号线及6号线均与本案比邻。

商业：星光大道商业街、易买得商场。

幼儿园：周边项目自身配套多家幼儿园。

银行：工商银行、建设银行、交通银行。

其他配套设施：项目南侧为市级经济适用房新州花苑，随着小区入驻率的提高，相应配套设施将陆续跟上，目前月明路农贸市场已建成。

4 房地产市场需求分析

4.1 宏观分析（略）

4.2 市场背景分析（略）

4.3 潜在与有效需求（略）

4.4 热销预测（略）

5 建设规模

根据本项目周边主要楼盘的供应以及消化结构特征，建议本项目户型配比见表3-4。

表3-4 项目户型结构建议表

户型面积段/m²	户型结构	所占比例	户均面积/m²	户数/户
90以下	两室两厅	10%	90	
90~140	三室两厅	20%	130	
140~180	三/四室两厅	65%	160	
180~200	四室两厅	5%	185	
合计		100%		

6 规划设计方案（略）
7 建设进度安排
7.1 项目各阶段分时安排表（见表3-5）

表3-5 项目各阶段分时安排表

阶　段	时　间　进　度
可行性研究	2009年6月
土地取得	2009年10月
设计	2010年8月
四证取得	2010年10月
桩基工程	2011年1月
基础工程	2011年8月
主体工程	2012年5月
室内装饰工程	2013年10月
室外工程	2013年10月
交房	2013年12月

7.2 项目实施进度表（见表3-6）

表3-6 项目实施进度表

(续)

建设内容	2012年			2013年											
	0	1	2										0	1	2
可行性研究															
土地取得															
设计															
四证取得															
桩基工程															
基础工程															
主体工程															
室内装饰工程	→	→	→	→	→	→	→	→	→						
室外工程	→	→	→	→	→	→	→	→	→						
交房												→			

8 投资估算与资金筹措

8.1 投资估算表（见表3-7）

表3-7 投资估算表

序号	项目	单方成本/元	数值/方	总额/万元	估算说明
1	土地费用			83 466.358	按照约11%的利润推算
1.1	土地费用	21 269.11	38 100	81 035.30	
1.2	契税			2 431.06	地价总额×3%
2	前期费用	412.00		3 767.33	
2.1	设计费	204	91 440	1 865.38	根据新绿园预算
2.2	规费	109	91 440	996.70	根据新绿园预算
2.3	前期工程费	99	91 440	905.26	根据新绿园预算
3	工程费用	8 411.00		57 219.30	
3.1	建安工程费	2 862	91 440	26 170.13	根据新绿园预算
3.2	室外工程费用	155	91 440	1 417.32	根据新绿园预算
3.3	环境工程费用	276	91 440	2 523.74	根据新绿园预算
3.4	弱电工程费用	133	91 440	1 216.15	根据新绿园预算
3.5	精装修费用	2 000	91 440	18 288.00	根据新绿园预算
3.6	配套幼儿园	2 200	1 936	425.92	
3.7	不可预见费用	785	91 440	7 178.04	根据新绿园预算
4	期间费用	1 207.50		11 041.36	贷款年利率暂按6%，4亿元贷款，3年期计算
4.1	财务费用	787.40	91 440	7 200	按每年400万元，周期4年暂估
4.2	管理费用	174.98	91 440	1 600	按销售额的1.2%暂估
4.3	销售费用	245.12	91 440	2 241.36	

(续)

序号	项目	单方成本/元	数值/方	总额/万元	估算说明
5	税费	1 378.79		12 607.65	5%
5.1	营业费	1 021.33	91 440	9 339	城建税7%,教育费附加3%,地方教育费附加2%,印花税0.05%,水利建设基金0.1%
5.2	税费附加	153.20	91 440	1 400.85	按1%预估
5.3	土地增值税	204.27	91 440	1 867.8	
6	总成本	18 389.69	91 411	168 102.00	
6.1	以总建筑面积计	14 192	118 452		
6.2	以地上建筑面积计	18 384	91 440		
6.3	以可售建筑面积计	18 795	89 440		

8.2 销售收入（见表3-8）

表3-8 销售收入

序号	项目	合计	住宅	车位
	销售收入/万元	186 780	177 180	9 600
1	销售面积/m²		88 590	600
2	平均售价/（元/m²）		2	16

9 财务分析

9.1 全部投资财务现金流量表（见表3-9）

表3-9 全部投资财务现金流量表

序号	项目	合计/万元
1	现金流入	186 780.00
1.1	销售收入	186 780.00
1.2	出租收入	—
1.3	回收固定资产余值	—
2	现金流出	172 771.50
2.1	土地费用	83 466.36
2.2	前期费用	3 767.33
2.3	开发建设投资	57 219.30
2.4	期间费用	11 041.36
2.5	税金及附加	10 739.85
2.6	土地增值税	1 867.80
2.7	所得税	4 669.50
3	净现金流量	14 008.50
4	累计净流量	14 008.50

9.2 资本金财务现金流量表（见表 3-10）

表 3-10 资本金财务现金流量表

序 号	项 目	合计/万元
1	现金流入	226 780.00
1.1	销售收入	186 780.00
1.2	出租收入	—
1.3	长期借款	40 000.00
1.4	回收固定资产余值	—
2	现金流出	212 771.50
2.1	土地费用	83 466.36
2.2	前期费用	3 767.33
2.3	开发建设投资	57 219.30
2.4	期间费用	3 841.36
2.5	税金及附加	10 739.85
2.6	土地增值税	1 867.80
2.7	所得税	4 669.50
2.8	借款本金偿还	40 000.00
2.9	借款利息支付	7 200.00
3	净现金流	14 008.50
4	累计净现金流	14 008.50

9.3 投资敏感性分析

投资敏感性分析表见表 3-11。投资敏感性分析表明，当投资增加 10%时，项目利润大幅降低，投资利润率为 1%；当投资减少 10%时，项目盈利大大增加，投资利润率为 23%。

表 3-11 投资敏感性分析表

投资敏感性 指标	−10%	−5%	基本方案/万元	5%	10%
项目总投资	151 291.8	159 696.9	168 102	176 507.1	184 912.2
销售利润	35 488.2	27 083.1	18 678	10 272.9	1 867.8
投资利润率	23.46%	16.96%	11.11%	5.82%	1.01%

9.4 平均销售价格敏感性分析

平均销售价格敏感性分析表，见表 3-12。平均销售价格敏感性分析表明，当平均销售价格增加 10%时，项目盈利大大增加，投资利润率为 25%；当平均销售价格降低 10%时，项目盈利大幅降低，投资利润率为 5%。

表 3-12　平均售价敏感性分析表

平均售价敏感性 指标	-10%	-5%	基本方案/万元	5%	10%
项目总投资	167 409.45	168 026.4	168 102	169 260.3	169 877.25
平均售价	1.8	1.9	2	2.1	2.2
销售总收入	176 520	185 660	186 780	203 940	213 080
销售利润	9 110.55	17 633.6	18 678	34 679.7	43 202.75
投资利润率	5.44%	10.49%	11.11%	20.49%	25.43%

9.5　财务效益小结

综合以上各项指针初步分析，项目在经济上达到"自我消化，自求平衡，略有利润"的要求，项目具有一定经济抗风险能力和清偿能力，同时项目有较好的社会效益和环境效益。

本 章 小 结

可行性研究是指在决策前所进行的综合性分析论证工作。

可行性研究一般分为机会研究、初步可行性研究和可行性研究（亦称详细可行性研究）三个阶段。

房地产开发项目的可行性研究内容十分广泛，不仅要对房产市场，同时应综合研究规范、技术、组织等多种因素，还要考虑与社会经济发展相适应、与城市地区或总体发展相协调、与国民经济宏观政策相统一等问题。

房地产投资项目因具体内容、目标和环境条件不同，可行性研究的内容应有所差异。但可行性报告的基本内容应包括市场研究、技术研究和效益研究，其中效益研究应是房地产开发项目可行性研究报告的核心。

复习思考题

1. 简述可行性研究的含义、地位和作用。
2. 房地产开发项目的可行性研究的特点有哪些？
3. 如何进行房地产开发项目的综合评价？
4. 房地产开发项目的可行性研究报告的内容包括哪些？

综合实践题

请进行房地产市场调查并结合具体项目编制一份可行性研究报告。

分析与讨论

请根据以下背景资料分析某开发商在市场研究中对客户分析提取了哪些关键要素,并可能会得出哪些结论,对后期开发有何重要作用?

××楼盘客户分析报告

根据案场提供的每期开盘客户分析报告,现对××楼盘的客户情况进行统计、分析,见表 3-13,仅供参考。

表 3-13 ××楼盘成交及签约客户套数统计

期数	一期	二期	三期	四期(签约进行中)
成交套数	217 套	80 套	98 套	61 套

(数据截至 2009 年 8 月 4 日)

一、客户居住区域分析

××楼盘成交客户居住区域分布表,见表 3-14 和图 3-2。

表 3-14 ××楼盘成交客户居住区域分布表

区域	江干	上城	下城	拱墅	西湖	下沙	滨江	萧山	温州	台州	丽水	绍兴	宁波	金华	衢州	临安	上海	广州	富阳	嘉兴	建德	诸暨	山西
成交量/套	129	34	93	12	34	11	2	6	109	16	10	9	5	4	4	3	3	2	1	1	1	1	1

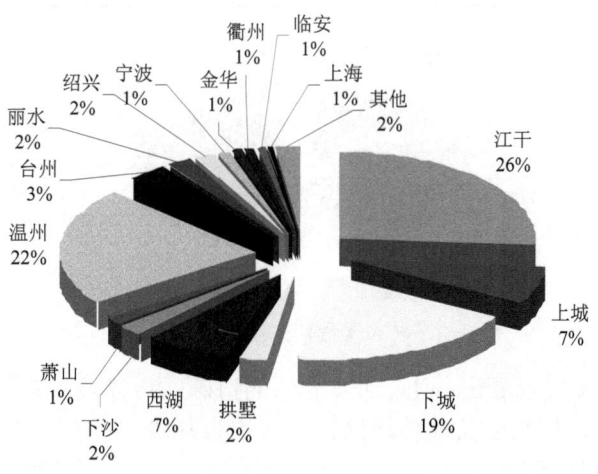

图 3-2 ××楼盘成交客户居住区分布构成图

从表 3-14、图 3-2 可以看出:杭州本地居住客户为细分市场的第一主力,达到了 315 人,占总人数的 64.2%;其中江干区的客户比重最大,下城区次之。温州客户为第二主力,占总人数的 22%。除杭州、温州以外的省内客户为第三主力,占总人数的 12%。

二、客户年龄分析

××楼盘成交客户年龄分布表,见表 3-15 和图 3-3。

表 3-15　××楼盘成交客户年龄分布表

年龄	20 岁以下	20～25 岁	26～30 岁	31～35 岁	36～40 岁	41～45 岁	46～50 岁	50 岁以上
成交量/套	5	56	76	45	68	55	23	28

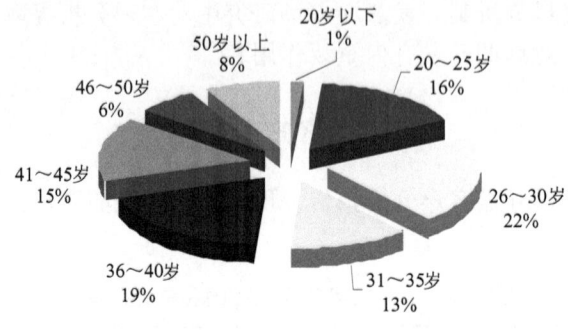

图 3-3　××楼盘成交客户年龄分布构成图

从表 3-15、图 3-3 可以看出：26～30 岁年龄段的客户最多，占总人数的 22%；此年龄段多为首次置业；36～40 岁年龄段的客户排名第二，与第一的差距不大，占总人数的 19%；此年龄段多为改善型需求。

三、楼盘信息获知途径分析

××楼盘信息获知途径分析见表 3-16 和图 3-4。

表 3-16　××楼盘信息获知途径分析

获知途径	报纸	网络	电台电视	工地现场	户外广告	朋友介绍	老客介绍	员工介绍	路过	房交会	其他
成交量/套	37	66	3	57	9	107	43	23	35	19	7

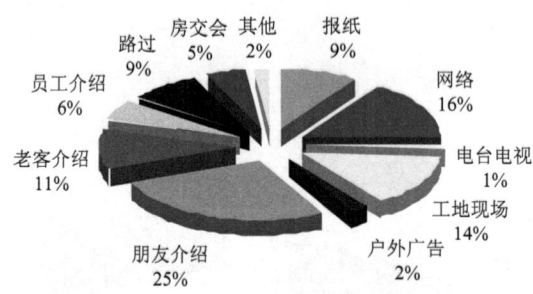

图 3-4　××楼盘信息获知途径构成图

从表 3-16、图 3-4 可以看出：通过朋友介绍的口碑式传播最为有效，吸引成交客户 107 人，占总人数的 25%，远高于其他传播途径；其次为网络，有 66 人，占总人数的 16%。

四、客户所属行业分析

××楼盘成交客户所属行业分布表见表 3-17 和图 3-5。

表 3-17　××楼盘成交客户所属行业分布表

所属行业	企事业	私营业	医生律师	公务员	IT 业	文教科研	军警	金融业	房地产建筑	电力交通	商业贸易	餐饮业	制造业	邮电通信	其他
成交量/套	44	136	10	20	9	6	5	13	11	4	16	4	11	3	26

第3章 房地产开发项目的可行性研究

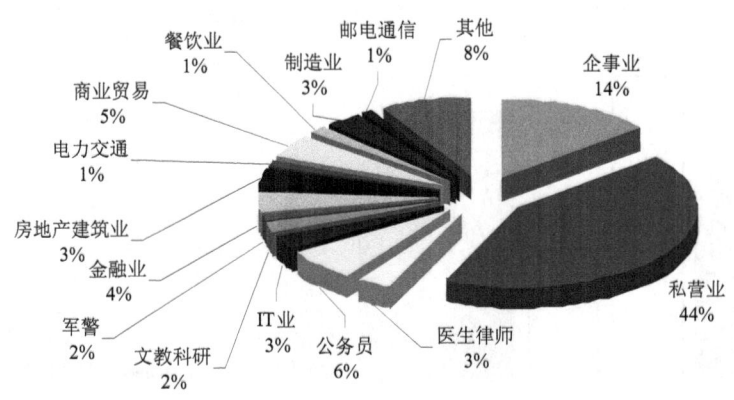

图 3-5 ××楼盘成交客户行业分布构成图

从表 3-17、图 3-5 可以看出：客户所属行业主要集中在私营业，达到了 136 人，占总人数的 44%；据了解，私营业大多为私营业主。企事业排名第二，有 44 人，占总人数的 14%；其他行业客户量较少。

五、客户购房动因

××楼盘购房动因分析见表 3-18 和图 3-6。

表 3-18　××楼盘购房动因分析

购房动因	满足居住的基本要求	改善居住环境	结婚购房	为子女购房	老来居住	偶尔来往	投资	投资兼自住	其他
成交量/套	62	62	21	29	2	4	6	59	2

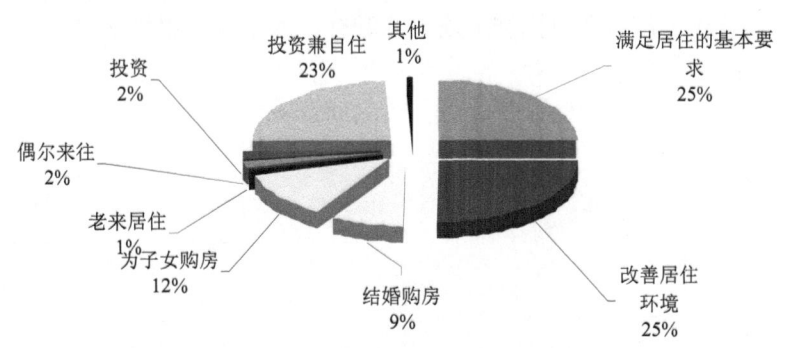

图 3-6 ××楼盘购房动因构成图

从表 3-18、图 3-6 可以看出："满足居住的基本要求"和"改善居住环境"同为主要购房动因，分别占总人数的 25%；其次是"投资兼自住"，有 59 人，占总人数的 23%。

六、选择××楼盘理由分析

选择××楼盘购房理由统计见表 3-19 和图 3-7。

表 3-19　选择××楼盘购房理由统计

购房理由	德式理念	区域前景	交通便捷	小区环境	户型设计	升值潜力	价格	楼盘品质	绿色建材	产品配置	企业实力	其他
成交量/套	34	47	70	18	62	42	16	73	3	4	12	2

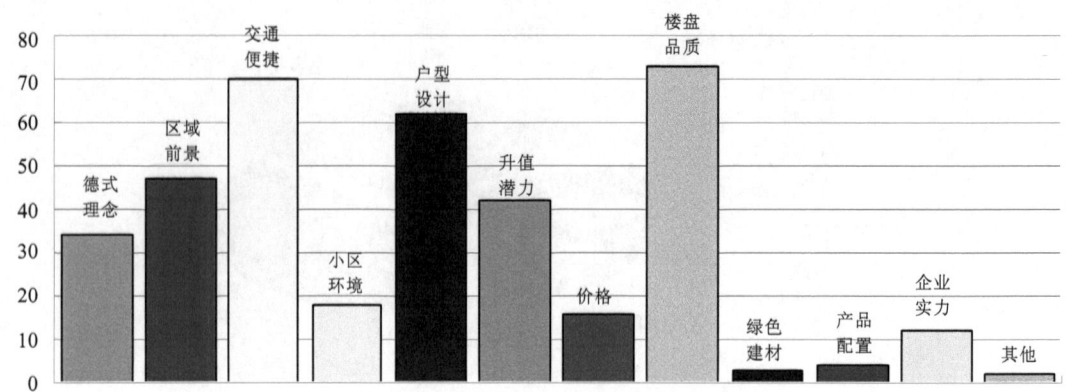

图 3-7　××楼盘选房理由构成图

从表 3-19、图 3-7 可以看出：楼盘品质是大部分客户选择××楼盘的首要原因；其次是交通便捷，两者人数相差不大。户型设计、区域前景也得到了不少客户的青睐。

综上所述：本地客源为××楼盘项目的主力市场，其中江干区和下城区的客户对本楼盘产品的认可度较高，为项目巩固口碑的重点区域；温州市场的比例不可小觑，并且有较大的提升空间，温州市场有待进一步开拓；26~30 岁的首次置业者为××楼盘主要年龄段客群，36~45 岁的改善型置业需求尚存进一步挖掘空间；口碑及网络传播效果显著，老客户市场维护有待加强，但传统推广途径仍需组合投放，形成品牌效应；私营业为项目客群主导行业，户型设计、推广的内容及形式上可考虑偏向于该类客群购买偏好；购房动因比例较为平均，可考虑适当增加某一类型需求的比例，突出项目在市场上的特色；楼盘品质、交通便捷、户型设计、区域前景为大部分客户选择购买××楼盘的主要原因，除了在工程质量下功夫外，宣传推广方面可围绕上述卖点进行深入挖掘，组合包装。

第 4 章　土地使用权的获取和开发前期准备

【学习目的】

通过本章的学习，了解我国土地使用制度，熟悉土地使用权获得的基本途径和程序，并掌握具体运作规则；熟悉房地产开发中拆迁工作程序和安置工作内容及方法；熟悉房地产开发项目的前期准备工作内容，通过实践掌握房地产开发项目的前期相关工作流程。

4.1　土地的基本概念

说到土地，必然要联系到我们生活居住的地球，地球属太阳系中的一颗行星。它是 50 亿年前天体演化的产物。土地一般指地球表层的陆地部分，包括内陆水域和滩涂。广义上看，土地是指陆地及其地表上下空间的全部环境因素，是由土壤、岩石、气候、地质、地貌、生物和水文、水文地质等因素构成的自然综合体。土地具有两重性，它不仅是资源，而且是资产，是财富。

4.1.1　土地的特性

1. 土地的自然特性

（1）土地的不可移动性　土地具有位置的固定性，不能因产权的变化而改变其空间位置。地产的交易，不是土地实体本身的空间移动，而是土地产权的转移。这一特性决定了土地价格具有明显的区域性特征。

（2）质量的差异性　就土地的土壤部分而言，因为其原始岩石圈的岩石种类不同、风化特征和程度不同，其各种地球的化学元素也不同。因此，作为耕作用地，其生产率也不同。同时由于土地所处的地理位置、周边环境不同，则作为建设用地，其利用价值也不同。这就是土地的差异性，这个差异导致土地级差地租的产生。

（3）不可再生性　土地形成之后，它就是那么大、那么多，它不可再生、不可再增长。因此土地是有限的，这是土地固有特性。因此，人类要珍惜土地。

（4）土地效用的永续性　土地的效用是永久的、连续的，作为耕作用地，它可以长时期、周而复始地被利用，产生长时期的效益。作为工业或民用建筑用地，土地也是发挥出长期的效用，如建筑物坏了可拆除、重建，若干年后又可在这块土地上拆了再建，无限循环下去,只要科学合理地使用土地,土地的效用会一直延续下去。

2. 土地的经济特性

(1) 供给的稀缺性　它主要指某一地区的某种用途的土地供不应求,形成稀缺的经济资源,造成供求矛盾。

(2) 可垄断性　土地的所有权和所有权都可以垄断。由于土地具有可垄断性,因此,在土地所有权或使用权转让、出让时,就必然要求实现其垄断利益。

(3) 土地利用的多选择性　某一块土地的使用是有多个选择的,可以用作农耕用地,也可用作多种建筑物用地,既可建住宅、商场,也可选作文化娱乐、体育设施。这就要求在地产使用中,确定土地的最佳选择。

(4) 效益级差性　由于土地质量的差异性和区域性,而使等面积的不同土地的生产力不同,因而在经济效益上具有级差性。

4.1.2　我国土地资源管理的相关法规

1. 土地所有制

新中国成立后,我国就确立了社会主义制度下的土地所有制,建立了城市土地属国家所有,农村土地属于集体所有的土地公有制度。新中国成立初期,政府接管了国民党政府所管辖的全部土地(除港、澳、台外),没收了官僚买办企业的资本和生产资料,同时也没收了这些企业占有的土地,收回了外国政府企业、私人在华的租用地,将市区及城郊无主土地、荒地收归国有。1956年随着社会主义改造运动的进行,对民族工商业逐步改造、赎买的同时,也逐步收回了这些企业所占地。1997年后随着香港、澳门的相继顺利回归,除台湾省外,我国基本实现了领土完整,城乡土地国有化和集体化。

我国《宪法》和《土地管理法》规定了土地所有制的性质、形式和不同形式所有制的适用范围,以及制定和完善了土地的使用、管理制度等一系列法律、法规。

全面理解和正确认识我国的土地所有制和相关法规,对于本课程的学习十分重要。

1) 全国国土资源都是社会主义公有制。《土地管理法》第二条规定:"中华人民共和国实行土地的社会主义公有制。"

2) 土地的社会主义公有制分为全民所有制和劳动群众集体所有制。

3) 土地的全民所有制具体采取的是国家所有制形式。该种所有制的土地被称为国家所有土地,简称国有土地,其所有权由国家代表全体人民行使,具体由国务院代表国家行使。

4) 土地的劳动群众集体所有制,具体采取的是农民集体所有制形式,该种所有制的土地被称为农民集体所有土地,简称集体土地。《土地管理法》第十条规定:"农民集体所有的土地依法属于村农民集体所有的,由村集体经济组织或村民委员会经营、管理;已经分别属于村内两个以上农村集体经济组织的农民集体所有的,由村内各该农村集体经济组织或村民小组经营、管理,已经属于由乡(镇)农民集体所有的,由乡(镇)农村集体组织经营、管理。"

5) 城市市区的土地全部属于国家所有。

6) 农村和城市郊区的土地有的属于国家所有,有的属于农民集体所有。除法律规定属于国家所有的以外,其余属于农民集体所有。《宪法》第十条规定:"农村和城市郊区的土地,除有法律规定属于国家所有的以外,属于集体所有;宅基地和自留地、自留山,也属于集体所有。"《宪法》第九条规定:"矿藏、水流、森林、山岭、草原、荒地、滩涂等自然资源,都属于国家所有,即全民所有;由法律规定属于集体所有的森林和山岭、草原、荒地、滩涂除外。"《土地管理法》第八条规定:"农村和城市郊区的土地,除法律规定属于国家所有以外,属于农民集体所有;宅基地和自留地、自留山属于农民集体所有。"

1998年12月27日国务院令第256号发布的,根据2011年1月8日《国务院关于废止和修改部分行政法规的决定》修订的《中华人民共和国土地管理法实施条例》第二条进一步明确了国有土地的范围如下:

① 城市市区的土地。
② 农民和城市郊区中已经依法没收、征收、征购为国有的土地。
③ 国家依法征收的土地。
④ 依法不属于集体所有的林地、草地、荒地、滩涂及其他土地。
⑤ 农村集体经济组织全部成员转为城镇居民的,原属于其成员集体所有的土地。
⑥ 因国家组织移民、自然灾害等原因,农民成建制地集体迁移后不再使用的原属于迁移农民集体所有的土地。

我国土地使用制度改革是在土地公有的前提下,实行土地所有权与使用权的两权分离,变以前的无偿、无限期、无流动使用为有偿、有限期、有流动使用。

2. 土地所有权

(1)土地所有权的概念 土地所有权是指土地所有者依法享有的对土地的占有、使用、收益、处分的权利。土地所有权的主体是土地所有者,客体是土地。

(2)土地所有权的权能 土地所有权的权能有占有权、使用权、收益权和处分权。

1)土地占有权。土地占有权是指依法对土地实行掌握和控制的权利,通常为土地所有权人行使,也可根据法律、行政命令或依土地所有者之意志交由非所有人行使,但占有人通常没有处分权。所以,土地所有权和土地占有权既可结合又可分离。

2)土地使用权。土地使用权是指依法对土地进行实际使用的权利。土地使用权和土地所有权既可结合又可分离。它和土地占有权的关系也是如此。集体经济组织将土地承包给农民,就是保留了占有权而转让了使用权。

3)土地收益权。土地收益权是指依法收取土地所产生的自然或法定的利息和利益的权利。土地收益权中收取农作物的权利归土地使用者行使,收取地租的权利则一般归土地所有者行使。在土地转租条件下,土地使用者可拥有取得部分地租的权利。

4)土地处分权。土地处分权是指依法处置土地的权利,包括出租、出卖、赠送、遗赠、抵押等。土地处分权通常由土地所有人行使,在某些情况下,可由土地所有人授权土地使用者行使部分处分权。

(3)土地所有权的特征

1)权利的主体特性。国有土地所有权的主体只能是国家,农村劳动群众集体土地的所有权只能是劳动群众集体。除了国家和劳动群众集体外,任何组织和个人都不可能成为土地所有权的主体。

2)土地所有权行使的绝对性。与债权相比,土地所有权不以他人积极作用而实现。而债权人的行使必须以债务人的积极协助为条件。

3）土地所有权行使的排他性。即法学上的"独占性"。这就是说他人不得干涉土地所有者行使土地所有权。

4）土地所有权具有追索性。当土地为他人非法占有时，无论被任何人或任何组织控制，所有者都有权索回。例如，国家所有的土地被个人或某个组织非法占用之后，国家是不受任何限制而可以保持追索权。

5）土地所有权权能的完整性。土地所有权是一种充分的、全面的物权，包括从占有到处分的全部权利。相比而言，土地的地上权、地役权、抵押权等物权，都只是对土地起一部分作用的权利。

6）土地所有权权能组成部分的可分离性和可回归性。土地的四种权能，可与土地所有权相分离，但只要取得一定的补偿，或限定一定的期限，这些组成部分又可复归为所有者。例如，国有土地使用权有偿转让后，若超过租期，国家就有权收回土地的使用权。这种分离和复归，正是土地所有者行使土地所有权的一种表现。

（4）土地所有权的发生、变更和确认

1）土地所有权的发生。一般情况下，我国土地所有权的发生有以下两种情况：

① 原始取得。土地所有权的取得不以原所有人为根据。例如，土改时没收、征用、征购为国家所有；1956年，农民自愿将自己的土地加入合作社而转为集体所有；在河口、三角洲、海岸新沉积的沙洲、沙嘴、滩涂等添附的土地；无主土地，即没有土地所有人或所有人不明的土地归国家所有。

② 基于转移而取得。土地所有权基于他人转移而取得：国家建设征用集体土地；国家建设而形成的移民或转业安置后，剩余的土地归国家所有。

2）土地所有权的变更。我国宪法规定，土地所有权不得通过买卖或以其他形式非法转让。从这个意义上讲，土地是限制流通的，但这并不是说土地所有权不会发生变更和转移，在特定条件下，土地所有权也是可以发生变更的。在我国，土地权属的变更主要是通过国家建设征用集体土地实现的。在某些情况下，也可能发生国家与集体、集体与集体之间土地所有权的变更。例如，调整不合理的土地权属地界，消除土地使用上的缺点（如地界弯曲、楔入、土地分散等历史上遗留下来的不合理现象等），通过地界的截弯取直、土地变换等方法变更土地所有权。显然，这仅仅是少数现象。

3）土地所有权的确认。土地所有权的发生和变更都必须经过法律认可方为有效。经法律确认，即受法律保护。在其权力范围内不允许任何组织或个人非法侵犯，包括一切公开的侵犯和隐蔽的侵犯。

土地所有权的确认，是通过国土资源管理部门来实施的。经过土地登记和持有土地证书的土地所有权受国家法律保护。

3．土地使用权

（1）土地使用权的概念　土地使用权是指使用者根据国家法律与土地所有人签订合同后，对国家和集体所有的土地，享有使用的权利。

土地使用权和使用土地是两个不同的概念。前者是依照法律产生的权利，而后者只是对土地的实际利用。一般情况下，两者是统一的，即拥有土地使用权的人使用土地，但在实际生活中也有使用土地的人并不具有使用权，但这种人必须符合法律规定或符合所有权人或使用权人的意思和利益，否则属非法使用。

(2) 土地使用权的特征

1) 权利的主体十分广泛。我国规定国家机关、企事业单位、农民集体和公民个人以及三资企业，凡具备法律条件者，都可以成为土地使用权的主体。

2) 土地使用权不得随意改变。土地使用者必须依法行使土地使用权，任何人和单位不得非法干涉，不得擅自变更和强行收回土地使用权；在土地使用权受到他人侵犯时，使用者有权请求法律保护。

3) 土地使用权是法律特别设定的一种物权，但并非使用权都是物权。例如，因租赁活动而产生的承租人的使用权就只是一种债权。

4) 土地使用权派生于土地所有权。这是指土地使用权来源于土地所有权。它对土地所有权有某种从属性，即没有所有者同意，土地使用权是无法产生的。

5) 土地使用权权能构成的有限性。土地使用权跟土地所有权不一样，所有权是一种充分的、全面的物权，而使用权只包括部分收益权和极小的处分权，而且仅限于地面。

6) 土地使用权可以买卖、转让。这是与土地所有权的重要区别之一。

(3) 土地使用权的权能　土地使用权与土地所有权一样，具有占有、使用、收益和处分的权利，但它有较大的局限性。

1) 占有权是指使用人对土地实行控制或支配的权力。这是建立在土地使用权前提和基础之上的。

2) 使用权是指使用人对土地利用和运用的权力。这种权力的使用必须符合国家的法律和合同规定，不得超越法律和合同规定的权利之外。

3) 收益权是指使用人享有使用土地而获得收益的权力。这是使用人使用土地的重要目的。

4) 处分权是指使用人依照国家法律和合同规定，享有转让土地使用权的权力。这种权力与土地所有人处分土地的权力是不同的。

(4) 土地使用权的限制

1) 使用范围的限制。我国相关的法规对城乡用地的使用都有明确的规定。例如，对农业用地，国家规定不能在承包地和自留地上建房、葬坟、开矿、烧砖瓦；确实需要动用耕地建房时，有严格的审批程序。还规定，农村居民建住宅使用土地，不得超过省、自治区、直辖市规定的标准。城市建设用地的使用必须符合《城市规划法》，在城市规划区范围内的土地使用规模、用途、使用强度都应服从城市规划的要求。

2) 使用方式限制。土地是一项十分宝贵的资源，任何人和组织在使用时都应该从国家的根本利益出发，用好每一寸土地，而不能按自己的意愿对土地进行破坏性的开发利用。例如，国家相关法规规定：不准因使用耕地而破坏排灌系统；不准对承包地进行掠夺性经营；不准抛荒；不准借口修建房屋，扩大房院，扩大住宅基地，侵占集体耕地；不准使用土地而影响邻地的应有权利。此外，我国还强调使用土地过程中要保护好各类土地资源，保护环境。

近年我国实行土地有偿出让后，对土地使用权同样有所限制：①使用者要依所有人的条件转让，在使用期内必须严格执行合同规定，凡改变或超过出让合同土地使用性质、用途和范围的，必须事先申请，未经批准，不准改变。②土地使用者必须受我国政府及相关管理部门的管理和监督。③土地使用者不能在使用的土地上从事应由我国政府垄断从事的企事业。④在土地使用权有偿出让和转让期间，一切地表、地下资源的所有权仍属国家，使用者不能侵占和利用。⑤土地使用权的有偿转让和抵押，均应按照我国法律规定进行，否则无效。

3）使用年限的限制。过去，在土地无偿使用体制下，我国绝大部分土地，如全民、集体、社会团体使用土地是没有期限的。改革开放后，凡是有偿出让的土地使用权都是有期限的。根据《中华人民共和国城镇国有土地使用权出让和转让暂行条例》，土地使用权出让的最高年限为：居住用地70年，工业用地50年，教育、科技、文化、卫生、体育用地50年，商业、旅游、娱乐用地40年，综合或其他用地50年。

4.2 土地使用权的获取途径和程序

没有土地，任何开发计划或开发项目的实施都只能是空谈。当完成市场分析和其他前期研究工作并进行了项目评估之后，就要进入实施过程，而实施过程的第一步就是获取土地使用权。

4.2.1 土地储备与土地一级开发

1. 土地储备

土地储备是指市、县人民政府国土资源管理部门为实现调控土地市场、促进土地资源合理利用的目标，依法取得土地，进行前期开发、储存以备供应土地的行为。该制度的建立，旨在加强土地调控，规范土地市场运行，促进土地节约集约利用，提高建设用地保障能力。

土地储备实行计划管理。年度土地储备计划，包括年初与年末土地储备规模、年度前期开发规模和年度供应规模等指标，由地方人民政府相关部门依据当地经济和社会发展计划、土地利用总体规划、城市总体规划、土地利用年度计划和土地市场供需状况等联合编制。

土地储备的范围，包括依法收回的国有土地、收购的土地、行使优先购买权取得的土地、已办理农用地转用和土地征收批准手续的土地以及其他依法取得的土地。纳入储备的土地的前期开发、保护、管理和临时利用，以及为储备土地、实施前期开发进行融资等活动，由土地储备机构负责实施。储备土地完成前期开发整理后，纳入当地土地供应计划，由国土资源管理部门统一组织供地。

2. 土地一级开发

土地一级开发，是由政府或其授权委托的企业进行土地征收、拆迁、土地平整，进行地上及地下市政基础设施和社会公共配套设施建设，使土地达到"三通一平""五通一平""七通一平"的建设条件。土地一级开发的项目实施有两种模式：一是政府土地储备机构负责实施并委托开发企业负责土地开发具体管理；二是政府授权开发企业负责实施。

在政府土地储备机构负责实施土地开发时，由土地储备机构负责筹措资金，办理规划、项目核准、土地征收、拆迁及大市政建设等手续并组织实施。土地开发过程中涉及的道路、供水、供电、供气、排水、通信、照明、绿化、土地平整等基础设施建设，可通过公开招标方式选择工程实施单位，开发企业的管理费用不高于土地储备开发成本的2%。

在政府授权开发企业负责实施土地开发时，由开发企业负责筹措资金，办理规划、项目核准、土地征收、拆迁和大市政建设等手续并组织实施。招标底价包括土地储备开发的预计总成本和利润,利润率不高于预计成本的8%。

土地储备开发成本包括:
① 征收、拆迁补偿费及有关税费。
② 收购、收回和置换过程中发生的有关补偿费用。
③ 市政基础设施建设有关费用。
④ 招标、拍卖和挂牌交易中发生的费用。
⑤ 贷款利息。
⑥ 土地储备开发供应过程中发生的审计、律师、工程监理等费用,不可预见费以及经政府财政和土地主管部门核准的其他支出。

土地储备和土地一级开发模式的建立,推动了公开、公平和透明的土地供应市场建设,改变了传统的开发商获取土地使用权的程序,对房地产开发商或投资者获取土地使用权的价格也产生了重大影响。此外,由于政府土地储备中心所实施的土地一级开发工作,通常将土地开发工作发包给房地产开发商,因此也为房地产开发商参与土地开发创造了市场机会。

4.2.2 获取土地

1. 土地使用权划拨

(1) 土地使用权划拨的概念 土地使用权划拨是指县级以上人民政府依法批准,在土地使用者缴纳补偿、安置等费用后,将该幅土地交付其使用,或者将国有土地使用权无偿交付给土地使用者使用的行为。对于房地产开发商而言,以行政划拨方式获取土地使用权,通常涉及私人参与的城市基础设施用地和公益事业项目及国家重点扶持的能源、交通、水利等项目的用地。

(2) 土地使用权划拨程序

1) 申请:建设用地单位持经批准的设计任务书或者初步设计,年度基本建设计划等有关文件和城市规划管理机关核发的建设用地规划许可证,按照审批权限向国土资源管理部门申请建设用地。

2) 审批:根据用地申请书有关文件,依照法定批准权限经城市政府审核、批准、核发建设用地批准书。

3) 拨地:经城市政府批准,核发建设用地批准书后,由国土资源管理部门根据建设进度一次或者分期划拨建设用地。

4) 发证:建设项目在竣工验收后,由城市规划管理部门和土地资源管理部门核查实际用地后,由国土资源管理部门核发国有土地使用证。

(3) 划拨土地使用权的经营 1990年国务院颁布的《中华人民共和国城镇国有土地使用权出让和转让暂行条例》(以下简称《条例》),对划拨土地使用权的转让、出租、抵押的经营行为做了明确的规定。利用划拨土地开展土地使用权经营活动,必须与城市政府签订土地使用权出让合同。补交土地使用权出让金或者以转让、出租、抵押土地使用权的所获得收益抵交土地使用权出让金。

对于未经批准擅自转让、出租、抵押划拨土地使用权的单位和个人,政府可以没收其非法收入,再根据情节予以处罚。

无偿取得划拨土地使用权的使用者，因迁移、解散、撤销、破产或者其他原因而停止使用土地的，城市政府可以无偿收回其划拨的土地使用权，并可依法予以出让。对划拨土地使用权，城市政府根据城市建设的发展需要和城市规划的要求，可以无偿收回，并可依法予以出让。无偿收回划拨土地使用权时，对其地上建筑物和其他附着物，城市政府可根据实际情况给予适当补偿。

2. 土地使用权出让

土地使用权出让又称"批租"，属于房地产一级市场。在这一级市场上，城市人民政府代表国家，将国有土地以指定的面积、用途、使用期限和其他条件通过协议、招标、拍卖等方式，提供给土地使用权受让者开发、经营。土地使用权受让者按照出让合同的规定，向城市政府一次性支付整个出让年限的土地使用权出让金。

为规范国有土地使用权出让行为，优化土地资源配置，建立公开、公平、公正的土地使用制度，国土资源部于2003年4月颁布了《招标拍卖挂牌出让国有土地使用权规定》，并于2007年9月对该规定进行了修订，形成了《招标拍卖挂牌出让国有建设用地使用权规定》。从加强国有土地资产管理、优化土地资源配置、规范协议出让国有土地使用权行为的角度出发，国土资源部于2003年8月颁布了《协议出让国有土地使用权规定》。按照规定，工业（包括仓储用地、但不包括采矿用地）、商业、旅游、娱乐和商品住宅等经营性用地以及同一宗地有两个以上意向用地者的，应当以招标、拍卖或者挂牌方式出让。不适合采用招标、拍卖或者挂牌方式出让的土地，才允许以协议方式出让。土地使用权的出让方式包括：

（1）协议出让

1）协议出让是指市、县人民政府国土资源行政主管部门（以下简称出让人）与特定的土地使用者通过协商方式有偿出让国有建设用地使用权的行为。该方式仅当依照法律、法规和规章的规定不适合采用招标、拍卖或者挂牌方式出让时，方可采用。即"在公布的地段上，同一地块只有一个意向用地者的，方可采用协议出让"，但商业、旅游、娱乐和商品住宅等经营性用地除外。

2）协议出让的程序包括：

第一，土地所有者（出让方）向预期受让者提供出让地块的有关资料和文件，包括：

① 土地的单位、四周范围、面积及地籍图。
② 土地的规划用途和建筑容积率、建筑密度、高度限制等要求。
③ 建设项目的竣工年限，必须投放的建设费用和建筑面积的最低限度。
④ 环境保护、绿化、卫生防疫、交通和消防要求。
⑤ 市政公用设施现状和建设计划或设计要求。
⑥ 地块的地面现状，包括地形、建筑物、构筑物和其他附着物的建设状况和使用状况。
⑦ 出让的形式和年限。
⑧ 出让金的数额、付款方式及要求。
⑨ 土地使用者的义务和有关的法律责任。
⑩ 需要提供的其他资料，如水文、气象、风向玫瑰图等。

第二，受让者取得资料后，在规定时间内向出让方提交包括土地开发建设方案、出让金额及付款方式等内容的文件。

第三，出让方在接到上述规定的文件后，在规定的时间做出答复。

第四,经双方协商达成协议后,出让方与土地使用者签订合同,再由土地使用者支付定金。

第五,受让方支付定金后,向国土资源管理机关办理土地使用登记,领取土地使用证。

(2) 招标出让

1) 招标出让是指出让人发布招标公告,邀请特定或不特定的自然人、法人或者其他组织进行国有建设用地使用权投标,根据投标结果确定国有建设用地使用权人的行为。

招标出让方式一般适用于商业、旅游、娱乐和豪华住宅用地。

2) 招标出让的程序包括:

① 出让方根据出让地块的具体要求,在确定的投标日期前向投标者发出投标邀请书、招标文件及相关规定。因投标者参加的范围不同,可分为国际招标和国内招标。

投标前,投标者应详细研究招标者提供的文件,根据自身的能力,设计土地利用方案,估算出让金额。投标者可以委托建筑、规划、项目管理、地价评估等方面的专家协助议定投标书。

② 投标者在规定的时间内,在指定的地点将密封的投标书投入指定的标箱。标书内容应当包括土地开发利用方案、出让金数额、付款方式等。

③ 投标者按照规定的日期、地点、金额、方式交付保证金。未中标者保证金将如数退还。

④ 由出让方会同有关部门聘请专家组成评标委员会。评标委员会主持开标、评标和决标。

评标委员会在开标后,首先对每一标书进行查验,剔除不合格的标书(废标的规定应在招标文件中明确)。评标委员会对有效标书进行评审,决定中标者,并签发决标书。出让方根据决标书向中标者发出中标证明书。

⑤ 中标者在规定日期内与出让方签订合同,并支付定金。中标者原支付的保证金可充抵定金。

⑥ 中标者支付出让金后,向国土资源管理机关办理土地使用权登记,领取土地使用证。

(3) 拍卖出让

1) 拍卖出让是指出让人发布拍卖公告,由竞买人在指定的时间、地点进行公开竞价,根据出价结果确定国有建设用地使用权人的行为。拍卖又称竞卖、竞投。

拍卖出让方式主要适用于竞争性较强的商业、旅游、娱乐、金融及豪华住宅用地。

2) 拍卖出让的程序包括:

① 出让方在确定拍卖日期前公告拍卖地块的位置、面积、规划用途、使用年限、索取有关资料的日期和进行拍卖的地点、日期。公告一般登在当地的主要报纸上,应买者有权向拍卖者索取拍卖土地的基本情况,包括出让地块的基本情况资料和文件。应买者可根据所提供标的物的资料,进行现场勘察,请有关专家进行评估,确定自叫价的上限和下限。

② 参加竞投者在拍卖日期前3日到拍卖方处领取有统一编号的应价牌。自制应价牌者竞投行为无效。

③ 拍卖。拍卖一般是采取卖主叫价的方式,即出让方喊一最低价,然后各竞买人根据出让方规定的叫价幅度,争相加价,直到无人再加价时,拍卖人使用锤子和木板在桌上一拍,表示成交。应价一般以举牌方式应价。

④ 应投得中者应及时与出让方签订土地使用权出让合同，交付定金。

⑤ 土地使用者按应价数额支付出让金后，向国土资源管理机关或房产管理机关办理使用登记，领取土地使用证。

（4）挂牌出让

1）挂牌出让是指出让人发布挂牌公告，按公告规定的期限将拟出让宗地的交易条件在指定的土地交易场所挂牌公布，接受竞买人的报价申请并更新挂牌价格，根据挂牌期限截止时的出价结果或者现场竞价结果确定国有建设用地使用权人的行为。

2）拍卖出让的程序包括：

① 在挂牌公告规定的挂牌起始日，出让人将挂牌宗地的面积、界址、空间范围、现状、用途、使用年期、规划指标要求、开工时间和竣工时间、起始价、增价规则及增价幅度等，在挂牌公告规定的土地交易场所挂牌公布。

② 符合条件的竞买人填写报价单报价。

③ 挂牌主持人确认该报价后，更新显示挂牌价格。

④ 挂牌主持人在挂牌公告规定的挂牌截止时间确定竞得人。

挂牌截止应当由挂牌主持人主持确定。挂牌期限届满，挂牌主持人现场宣布最高报价及其报价者，并询问竞买人是否愿意继续竞价。有竞买人表示愿意继续竞价的，挂牌出让转入现场竞价，通过现场竞价确定竞得人。挂牌主持人连续三次报出最高挂牌价格，没有竞买人表示愿意继续竞价的，按照下列规定确定是否成交：在挂牌期限内只有一个竞买人报价，且报价不低于底价，并符合其他条件的，挂牌成交；在挂牌期限内有两个或两个以上的竞买人报价的，出价最高者为竞得人；报价相同的，先提交报价单者为竞得人，但报价低于底价者除外；在挂牌期限内无应价者或者竞买人的报价均低于底价或者均不符合其他条件的，挂牌不成交。

4.2.3 土地使用权转让

1．土地使用权转让的概念

土地使用权转让是指土地使用者将土地使用权再转移的行为，它既受市场价值规律的调节，又受土地所有者的监督和控制。在土地使用权有偿出让后，土地使用者经过一定的投资、开发和经营，将其支配的土地使用权全部或部分再转移，新的土地使用者要向转让者支付一定的转让费用。

土地使用权转让是土地使用者之间的横向土地经营行为。土地使用者在土地上进行大量的投资，投入人力、物力、财力进行开发建设，其收回资本的最好方法就是将其地上建筑物随同土地使用权一起转让给他人。土地使用权转让时，其地上建筑物及其附属物必须一同转让。

2．土地使用权转让方式

土地使用权转让方式一般有三种转让方式，即出售、交换、赠与。

（1）出售　出售是指出售方按照一定的方式将自己获取的土地使用权有偿转移给购买方，由购买方向出售方支付地价。

（2）交换　交换是指当事人双方约定互相转移土地使用权或一方转移土地使用权，另一方以转移金钱以外标的物而作为交换的条件，这种行为称土地使用权交换。

（3）赠与　赠与是指赠与人自愿把土地的使用权无偿转移给受赠人，受赠人表示接受的行为。

3．土地使用权转让条件

土地使用权转让的基本条件是按照土地使用权出让合同规定的期限和条件对土地进行投资开发、利用。未满足上述条件，土地使用权不能转让。当土地使用权转让价格明显低于市场价格时，政府有优先购买权，也就是说土地使用权转让价格受国家控制。这是由于土地市场对经济市场的影响较大，政府必须对土地市场进行调控，防止炒买炒卖土地，扰乱经济秩序。土地使用权的转让活动受下列条件限制：

1）转让合同的终止日期和建设项目完成日期不得超过原出让所规定的终止日期和建设项目完成日期，不得改变原出让合同所列的权利、义务和各项用地要求。

2）土地使用权转让后，原出让合同规定的土地使用权受让人的权利、义务也随之转移，新的受让人无条件地享用原出让合同的全部权利和承担全部义务。新的受让人也完全取代了转让人的法律地位，他必须按照土地使用权出让合同的规定和城市规划的要求、开发、利用、经营土地。

3）土地使用权转让时，其地上建筑物、附着物所有权随之转让，土地使用者转让地上建筑物，其他附属物所有权的，其使用范围内的土地使用权随之转让，但地上建筑物、其他附属着物作为动产转让的除外。

4）土地使用权转让时，如需改变原出让合同的规划用途，必须事先向国土资源管理部门和规划部门提出申请，经审核批准、调整土地使用权出让金，方可进行转让。

4．土地使用权转让程序

土地使用权转让程序，目前国家尚无统一规定。根据目前各地的实际操作实践看，一般有下面几个程序：

（1）申请　由用地方向土地出让方提出土地使用权申请。

（2）审批　由国土资源管理部门根据土地出让合同及转让条件，依法对转让申请进行审查，符合转让条件的，可以批准转让。

（3）签订转让合同　土地转让合同是当事人之间就转让土地使用权而达成的协议。依法制定土地使用权转让合同，对当事人具有法律效力，双方必须全面履行合同条款中约定的各自承担的义务，任何一方不能擅自变更或解除。

（4）公证　由城市公证机关对转让合同进行公证。

（5）登记　土地使用权转让双方凭转让合同、公证、认证等文件向国土资源管理部门办理登记过户手续，领取土地使用证和房屋产权证。

4.2.4　土地使用权出租

1．土地使用权出租的概念

土地使用权出租是指土地使用者作为出租人将土地使用权随同地上建筑物、其他附着物租赁给承租人使用，由承租人向出租人支付租金的行为。土地使用租赁一般是同房屋租赁结合在一起进行的。单纯的场地出租行为在整个土地使用权租赁市场中的比例较小。

2．土地使用权出租条件和程序

（1）下列土地使用权可以出租

1）土地使用者通过出让方式取得的土地使用权。

2）土地使用者通过转让方式取得的土地使用权。

3）土地使用者通过各种方式依法取得的划拨土地使用权。

（2）土地使用权出租的限制条件

1）土地使用权出租必须签订租赁合同，租赁合同不得违背国家法律、法规和土地使用权出让合同的规定。

2）未按照土地使用权出让合同规定的期限和条件投资开发、利用土地的，土地使用权不得出租。

3）土地使用权出租，出租人必须办理出租登记。

（3）土地使用权出租程序

1）土地使用权出租方持有关证件，向国土资源管理部门提出出租申请。

2）经国土资源管理部门审核后，符合出租条件的可以批准出租，发放土地使用权出租许可证。

3）土地使用权出租方和承租方签订出租合同，明确双方的权利和义务。

4）土地使用权出租双方当事人凭租赁合同、国土资源管理部门发放的出租许可证等文件办理租赁登记，按规定缴纳有关税费。

4.2.5 土地使用权抵押

1．土地使用权抵押的概念

土地使用权抵押是指通过出让和转让方式取得土地使用权的单位，为借贷或偿还债务，将其土地使用权及其地上建筑物，其他附着物向金融机构或债权人提供财产保证的行为。土地使用权被当作借款的担保，如果抵押人在贷款合同期满后不能归还贷款，那么土地使用权将转归贷款者所有，或者由贷款方进行处置。

2．土地使用权抵押的条件

1）通过有偿出让、转让方式取得的土地使用权可以抵押。

2）通过行政划拨取得的土地使用权，在补签了土地使用权出让合同、补交土地使用权出让金、领取国有土地使用证后可以抵押。

3）土地使用权抵押时，其上建筑物、其他附着物随之抵押。地上建筑物、其他附着物抵押时，其使用范围内的土地使用权随之抵押。

4）土地使用权抵押的期限不能超过土地使用权出让和转让的年限。

3．土地使用权抵押程序

1）抵押双方当事人签订土地使用权抵押合同。抵押合同不得违背国家法律、法规和土地使用权出让合同的有关规定。

2）由公证机关对双方签订的合同给予公证。

3）土地使用权抵押双方凭抵押合同、公证书、认证等文件向国土资源管理部门办理抵押登记。登记是抵押权成立的必要条件。

4）抵押合同终止后，抵押权人应在规定的时间内向国土资源管理部门办理抵押登记的注销手续。

抵押方到期未能履行债务或者在抵押合同期间宣告破产、解散的，抵押权人按照国家法律、法规和抵押合同规定处分抵押财产。因处分抵押财产而取得土地使用权和地上建筑物、其他附着物所有权的，应当按照规定办理过户登记，处分抵押的土地使用权的最普遍的做法是进行拍卖。处分抵押财产所得抵押权人有优先受理权。

4. 土地抵押权的灭失

土地抵押权的灭失主要有两种情况：一是因债务清偿；二是因债务清偿以外的原因。因债务清偿以外的原因包括：

1）抛弃：抵押权人抛弃权利，抵押权因而灭失。
2）协议灭失：当事人之间约定消灭抵押权。
3）土地灭失：设定抵押权的土地灭失，抵押权随之灭失。
4）混同：作为抵押标的土地使用权连同地上建筑物，其他附着物所有权归抵押权人的，抵押权归于灭失。

4.3 房地产开发中的拆迁补偿与安置工作

4.3.1 房屋拆迁的相关概念

1. 房屋拆迁的定义

房屋拆迁是指取得房屋拆迁许可证的拆迁人，拆除城市规划区内国有土地上的房屋及其附属物，并对被拆迁房屋的所有人进行补偿或安置的行为。

房屋拆迁是伴随着城市建设项目进行的，是城市建设的重要组成部分，处于建设项目的前期工作阶段。其主要工作内容包括：

1）城市危、旧房改造涉及的房屋拆迁。
2）城市功能、用地规划和空间结构调整涉及的房屋拆迁。
3）城市基础设施如各种工程管道和交通道路的建设和改造涉及的房屋拆迁。
4）环境治理如绿化建设、污染治理工程等涉及的房屋拆迁。

房屋拆迁必须服务于城市建设，房屋拆迁的规模要与城市的经济发展水平相适应，与居民的承受能力相适应。

2. 房屋拆迁的管理体制

国务院 2001 年发布的《城市房屋拆迁管理条例》规定，国务院房地产行政主管部门主管全国的城市房屋拆迁工作，县以上地方人民政府房地产行政主管部门或者人民政府授权的部门，主管本行政区内的城市房屋拆迁工作。人民政府授权的部门一般是指城市建设委员会、房地产管理局或者城市拆迁办公室。

3. 房屋拆迁的法律制度

1991 年 3 月国务院发布了第 28 号令《城市房屋拆迁管理条例》[以下简称《条例》]，2001 年对该条例进行了重要修改，建设部还颁发了《城市房屋拆迁单位管理规定》及发布颁发房屋拆迁许可证通知，进一步规范拆迁工作。

《条例》的适用范围是在城市规划区内国有土地上实施房屋拆迁，并需要对被拆迁人补偿安置的活动。城市规划区外国有土地上实施房屋拆迁，并需要对被拆迁人补偿安置的，可参照执行。集体土地上的拆迁行为，按照《土地管理法》等有关法律、法规执行。不需要对被拆迁人进行补偿、安置的房屋拆迁行为，如自拆自建行为，不属于《条例》所调整的行为，不需要申领房屋拆迁许可证。

《条例》中规定，城市房屋拆迁必须符合城市规划和有利于城市旧区改建，确定了房屋拆迁的工作目的和法律地位。这是所有房屋都必然遵守的原则，也是能否批准进行拆迁的重要准则。该条例规定了房屋拆迁必须向县级以上政府房屋拆迁主管部门提出申请，经批准发给拆迁许可证后才可拆迁。将房屋拆迁纳入了统一的管理渠道，依照此次规定建立健全了各级房屋拆迁管理机构，建立了房屋拆迁的申请批准制度和拆迁许可制度。

《条例》明确了拆迁当事人双方的权利和义务，规定拆迁人必须对被拆迁人给予补偿、安置；被拆迁人必须服从城市建设需要，在规定期限内履行拆迁义务。为了保障房屋拆迁不影响城市建设的顺利进行，《条例》中规定，被拆迁人无正当理由拒绝拆迁的，可通过合法程序执行强制拆迁，赋予了执法人一项强有力的重要执法手段。

尽管如此，从全国的实践来看，近几年房地产业有过热的趋势，加上各地经济发展水平不平衡，房屋拆迁过程中出现的矛盾很多，并且错综复杂。拆与不拆，该拆与不该拆的争论时有发生，反映了执行《条例》的水平不一，规划与发展同各地的生产力既有相适应的一面，又有相矛盾的一面。中央正在采取积极的宏观调控，以保障房地产业健康、可持续发展。

4．房屋拆迁许可制度

房屋拆迁主管部门对拆迁申请人提交的有关资料进行研究后，经审查批准拆迁的，房屋拆迁主管部门要向拆迁申请人发放房屋拆迁许可证。房屋拆迁许可证是房屋拆迁的法律凭证，获得房屋拆迁许可证后，拆迁申请人就成为合法拆迁人，其拆迁行为受到法律的保护。

4.3.2 房屋拆迁的程序

1．房屋拆迁申请

无论单位或个人因从事的建设项目需要进行房屋拆迁时，都应向被拆迁房屋所在地的县级以上人民政府房屋拆迁主管部门提出拆迁申请书，并同时提交与项目有关的批准文件和拆迁计划及拆迁补偿、安置方案。这些文件是审批拆迁的基本依据。

有关批文应包括：
1）经行政主管部门批准的建设项目立项批准文件。
2）建设用地规划许可证。
3）土地有偿使用证明。
4）建设工程规划许可证等有效的批准文件。

拆迁计划和拆迁方案是拆迁申请的重要组成部分，其内容必须确切说明拆迁的范围、拆迁的对象、拆迁的实施步骤，对拆迁范围内的被拆迁居民、机关、团体、企业单位的补偿安置方案、安置政策、安置房和临时安置用周转房的房源情况，涉及拆迁的各项补偿费、安置费的预算情况，以及拆迁期限、具体时间安排等。

2．房屋拆迁审批

房屋拆迁主管部门收到拆迁申请和必要的批文后，应对申请内容进行审查，并对拆迁范围进行现场调查。审查重点是申请人提供的批文是否齐全有效，同时考察拆迁范围内是否有受到保护不允许拆迁的建筑，拆迁范围内的房屋产权是否明确或有争议，对被拆迁人的补偿安置是否符合政策规定，补偿安置的方案是否可行，拆迁期限是否合理等。

经审查批准拆迁的，房屋拆迁主管部门向拆迁申请人发放房屋拆迁许可证。房屋拆迁主管部门发放房屋拆迁许可证时，应向被拆迁人发出房屋拆迁公告。公告要明确建设项目、拆迁人、房屋拆迁范围、搬迁期限等。拆迁管理部门和拆迁人有责任做好拆迁宣传和政策解释工作。

拆迁管理部门批准拆迁的同时，要及时做好户籍方面的管理工作，有的要暂时冻结，有特殊情况的要办理入户与分户手续。

3．签订拆迁协议

在房管部门审批、发放房屋拆迁许可证后，房屋拆迁人与被拆迁人按照规定就补偿、安置等问题签订书面协议。该协议应当规定补偿形式和补偿金额、安置房面积和安置地点、采用货币安置方法的安置款金额、拆迁过渡方式和过渡期限、违约责任和当事人认为应当订立的其他条件。

（1）拆迁协议的主要内容

1）拆迁房屋的坐落地点、面积和用途。

2）补偿形式。

3）补偿金额。

4）安置用房面积、地点或货币安置金额。

5）搬迁过渡方式及期限。

6）违约责任等。

（2）房屋拆迁协议的特征

1）房屋拆迁协议的当事人是特定主体，即拆迁人必须是经过有关部门批准的单位或个人，被拆迁人必须是列入拆迁范围的房屋所有人或使用人。

2）房屋拆迁协议签订有严格的时间限制。

3）房屋拆迁协议的签订有相对的强制性。

补偿、安置协议订立后，可以向公证机关办理公证，并送房屋拆迁部门备案。

拆迁人与被拆迁人对拆迁形式和补偿金额、安置用房面积和安置地点、搬迁过渡方式和过渡期限，经协商达不成协议的，由批准拆迁的房屋主管部门裁决。被拆迁人是批准房屋拆迁主管部门的，由同级人民政府裁决。当事人对裁决不服，可以在接到裁决书之日起15天内向人民法院起诉。在诉讼期间如拆迁人做了安置或者提供了周转用房的，不停止拆迁的执行。

4．实施拆迁

拆迁人必须在拆迁许可证规定的拆迁范围和拆迁期限内进行拆迁，不得超越范围和期限，拆迁的实施方式有三种：统一拆迁、自行拆迁和委托拆迁。

4.3.3 房屋拆迁的补偿

1. 补偿对象

补偿的对象是被拆迁房屋及其附属物的所有权人，而不是使用权人，所有权人既包括公民也包括法人。

2. 补偿形式

房屋拆迁补偿形式有两种，即产权调换和作价补偿。

此外，在实际拆迁工作中，还有以上两种方式相结合的形式，这是一种比较灵活的补偿形式。

3. 拆迁补偿标准

1）产权调换的面积按所拆除房屋的建筑面积计算。具体办法按国家及各级地方政府的规定执行。

2）作价补偿的金额按照被拆除房位的区位、用途、建筑面积等因素，以房地产市场评估价格确定。

3）产权调换的价格结算。实行产权调换的，偿还房屋的建筑面积与被拆除房屋的建筑面积，在实际中，大多数情况是不相等的，即使面积相等，但两者在结构上不相同。这种情况都要进行价格结算。产权调换的差价，也应根据被拆迁房屋的区位、用途、建筑面积等因素，按房地产市场评估价格确定。

4）因拆迁非住宅房屋造成停产、停业的，拆迁人应当给予适当补偿。

4. 特殊情况的房屋拆迁补偿

（1）出租房屋的拆迁补偿　拆迁租赁房屋，被拆迁人与房屋承租人解除租赁关系的，或者被拆迁人对房屋承租人进行安置的，拆迁人对被拆迁人给予补偿。被拆迁人与房屋承租人对解除租赁关系达不成协议的，拆迁人应当对被拆迁人实行房屋产权调换。产权调换的房屋由原房屋承租人承租，被拆迁人应当与原房屋承租人重新订立房屋租赁合同。

（2）有产权纠纷房屋的拆迁补偿　拆除有产权纠纷的房屋，在房屋拆迁主管部门公布的规定期限内纠纷未解决的，由拆迁人提出补偿安置方案，报县级以上人民政府房屋拆迁主管部门批准后实施拆迁。拆迁前房屋拆迁主管部门应当组织拆迁人对被拆迁房屋做勘察记录，并向公证机关办理证据保全。

（3）抵押权房屋的拆迁补偿　对拆除有抵押权的房屋实行产权调换的，由抵押权人和抵押人重新签订抵押协议。抵押权人和抵押人在房屋拆迁主管公布的规定期限内达不成抵押协议的，由拆迁人参照上一条所述的"拆除有产权纠纷房屋"的方式解决。

（4）拆迁公益事业房屋及其附属物的补偿　公益事业一般指文教、卫生及社会公共福利方面非生产性事业，如为医院、养老院、学校等，其盈利甚微。有三种补偿方式，无论采取哪种方式，都要有利于公益事业的发展。

1）以原来的使用性质和规模重建，就是还物，以实物补偿。

2）拆迁人按照被拆迁房屋及其附属物的市场价格进行补偿，这是以货币形式补偿。

3）报经当地人民政府批准，根据城市规划的整体布局和要求，由当地人民政府统筹安排建设。

（5）对于临时建筑、违章建筑的处理　根据《城市规划法》，临时建筑必须在批准的使用期限内拆除。因此，拆除已超过批准使用期限的临时建筑，不给予补偿。对于尚没有超过批准使用期限的临时建筑，可考虑临时建筑在使用期限内的残值和剩余合法使用期的长短，给予适当补偿。

4.3.4　房屋拆迁的安置

1．房屋拆迁的安置对象

在房屋拆迁活动中，主要对被拆除房屋的所有者给予补偿，兼顾对被拆除房屋的使用者给予安置，以保障被拆除房屋使用者的使用权。房屋拆迁安置的对象是被拆除房屋的使用权人，而不是所有权人。只是被拆除房屋的所有权和使用权的权利主体一致时，拆迁补偿和拆迁安置才为同一对象。

被拆除房屋的使用者是指在房屋拆迁范围内具有正式户口的公民和拆迁范围内具有营业执照或者作为正式办公的机关、团体、企业、事业单位。

2．房屋拆迁安置的形式

（1）货币安置　被拆迁房屋的安置者多数按照自己的选择，对安置有各自不同的要求。目前各地都在试行货币安置的新方法，即依据被拆户的原房屋面积、居住人口、所在地区及当地房地产市场价格给予的货币，由被安置者自行购买。

（2）实物安置　实物安置分为原地安置和异地安置两种情况。原地安置就是在原来被拆除房屋所在范围内进行过渡性、短时期的安置，待新的房屋建好后再迁回原地。异地安置就是在原来被拆除房屋所在地以外的地区进行一次性安置。

4.4　房地产开发的前期准备工作

房产开发是一项复杂的系统工程。开发前期有建设项目的策划及各项前期准备工作，包括编制项目建议书、项目可行性研究及项目立项、获取土地使用权、开展设计招投标、组织规划及设计方案比选，并组织进行施工图设计、协调各有关部门并按规定申领建设用地规划许可证、建设工程规划许可证直至建设工程施工许可证等工作。

房地产发展商在取得土地使用权，筹集到足够的项目开发资金和完成拆迁补偿与安置工作后，应抓紧项目招标之前的建设准备工作，即开发前期的开工准备工作。在这个阶段就是要完成为项目施工创造一切必要的外部条件。主要应完成以下工作：

1）首先必须抓紧办理和完善项目的报建和施工所需的各种批件、证件手续。
2）完成规划设计及建设方案的最后确定。
3）完成施工现场勘察与施工图设计。
4）准备施工现场进行场地的"三通一平"工作，同时到各主管部门报批和协调处理；搞好变配电、煤气、消防、电信、环保、供水等基础设施配套工作。
5）为选择施工、监理单位做好招标的准备工作。

房地产开发工程项目，工程开工前有一项非常重要的工作，就是要办理开发项目的施工许可手续。

4.4.1 建筑工程施工许可的基本规定

房地产开发单位必须在项目立项批准后，工程发包前，向建设行政主管部门或其授权的部门办理工程报建登记手续。未办理报建登记手续的工程，不得发包，不得签订工程合同，并在开工前向建设行政主管部门或其授权的部门申请领取建设工程施工许可证。未领取施工许可证的，不得开工。《中华人民共和国建筑法》第七条规定："建筑工程开工前，建设单位应当按照国家有关规定向工程所在地县级以上人民政府建设行政主管部门申请领取施工许可证；但是，国务院建设行政主管部门确定的限额以下的小型工程除外。"

4.4.2 申请建筑工程许可证的条件及法律后果

1. 申请建筑工程许可证的条件

《中华人民共和国建筑法》第八条规定申请领取建筑工程施工许可证应具备下列条件：
1）已经办理该建筑工程用地批准手续。
2）在城市规划区的建筑工程，已经取得规划许可证。
3）需要拆迁的，其拆迁进度符合施工要求。
4）已经确定建筑施工企业。
5）有满足施工需要的施工图样及技术资料。
6）有保证工程质量和安全的具体措施。
7）建设资金已经落实。
8）法律、行政法规规定的其他条件。

根据《中华人民共和国建筑法》，住房和城乡建设部于 2014 年 10 月 25 日颁布了《建筑工程施工许可管理办法》，明确规定建设单位申请领取施工许可证，应当具备下述条件，并提交相应的证明文件：
1）依法应当办理用地批准手续的，已经办理了建筑工程用地批准手续。
2）在城市、镇规划区的建筑工程，已经取得建设工程规划许可证。
3）施工现场已经具备基本施工条件，需要征收房屋的，其进度符合施工要求。
4）已经确定施工企业。按照规定应该招标的工程没有招标，应该公开招标的工程没有公开招标，或者肢解发包工程，以及将工程发包给不具备相应资质条件的，所确定的施工企业无效。
5）有满足施工需要的技术资料，施工图设计文件已按规定审查合格。
6）有保证工程质量和安全的具体措施。施工企业编制的施工组织设计中有根据建筑工程特点制定的相应质量、安全技术措施。建立工程质量安全责任制并落实到人。专业性较强的工程项目编制的专项质量、安全施工组织设计，并按照规定办理了工程质量、安全监督手续。
7）按照规定应该委托监理的工程已委托监理。
8）建设资金已经落实。建设工期不足一年的，到位资金原则上不得少于工程合同价的 50%，建设工期超过一年的，到位资金原则上不得少于工程合同价的 30%。建设单位应当提供本单位截至申请之日无拖欠工程款情形的承诺书或者能够表明其无拖欠工程款情形的其他材料,以及银行出具的到位资金证明,有条件的可以实行银行付款保函或者其他第三方担保。

9)法律、行政法规规定的其他条件。

2. 领取建筑工程许可证的法律后果

按照国家有关规定,建设单位应当自领取施工许可证之日起 3 个月内开工。因故不能按期开工的,应当向发证机关申请延期;延期以两次为限,每次不超过 3 个月。既不开工又不申请延期或者超过延期时限的,施工许可证自行废止。

在建的建筑工程因故中止施工的,建设单位应当自中止施工之日起 1 个月内,向发证机关报告,并按照规定做好建筑工程的维护管理工作。建筑工程恢复施工时,应当向发证机关报告;中止施工满 1 年的工程恢复施工前,建设单位应当报发证机关核验施工许可证。

按照国务院有关规定批准开工报告的建筑工程,因故不能按期开工或者中止施工的,应当及时向批准机关报告情况,因故不能按期开工超过 6 个月的,应当重新办理开工报告的批准手续。

本 章 小 结

土地具有两重性,既是资源又是资产。

中华人民共和国土地归全民所有和劳动群众集体组织所有。

土地使用权的获取可通过行政划拨(含征用集体用地)、国家出让、房地产转让、土地或房地产租赁等方式。

房屋拆迁是根据城市规划,拆除和迁移建设用地范围内的房屋及其附属物,并由拆迁人对房屋及其附属物的所有人或使用人进行补偿和安置。房屋拆迁安置的形式有货币安置和实物安置等形式。

房地产发展商在取得土地使用权并筹集足额资金后,应抓紧项目开工前的准备工作。

复习思考题

1. 试阐述土地的自然特性和经济特性。
2. 什么是土地所有权?什么是土地使用权?
3. 土地所有权和使用权的权能是什么?有何区别?
4. 划拨土地使用权的范围是什么?划拨土地使用权的程序有哪些?
5. 土地使用权出让有哪些方式?各有什么特点?
6. 土地使用权的转让活动受什么条件限制?转让程序有哪些?
7. 土地使用权出租有哪些条件?受什么条件限制?
8. 房屋拆迁的程序有哪些?房屋拆迁补偿标准应考虑哪些内容?
9. 房地产开发的开工准备应做好哪些工作?
10. 建设工程施工许可证是由谁进行办理?需要具备哪些条件?

综合实践题

请安排时间去某工程建设指挥部或某房地产开发公司,了解负责工程建设建前期工作的职能部门是如何进行设置的,具体的工作职能范围包括哪些内容,设计一个自己感兴趣的房地产项目的前期工作流程图。

分析与讨论

房地产开发前期的工作非常多,有现场拆迁、现场前期准备,还有技术及图样准备、相关法定手续办理等工作,请分析各个环节需要具体做哪些工作,该哪个部门及哪些人员去安排完成,并就此展开深入讨论。

第 5 章　房地产开发项目的管理

【学习目的】

通过本章的学习，掌握房地产开发项目管理的基本内容，熟悉房地产开发项目招标管理及合同管理的相关知识，并掌握房地产开发项目的质量、进度、投资控制的主要内容和方法，熟悉开发项目竣工验收管理的主要程序和内容，通过实践能掌握房地产开发项目质量验收的基本环节。

5.1　业主对开发项目的管理

一个房地产开发项目，参与建设的单位和组织很多，有政府部门参与的宏观控制和管理，还有规划勘察设计单位、施工承包商和分包商、工程监理单位、材料设备供应商。作为当前实行项目法人责任制的项目业主，则是开发建设项目自始至终的参与者。本节侧重介绍项目业主对项目管理的内容。

5.1.1　项目业主管理概述

1. 项目业主管理的含义

项目业主通常泛指建设项目的所有出资人，严格地讲，项目业主是指项目在法律意义上的所有人，是指各投资主体依照一定法律关系组成的法人形式。

项目业主对工程项目的管理就是指项目业主为实现其投资目标，运用所有者的权力组织或委托有关单位对建设项目进行准备、筹备、策划和实施计划、组织、协调、控制等过程。

2. 项目业主对工程项目管理的目的

1）实现投资者的投资目标和期望。开发投资者将资金投入到一个有科学依据、有良好投资前景的房地产项目中，项目业主就应该保证工程项目按预定的工期目标，按计划要求完成并投入使用，这是项目业主实现投资收益的重要前提，也是工程项目业主对工程项目管理的目的之一。

2）努力使工程项目投资控制在预定的或可接受的范围之内。房地产项目建设的主要特点是投资大、周期长，加上项目实施过程中不确定性因素很多，如果控制不好，很容易超出原来的预算计划。为了保证投资者的预期收益，必须对工程项目投资进行有效的控制。

3）保证工程项目建成后在项目功能与质量方面达到设计标准。不同的建设项目都有各自的功能和质量要求。工程项目的设计是依据国家和行业的有关标准和规范进行设计的。

设计是投资的关键阶段，而施工则是保证工程质量的重要环节。保证工程项目在运营期内安全、高质量地运行，是实现建设目标与项目业主的投资目标的基本前提，也是项目业主对工程项目进行管理的重要目的。

3. 项目业主对项目管理的特点和作用

项目业主对工程项目管理的特点和作用是由项目业主在项目中的特殊地位决定的，主要表现在以下几个方面。

1）项目业主对工程项目的管理表现了各投资方对项目的要求。项目业主是工程项目各投资方在工程项目上的最终代表，项目业主对工程项目的管理是集中反映了各投资方对工程项目的利益要求，代表项目各所有者协调一致对外关系，包括与政府、社会和有关单位之间的各种关系。因此，项目业主在项目管理中要注意协调各投资方之间、项目和社会各方面的关系，保证项目建设的顺利进行。

2）项目业主是对工程项目进行全面管理的中心。项目业主既是项目的决策者，又是工程项目实施的主持者，项目业主与工程项目之间利害关系是任何参建方所不能比拟的，项目业主对工程项目管理的成败负有全面责任。工程项目完成得好，最大与最直接的受益者是项目业主；反之，如果工程项目出现问题，最大与最直接的损失方也是项目业主。

3）项目业主对项目的管理方式。在项目建设过程中，项目业主对工程项目管理大都采用间接而非直接的方式。

工程项目建设涉及各个领域与多个专业，项目业主往往由于自身时间、精力和专业等方面的限制，不可能将全部管理工作由自己来完成。项目业主通过各种委托协议和合同，把工程项目的各项任务和管理职责以及各项风险分解到各参与策划和实施的监理、咨询单位，项目业主进行总体协调控制，保证项目如期、按质建成，并尽可能节省投资。

在项目实施阶段，项目业主也常在施工现场设立项目部或派驻业主代表，更有利于了解施工的进展情况，发现问题并及时协调解决，这对施工中的质量、进度、投资控制都是有利的。

5.1.2 项目业主管理的主要任务

1. 项目决策阶段的主要任务

项目业主在项目决策阶段的主要任务包括：

1）对投资方面和内容做初步构想与策划。

2）选择好咨询单位。项目业主应择优委托有资质、信誉好的专业咨询机构对企业或房地产行业等进行市场调研，拟订发展战略或规划，并在此基础上对建设规模、产品方案、工程技术方案等进行项目财务评价、社会评价、国民经济评价和风险评价，编制项目建议书和可行性研究报告，为决策提供科学依据。

3）组织有关部门专家对项目建议书和可行性研究报告进行评审。

4）根据项目建设规模、建设内容和国家有关规定对项目进行决策或报请有关部门批准。

2. 项目准备阶段的主要任务

项目业主在项目准备阶段的主要任务包括：

1）取得项目选址、资源利用、环境保护方面的批文，同时对原材料、燃料、水、电、运输等方面，进行联系和协调。

2）明确勘察设计的范围和设计深度，招标选择有信誉和合格资质的勘察设计单位进行勘察、设计并签订合同，进行合同管理。

3）及时办理有关设计文件的审批工作。

4）落实建设用地，办理土地征用，拆迁补偿及施工场地"三通一平"工作。

5）招标选择施工、监理单位，并签订合同；选择材料设备供应商。

6）收集场地测量定位成果资料及有关的技术文件。

7）选派好合格的现场代表，在现场准备必要的办公和生活设施。

3．项目实施阶段的主要任务

项目业主在项目实施阶段的主要任务包括：

1）办理由业主出面的项目批准手续，如施工安全许可证、施工许可证。对可能损坏道路、管线、电力、通信等公共设施，必须办理法律、法规规定的申请批准手续等。

2）协商解决施工需要的水、电、电信线路等必备条件。

3）修建场地内外运输干道，满足施工运输需要。

4）向承包方提供施工场地的工程地质和地下管网资料。

5）协调设计与施工、监理与施工等方面的关系。

6）组织好图样会审和设计交底工作。

7）确定水准点和坐标控制点，以书面形式交给承包方，并进行现场交验。

8）委托监理工程师对施工组织设计和其他安全方案进行审查。

9）主持第一次工地例会并参加由监理工程师组织的监理例会。

10）督促设备制造商按合同要求及时提供质量合格的设备，并组织运到现场。

11）督促检查合同执行情况，按合同规定及时支付各项款项，并解决处理好各种矛盾。

4．竣工验收阶段的主要任务

项目业主在竣工验收阶段的主要任务包括：

1）在由监理单位组织的预验收基础上，再组织正式竣工验收和工程决算。

2）办理工程移交手续。

3）做好项目有关资料的接收与管理，并由业主提交一份完整的工程资料移交给当地城市建设档案管理部门保管。

4）安排与选择物业管理部门。一般应通过招标选择物业管理单位，做好交接工作。

5.2 房地产开发项目的招标管理

5.2.1 招标投标法律制度概述

1．必须招标的范围

房地产开发项目具备以下条件之一，必须招标：

1）施工单项合同估算价在 200 万元人民币以上的项目。

2）重要设备、材料等货物的采购，单项合同估算在 100 万元人民币以上的采购项目。

3）勘察、设计、监理等服务项目，单项合同估算价在 50 万元人民币以上服务项目。

为了防止将应该招标的工程项目化整为零、规避招标，即使单项合同估算价低于上述各项规定的标准，但项目总投资在 3 000 万元人民币以上的勘察、设计、施工、监理以及与建设工程有关的重要设备、材料等的采购，也必须采用招标方式委托工作任务。

2. 招标备案要求

房地产开发项目的招标备案要求具体如下：

1）前期准备工作已完善，包括批准立项完成报建手续、建设资金到位并已领取建设工程规划许可证，以及技术资料能满足招标投标要求。

2）考察招标人的招标能力。

3）考察招标代理机构的资质条件。

4）审核招标有关文件是否符合要求。

3. 招标方式

（1）公开招标　招标人通过媒体发布招标公告，凡具备相应资质符合招标条件的法人或组织不受地域和行业限制均可申请投标。由于申请投标人较多，一般要设置资格预审程序。

（2）邀请招标　招标人预先向选择的若干家具备相应资质，符合招标条件的法人或组织发出邀请函，请他们参加投标竞争，以 5～7 家为宜，但不应少于 3 家。

4. 招标的主要步骤

房地产开发项目招标的主要步骤为：

1）选择招标方式。

2）办理招标备案。

3）编制招标有关文件。

4）发布招标公告。

5）进行资格预审。

6）现场考察。

7）解答投标人的质疑。

8）开标。

9）评标。

10）定标。

5.2.2　勘察设计招标投标管理

1. 勘察招标概述

（1）委托工作内容

1）自然条件观测。

2）地形图测绘。

3）资源探测。

4）岩土工程勘察。具体工作内容：划分场地岩土层、对岩土力学指标进行定量、定性分析，查明不良地质现象并做出评价。

5）地震安全性评价；砂层液化判别。
6）工程水文地质勘察。
7）环境评价和环境基底观测（如有无基底断层、洞穴、滑坡等）。
8）模型试验和科研项目。

（2）勘察任务的招标　勘察任务可以单独发包给具有相应资质的勘察单位实施，也可以将其包括在设计招标任务中。

2．设计招标概述

（1）招标发包的工作范围　一般工程项目分为初步设计和施工图设计两个阶段，对于设计复杂的项目，则应增加技术设计阶段。

（2）设计招标方式　设计招标与其他招标在程序上的主要区别如下：

1）招标文件的内容不同。在设计招标文件中仅提出设计依据、工程项目应达到的技术指标、项目限定的工作范围、项目所在地的基础资料、要求完成的时间等内容，而无具体的工作量。

2）对投标书的编制要求不同。投标人的投标报价不是按规定的工程量清单报单价后算出总价，而是首先提出设计构思和初步方案，并论述该方案的优点和实施计划，在此基础上进一步提出报价。

3）开标形式不同。开标时不是由招标单位的主持人宣读投标书，并按报价高低排定标价次序，而是由投标人说明投标方案的基本构思和意图，以及其他实质性内容，而且不按报价高低排定标价次序。

4）评估的原则不同。评标时不过分追求投标价的高低，评标委员会更多关注于提供方案的技术先进性、所达到的技术指标、方案的合理性以及对投资效益的影响。

3．设计招标文件

设计招标文件主要有以下内容：
1）设计文件编制的依据。
2）国家有关行政主管部门对规划方面的要求。
3）技术经济指标要求。
4）平面布局要求。
5）结构形式方面的要求。
6）结构设计方面的要求。
7）设备设计方面的要求。
8）特殊工程方面的要求。
9）其他方面的要求，如环保、消防等。

4．设计投标书的评审依据

设计投标书的评审依据具体如下：
1）设计方案的优劣。
2）投入、产出经济效益比较。
3）设计进度快慢。
4）设计资历和社会信誉。
5）报价的合理性。

5.2.3 建设工程监理招标投标管理

1．建设工程监理招标概述

（1）监理招标的特点　具体包括：

1）主要是注重对监理单位能力的选择。
2）报价在选择中居于次要地位。
3）邀请投标人较少。

（2）委托监理工作的范围通常考虑因素

1）工程规模。
2）工程项目的专业特点。
3）被监理项目的难易程度。

2．评标考虑的内容

1）投标人的资质等级、规范的监理范围、主管部门或股东单位、人员综合情况等。
2）监理大纲。
3）监理单位的主要监理人员，如总监和主要专业监理工程师的情况。
4）监理组织及监理人员的综合素质。
5）监理单位检测仪器装备水平。
6）近几年的监理业绩。
7）监理费报价和费用组成。

评标的办法通常采用综合评分法来比较投标文件，依据招标项目的特点设置评分内容和分值的权重。

5.2.4 施工招标投标管理

1．施工招标的特点

与其他招标比较，施工招标的特点是发包的工作内容明确、具体，各投标人编制的投标书在评标时比较易于进行横向对比。

2．招标文件的编制

施工招标范本中推荐的招标文件组成结构如图 5-1 所示。

```
第一卷　投标须知、合同条件及合同格式
  第一章　投标须知
  第二章　合同通用条件
  第三章　合同专用条件
  第四章　合同格式
第二卷　技术规范
  第五章　技术规范
第三卷　投标文件
  第六章　投标书及投标书附录
  第七章　工程量清单与报价单
  第八章　辅助资料表
  第九章　资格预审
第四卷　图样
  第十章　图样
```

图 5-1　招标文件组成结构

3．评标

（1）综合评标法

1）以标底衡量报价得分。

2）以复杂标底值作为报价评分来衡量标准的综合评分法。

3）无标底的综合评分法：①以最低报价为标准值。②以平均报价为标准值。

（2）评标价法　评标委员会首先通过对标书审核，淘汰技术方案不满足基本要求的投标书，然后对基本合格的投标书，按预定的方法将某些评审要素按一定规则折算为评审价格，加到该标书的报价上形成评标价，以评标价最低的标书为最优。评价只作为衡量投标人能力高低的量化比较方法，与中标人签订合同时仍以投标价格为准。

5.3　房地产开发项目的合同管理

5.3.1　项目合同管理的基本原则

1．符合法律、法规的原则

合同当事人订立、履行合同，合同的内容、形式、程序都要符合我国法律、法规的规定，不得损害国家的利益，应尊重社会公德，遵守社会经济秩序，维护社会公共利益。

2．平等自愿的原则

合同当事人双方应在法律、法规允许的框架内，根据自己的意愿签订合同，任何单位和个人不得非法干预。贯彻平等自愿的原则，就是必须体现签约的各方在法律地位上完全平等，任何一方都不得把自己的意志强加于另一方，更不得强迫对方同自己签订合同。

3．公平原则

公平原则是民法的基本原则之一。合同当事人应当根据和遵循公平原则来议定各自的权利和义务，按照公平的原则设立、变更或者取消民事法律关系。

4．诚实信用原则

诚实信用原则实质上是社会公众的良好道德和伦理观念上升为国家意志的体现。合同当事人行使权利、履行义务应当遵循诚实信用原则。在订立合同时，双方应实事求是地向双方介绍自己订立合同的条件、要求和履约能力，充分表达自己的真实意图，不得有任何隐瞒、欺诈的成分。在拟订合同条款时，要充分考虑对方的合法权益和实际困难，以达到合理地设定双方的权利和义务。

5．等价有偿的原则

等价有偿是《民法通则》的一项重要原则，也是订立合同的一项基本原则。

5.3.2　房地产项目合同体系及其示范文本

1．房地产项目合同体系

房地产项目一般投资大、工期长、参与单位多。大多数房地产项目由多项合同组成一个合同群，一般有委托（咨询）监理合同、勘察设计合同、施工合同、线路管网建设合同、材料设备供应合同、物业管理合同等。这些合同分工明确，层次清楚，自然形成一个合同体系。

2. 合同文本体系

合同示范文本由有关部门或行业协会制定，比较规范和全面。合同示范文本对合同当事人的权利、义务都有明确的规定，以供当事人参考，防止事后发生合同纠纷。

由国家住房和城乡建设部、国家工商行政管理总局联合颁发的文本有：

1)《建设工程施工合同（示范文本）》（GF—2013—0201）。
2)《建设工程勘察合同（示范文本）》（GF—2000—0203）（GF—2000—0204）。
3)《建设工程委托监理合同（示范文本）》（GF—2012—0202）。
4)《建设工程设计合同（示范文本）》（GF—2000—0209）（民用建设工程设计合同）。
5)《建设工程设计合同（示范文本）》（GF—2000—0210）（专业建设工程设计合同）。
6)《建设工程造价合同（示范文本）》（GF—2002—0212）。

此外，还有由中国工程咨询协会印发的《工程咨询服务协议（试行本）》和《总承包交钥匙工程合同（试行本）》等。

5.3.3 委托监理合同的管理

1. 委托监理合同概述

对委托人和监理人有约束力的合同除双方签署的"合同"协议外，还包括以下内容：

1) 监理委托函或中标函。
2) 建设工程委托监理合同标准条件。
3) 建设工程委托监理合同专用条件。
4) 在实施过程中双方共同签署的补充与修正文件。

2. 监理合同的订立

1) 明确监理合同的履行期限、地点和方式，酬金支付方式和总金额。
2) 明确双方的权利和义务。
3) 明确监理人应完成的监理工作，包括监理范围和内容，以及订立合同时未能或不能预见的"附加工作"和"额外工作"。

3. 双方的权利要点

1) 委托人（业主）对设计、施工、加工制造等承包单位有选择权和决定权，而监理人仅有建议权而无决定权。
2) 委托人有对工程规模、规划设计、生产工艺设计、设计标准和使用功能等要求的认定权；工程设计变更审批权。
3) 委托人对监理人履行合同的监督控制权。例如，对监理合同的转让和分包的监督；监理人调换总监时，须经委托人同意；委托人可随时要求监理人对重大问题提交专项报告。
4) 监理人完成监理任务后有获得酬金的权利。
5) 监理人根据合同有提出终止合同的权利。
6) 监理人有关对专项和工程设计的建议权。
7) 监理人对实施项目的质量、工期和费用有监督控制权，如审批施工组织设计、开工、复工、停工令、工程款支付、结算复核、索赔的鉴定权等。

8）监理人对工程建设中各方关系协调的主持权。

9）监理人对在紧急情况下，为了工程与人身安全，有权发布变更指令，但应尽快通知业主。

4. 双方义务

1）委托人应负责建设工程的所有外部关系的协调工作，满足开展监理工作的外部条件。

2）派常驻现场的业主代表。

3）委托人应对监理人的书面形式报告在合理时间内做出决定。

4）监理人应在合同期内，按照"守法、诚信、公正、科学"的准则执业，并受监理法规的约束，有损失时，依法承担相应的赔偿或连带赔偿责任。

5）监理人应按合同约定派驻监理人员。

6）监理人不得泄露委托人申明的秘密，亦不得泄露设计、承包单位申明的秘密以及与本工程、本合同业务有关的保密资料。

7）监理人负责合同的协调管理工作等。

5. 其他

1）违约责任应按合同约定及相关法律、法规、条例执行。

2）价款和酬金、奖金、附加监理工作和额外工作酬金、支付方式等按合同约定执行。

3）合同的生效、变更与终止等均在合同中明确，按约定条件及有关法规处理。

5.3.4 勘察、设计合同管理

1. 勘察合同

勘察合同示范文本按照委托勘察任务的不同分为以下两个版本：

1）《建设工程勘察合同（示范文本）》[一]（GF—2000—0203）。

2）《建设工程勘察合同（示范文本）》[二]（GF—2000—0204）。

2. 设计合同

设计合同按照委托设计任务的不同分为以下两个版本：

1）《建设工程设计合同（示范文本）》[一]（GF—2000—0209）。

2）《建设工程设计合同（示范文本）》[二]（GF—2000—0210）。

3. 勘察、设计合同条款的主要内容

1）明确规定勘察、设计单位任务，即按规定向业主交付的图样、文件、报告、资料、说明、数据等。要明确提供每种文件资料的时间、份数、送交地点、交接手续，并写明违约的惩罚措施。

2）要明确规定勘察、设计质量要求。工程地质勘察要求包括工程测量、工程水文地质勘察质量。勘察的阶段不同有不同的质量要求。例如，勘察划分为：选址勘察、初步勘察、详细勘察、施工勘察四个阶段，不同阶段对勘察探点、线、网的布设要求不同，但其总体要求是查明有无不良地质现象，评价岩土的性质和岩土力学数据，为地基基础和整个工程的设计提供可靠依据和数据，同时对地震的影响、砂土液化的判别、水质的情况、水文地质的情况做出评价。

工程设计质量要求是：初步设计应在可行性研究报告指导下进行，其深度应满足比选和设计方案要求，满足设备材料订货、土地征用、施工组织设计和施工图设计的需要。施工图设计其深度应满足土建施工、设备安装、工程预算、设备材料加工订货以及技术规范和工程标准的需要。

凡是达不到勘察、设计有关质量合同条款要求的，签约方要承担违约责任，并做出相应的经济赔偿。

3）要明确业主对勘察、设计单位的支持，包括提供给勘察、设计单位的各种资料和数据及其他协作条件。

4）明确勘察、设计费用，费用计算依据，支付方式，时间，币种等，明确违约责任。

5）在合同条款中，还应对双方纠纷、索赔、保险、仲裁、赔偿、担保等，做出详细规定。

5.3.5 施工合同管理

1．施工合同的订立要点

（1）工期 在合同协议书内应明确注明开工日期、竣工日期和合同日期总日历天数。

（2）合同价款 合同协议内要注明合同价款。合同的计价方式有三种：固定合同；可调价格合同；成本加酬金合同。

2．对双方有约束力的合同文件

（1）合同文件的组成

1）订立合同时已形成的文件：

① 施工合同协议书。

② 中标通知书。

③ 投标书及其附件。

④ 施工合同专用条款。

⑤ 施工合同通用条款。

⑥ 标准、规范及有关技术文件。

2）合同履行过程中形成的文件。合同履行过程中，双方有关工程的洽商、变更等书面协议或文件也构成对双方有约束力的合同文件，将其视为合同的组成部分。

（2）合同文件的优先解释次序

1）通用条款规定，上述合同文件原则上应能够互相解释、互相说明。但当合同文件中出现含糊不清或不一致时，订立合同时已形成的文件的序号就是合同的优先解释顺序。

2）当合同文件内容含糊不清或不一致时，在不影响项目施工正常进行的情况下，由发包人和承包人协商解决。双方也可以提请负责监理的工程师做出解释。

3．施工合同的管理要点

1）承包人应当在专用条款约定的日期，将施工组织设计和施工进度计划提交给工程师，作为发包人和监理人依据计划进行协调和对施工进度控制的依据。

2）关于开工日期，依照有关法规处理承包人或发包人要求延期开工问题，确定工期顺延或不顺延的问题。

3）按合同约定支付工程预付款。
4）对材料设备加强质量控制。
5）对施工质量加强监督管理。
6）对隐蔽工程与工程的重新检验，按合同约定和有关质量标准和监理规范进行控制。
7）对施工进度进行管理。其中包括承包人修改进度计划、暂停施工、工期延误等。事项的监督管理，都应有相关的监督办法和程序。
8）对设计变更的管理。
9）对工程量的确认应根据承包人完成的实际工程量予以确认和核实。
10）对工程款支付的管理，应按法律、行政法规和国家有关政策和合同约定条件进行调整和管理。
11）对不可抗力的事件的处理，以及依法和按合同约定条件处理索赔事件。

5.4 房地产开发项目的质量、进度、投资控制

5.4.1 房地产开发项目的质量控制

1．房地产开发项目的质量特性

房地产开发项目的质量特性主要体现在以下六个方面：适用性、耐久性、安全性、可靠性、经济性和环境的协调性。

2．不同阶段对工程项目质量的影响

工程建设的不同阶段，对工程项目质量的影响起着不同的作用。
1）工程可行性研究阶段。其质量直接影响项目的决策质量和设计质量。
2）项目决策阶段对工程质量的影响主要是确定工程项目应达到的质量目标和水平。
3）工程的地质勘察设计使质量目标和水平具体化，工程设计质量是决定工程质量的关键环节。
4）工程施工是形成工程实体质量的决定性环节。
5）工程交工验收是保证最终产品的质量。

3．影响工程质量的因素

影响工程质量的因素，归纳起来主要有五个方面，即人（Man）、材料（Material）、机械（Machine）、方法（Method）和环境（Environment），简称4M1E因素。

4．工程质量的特点

工程质量的特点具体如下：
1）影响因素多。
2）质量波动大。
3）质量具有隐蔽性。
4）终检具有局限性。
5）评价方法的特殊性。

5. 工程质量控制体系

工程质量控制体系分为自控主体和监控体系。前者是指直接从事质量职能的承包商，后者主要是指政府的职能部门、监理单位和勘察设计单位。

6. 工程质量控制的原则

工程质量控制的原则具体如下：
1）坚持质量第一的原则。
2）坚持以人为本的原则。
3）坚持以预防为主的原则。
4）坚持质量标准的原则。

7. 工程施工的质量控制要点

1）按工程实体质量的形成过程的阶段，工程施工的质量控制分为施工准备、施工过程和竣工验收的三个控制环节。
2）按工程实体形成过程中物质形态转化的阶段，工程施工的质量控制可分为三个阶段的系统控制，即对投入的物质资源的质量控制；对施工过程中中间环节和中间产品的质量控制；对完成的最终产品的控制与验收。
3）按施工层次划分的系统控制过程，房地产项目可分为单位工程、分部分项工程、检验批等层次的质量控制。

8. 施工质量控制的依据

施工质量控制的依据具体如下：
1）工程合同文件。
2）设计文件。
3）国家及政府有关部门颁发的有关质量管理方面的法律、法规性文件。
4）有关质量检验与控制的专门技术法规性的依据，如质量验收标准、技术规程。

9. 现场施工准备的质量控制

现场施工准备的质量控制具体包括以下方面：
1）工程定位及标高基准控制，复测施工测量控制网。
2）施工平面布置的控制。
3）材料及构配件采购订货的控制。
4）施工机械配置的控制。
5）分包单位资格的审核确认。

10. 作业技术准备状态的控制

作业技术准备状态的控制具体包括以下方面：
1）对施工中的关键部位、关键工序、薄弱环节、隐蔽工程，对质量不稳定的工序部位或对象，对后续工程、工序的质量安全有重大影响的工序、部位或对象，对采用新工艺、新技术、新材料的部位或环节，对施工条件困难或技术难度大的工序或环节，均应设置质量控制点，必须重点检查和把关。
2）对作业技术交底的控制。没有做好技术交底的工序或分项工程，不得进入正式实施。
3）进场材料及构配件的质量控制。

4）环境状态的控制。

5）进场施工机械设备性能及工作状态的控制。

6）施工现场劳动组织及作业人员上岗资格的控制。

11．施工过程质量控制手段

1）审核技术文件、报告和制度，包括审核多种方案、计划、材料的证明，变更图样与文件、技术签证，应用新材料、新工艺、新技术、新方法的技术鉴定书等。

2）指令性文件与一般管理文件分类管理。

3）现场监督和检查的主要手段为监理的旁站与巡视、平行检验及业主代表的检查。

4）制定和遵守质量监控程序。

5）利用支付手段对施工承包单位进行控制。支付任何工程款项，均需由总监审核支付证明书，否则业主不得向施工单位进行支付工程款。

12．房地产开发项目的竣工验收管理

房地产开发项目的竣工验收的目的是全面检验工程建设是否符合设计要求和施工质量标准，同时检查承包合同的执行情况，使建设项目及时交付使用，显现投资效果。

1）验收范围。验收房地产开发项目是否按批准的设计文件和合同规定的内容建成，还应验收土地使用情况，以及单项工程、市政、绿化及公用设施等配套设施项目等。

2）验收要求。项目已按设计内容建设完成后，应对工程质量和使用功能符合规范规定标准和设计要求，并按合同规定完成了协议内容进行验收。

3）验收程序。竣工验收分为初步验收和正式验收两个阶段。规模大和较复杂的项目应先进行初验，然后进行全部项目的竣工验收。规模较小、较简单的项目可一次进行全部开发项目的竣工验收。

房地产开发项目在正式验收之前，应由开发商组织施工、设计、监理及购房客户进行预验收，检查各项工作是否达到了验收的要求，对各项文件、资料认真审查，这是验收的一个重要环节。经过初步验收，找出不足之处并进行整改，然后由开发商向负责验收的单位或部门提出竣工验收申请报告。主管部门（质量监督站）接到正式竣工验收申报和竣工验收报告书后，经审查符合验收条件时，要及时安排组织验收。组成有关专家、部门代表参加的验收委员会，对竣工验收报告分专业进行认真审查，然后提交竣工验收鉴定书。

4）竣工验收的组织。房地产开发项目一般由地市级主管部门——工程质量监督站组织验收。验收委员会或验收小组通常由开发商、施工单位、设计单位、物业管理公司及购房客户参加，还有计划、建设、银行、环保、消防等有关部门人员。验收委员会的主要工作是负责组织、领导验收工作，审查竣工验收报告书，对建筑安装工程进行现场检查，对设计，施工、设备质量等做出全面评价，最后签署竣工验收鉴定书。

5.4.2 房地产项目进度控制

1．进度控制概念

房地产项目建设工程进度控制是指项目建设各阶段的工作内容、工作程序、持续时间和衔接关系，根据进度总目标及资源优化配置的原则编制计划并付诸实施。在进度计划的实施过程中，经常检查实际进度是否按计划要求进行，对出现偏差情况进行分析，采取补救措施或调整、修改原计划后再付诸实施,如此循环,直到建设工程竣工验收交付使用。工程进度控制的总目标是控制建设工期。

2．影响进度的因素分析

由于房地产开发项目具有规模庞大、结构与工艺技术复杂,建设周期长及参与建设的单位多等特点,决定了工程进度将会受到多种因素的影响。要想有效地控制工程进度就必须对有利因素与不利因素进行全面的分析和预测。这样,一方面可以促进有利因素的充分利用与发挥,对不利因素加以预防;另一方面也便于事先制定可预防措施、事中采取有效的对策、事后进行补救措施,以缩小实际进度与计划进度的偏差,实现对建设工程进度的主动控制与动态管理。

影响工程进度的因素很多,仍然是4M1E因素。五个方面的因素都会不同程度地发生,其中人的因素是最大的干扰因素。从产生的根源看,有的来自建设系统及其上级主管部门;有的来源于勘察设计、施工及材料、设备供应单位;有的来源于政府建设主管部门、有关协作单位和社会;有的来源于各种自然环境。常见的因素有：业主因素,勘察设计因素,施工技术因素,自然环境因素,社会环境因素,组织管理因素,材料、设备因素,资金因素等。

3．进度控制的措施

（1）组织措施　具体包括：

1）建立进度控制目标体系。

2）建立工程进度报告制度及信息沟通网络。

3）建立计划审核制度和进度计划实施中的检查分析制度。

4）建立进度协调会议制度,包括协调会议制度举行的时间、地点、人员。

5）建立图样审查、工程变更和设计变更管理制度。

（2）技术措施　具体包括：

1）审查承包商提交的进度计划。

2）编制进度控制工作细则。

3）网络计划技术及其他科学适用的计划方法。

（3）紧急措施　具体包括：

1）及时办理工程预付款及进度款。

2）对应急赶工给予优厚的赶工费。

3）对工程延误收取延误赔偿金。

4）对工期提前给予奖励。

5）加强索赔管理,公正地处理索赔事件。

（4）合同措施　具体包括：

1）改进发包模式,实行分段设计,分段发包,分段施工。

2）加强合同管理,协调合同工期与进度计划之间的关系。

3）严格控制合同变更。

4）加强风险管理。

4．实施阶段进度控制的主要任务

1）设计准备阶段。该阶段的主要任务是收集有关工期的信息,编制工程项目建设总进度计划,并控制其执行,进行环境及施工现场条件的调整与分析。

2）设计阶段。该阶段的主要任务是抓好编制设计阶段工作计划并控制其执行；编制详细出图计划并控制其执行。

3）施工阶段。该阶段的主要任务是编制施工总进度计划并控制其执行。具体包括：编制单位工程进度计划；编制工程年、季、月的实施计划并控制其执行。

以上的进度控制计划，业主、监理、设计、施工单位均应编制，并由监理单位实施控制与协调。

5．网络计划技术

此技术已在相关的教材中介绍，本书不做介绍。只是强调网络计划技术在房地产开发项目管理中的应用十分有效，且应普遍推广。它的主要优点在于以下几个方面：

1）网络计划能够明确表达各项工作方向的逻辑关系。
2）通过网络计划时间参数的计算，可以找出关键线路和关键工作。
3）通过网络计划时间参数的计算，可以明确各项工作的机动时间。
4）便于进行工期、费用、资源的优化和调整。

5.4.3 房地产项目投资控制

1．房地产项目投资控制的目标

房地产项目的投资控制应分阶段设置目标。随着工程建设实践、认识、再实践、再认识，投资控制目标进一步清晰、准确。这就要求对估算、概算、预算与承包合同价进行有效的控制。

1）投资估算。它是建设工程设计方案选择和进行初步设计的投资控制目标。
2）设计概算。它是进行技术设计和施工图设计的投资控制目标。
3）施工图预算或建安工程承包合同价是指施工阶段投资控制的目标。

2．投资控制的重点

投资控制贯穿于项目建设的全过程，这一点是毫无疑问的。但是必须重点突出，影响项目投资最大的阶段是初步设计阶段，影响投资的可能性为75%~95%，而技术设计阶段影响项目投资的可能性为35%~75%；在施工阶段影响项目投资的可能性为5%~35%。即项目投资控制的重点在于施工以前的投资决策和设计阶段，而在项目做出投资决策后，控制项目投资的关键在于设计。

3．投资控制的要点

1）熟悉房地产项目定额。
2）掌握工程量清单的作用、内容和编制。工程量清单是编制工程标底和投标报价的依据，也是支付工程进度款和竣工结算时调整工程量的依据。
3）设计标准的作用及设计标准化的要求。
4）进行限额设计，并主要控制初步设计的方案选择；控制施工图预算，严格设计变更管理。
5）进行设计方案优选。
6）在施工阶段，强化资金使用计划的编制。
7）掌握工程计量程序、依据和方法，严格执行合同并加强管理。

8）掌握工程变更价款的确定。

9）掌握投资偏差分析的方法，找出原因，及时采取有针对性的措施，减少和避免相同情况的再次发生。

10）依据相关法规和合同约定，正确进行工程价款的预付和估算。

11）依据相关法规和合同约定，正确处理索赔与反索赔事件。

12）依法合理进行房地产项目的工程结算。

5.5 房地产开发项目的环境管理

5.5.1 房地产开发项目对环境保护的基本要求

房地产开发项目必须满足有关环境保护法律、法规的要求，在施工过程中注意环境保护，对企业发展、员工健康和社会文明有重要意义。根据《中华人民共和国环境保护法》和《中华人民共和国环境影响评价法》的有关规定，建设工程项目对环境保护的基本要求为：

1）涉及依法划定的自然保护区、风景名胜区、生活饮用水水源保护区及其他需要特别保护的区域，应当符合国家有关法律、法规及该区域内建设工程项目环境管理的规定，不得建设污染环境的工业生产设施；建设的工程项目设施的污染物排放不得超过规定的排放标准。

2）开发利用自然资源的项目，必须采取措施保护生态环境。

3）建设工程项目选址、选线、布局应当符合区域、流域规划和城市总体规划。

4）应满足项目所在区域环境质量、相应环境功能区划和生态功能区划标准或要求。

5）拟采取的污染防治措施应确保污染物排放达到国家和地方规定的排放标准，满足污染物总量控制要求；涉及可能产生放射性污染的，应采取有效预防和控制放射性污染措施。

6）建筑工程应当采用节能、节水等有利于环境与资源保护的建筑设计方案、建筑和装修材料、建筑构配件及设备。建筑和装修材料必须符合国家标准。禁止生产、销售和使用有毒、有害物质超过国家标准的建筑和装修材料。

7）尽量减少建设工程施工中所产生的干扰周围生活环境的噪声。

8）应采取生态保护措施，有效预防和控制对生态环境的破坏。

9）对环境可能造成重大影响、应当编制环境影响报告书的建设工程项目，可能严重影响项目所在地居民生活环境质量的建设工程项目，以及存在重大意见分歧的建设工程项目，环保部门可以举行听证会，听取有关单位、专家和公众的意见，并公开听证结果，说明对有关意见采纳或不采纳的理由。

10）建设工程项目中防治污染的设施，必须与主体工程同时设计、同时施工、同时投产使用。防治污染的设施必须经原审批环境影响报告书的环境保护行政主管部门验收合格后，该建设工程项目方可投入生产或者使用。

11）禁止引进不符合我国环境保护规定要求的技术和设备。

12）任何单位不得将产生严重污染的生产设备转移给没有污染防治能力的单位使用。

5.5.2 现场环境管理的程序和要求

1．环境管理的程序

环境管理应遵循下列程序：
1）确定项目环境管理目标。
2）进行项目环境管理策划。
3）实施项目环境管理策划。
4）验证并持续改进。

2．项目经理部职责与项目经理职责

1）定期检查，加强协调，及时解决问题，实施纠正和预防措施，保持现场良好的作业环境、卫生条件和工作秩序，做到污染预防。
2）对环境因素进行控制，制订应急准备和响应措施，并保证信息通畅，预防可能出现非预期的损害。
3）环境事故应制订措施消除污染，并防止环境二次污染。
4）保存有关环境管理的工作记录。
5）应进行现场节能管理，有条件时应规定能源使用指标。
6）负责现场环境管理工作的总体策划和部署。
7）建立项目环境管理组织机构。
8）制定相应制度和措施。
9）组织培训，使各级人员明确环境保护的意义和责任。

3．项目现场管理

1）文明施工应包括下列工作：进行现场文化建设；规范场容；保持作业环境整洁卫生；创造有序的生产条件；减少对居民和环境的不利影响。
2）项目经理部应对现场人员进行培训教育，提高其文明意识和素质，树立良好的形象。
3）项目经理部应按照文明施工标准，定期进行评定、考核和总结。
4）建筑垃圾和渣土应堆放在指定地点，定期进行清理。
5）装载建筑材料、垃圾或渣土的运输机械，应采取防止尘土飞扬、洒落或流溢的有效措施。
6）项目现场应根据需要设置机动车辆冲洗设施，冲洗污水应进行处理。
7）项目现场应有效地处理有毒有害物质，禁止将有毒有害物现场回填。
8）除有符合规定的装置外，不得在施工现场熔化沥青和焚烧油毡、油漆，亦不得焚烧其他可产生有毒、有害烟尘和恶臭气味的废弃物。
9）场容管理应符合施工平面图设计的合理安排和物料器具定位管理标准化的要求。
10）项目现场应依据施工条件，按照施工总平面图、施工方案和施工进度计划的要求，认真进行所负责区域的施工平面图的规划、设计、布置、使用和管理。
11）主要机械设备、脚手架、密封式安全网与围挡、模具、施工临时道路、各种管线、施工材料制品堆场及仓库、土方及建筑垃圾堆放区、变配电间、消火栓、警卫室、现场的办公、生产和生活临时设施等的布置，均应符合施工平面图的要求。

12）施工现场周边应按当地有关要求设置围挡和相关的安全预防设施，危险品仓库附近应有明显标志及围挡设施。

13）项目现场应设置畅通的排水沟渠系统，保持场地道路的干燥坚实。施工现场的泥浆和污水未经处理不得直接排放。地面宜做硬化处理。有条件时，可对施工现场进行绿化布置。

14）现场入口处的醒目位置，应公示下列内容：工程概况、安全纪律、防火须知、安全生产与文明施工规定、施工平面图、项目经理部组织机构图及主要管理人员名单。

5.6 房地产开发项目的竣工验收

5.6.1 竣工验收概述

1. 竣工验收的概念

竣工验收是全面考核房地产开发项目的工程建设质量的工作，检查工程的最终产品是否符合设计要求和合同约定的工程质量要求。所有房地产开发项目，都需要按照国家颁布的现行工程竣工验收规范、标准进行竣工验收。城镇住宅小区竣工综合验收则按照城市住宅小区竣工综合验收现行管理办法进行。

竣工验收是建筑产品生产的最后一个环节，也是工程项目管理最后的一项管理工作。所谓房地产项目的竣工，是指一个建筑工程项目经过前期的决策、可行性研究和实施阶段的设计、施工及设备安装后，经过施工单位自检后，具备了使用或投产的条件，此称为竣工。工程项目竣工后，承建单位需向监理部门提出验收要求，监理单位组织预验收，对尚存问题进行整改，在此之后再由建设单位组织正式验收。在办理交付手续时，需经建设单位组织专门的验收委员会对竣工项目进行查验，在认为工程合格后办理工程接收手续，把产品移交给建设单位，这一交接过程称之为验收。

2. 工程验收的分类

建筑工程的验收可分为隐蔽工程验收、分期验收、单位工程验收和全部工程验收。

（1）隐蔽工程验收　它是指在施工过程中各项隐蔽工程完成后及时进行的验收。各项隐蔽工程完成后并隐蔽前，建设单位与施工单位及监理单位应按技术规范要求及时进行验收。验收以施工图的设计要求和现行技术规范为准。技术规范与施工图说明要求不相符时，以施工图说明要求为准。经检查合格后，建设方、监理方、施工方都应在隐蔽工程检查记录上签字，作为工程竣工验收的依据之一。

（2）分期验收　它是指分期进行的工程项目或个别单位工程在达到使用条件，需要提前动用时所进行的验收。例如一些住宅区的开发，第一期工程或第一批房屋建成后即可验收，使完成的建筑产品尽早投入使用，发挥投资效益。

（3）单项工程验收　所谓单项工程验收是指整个工程项目的某个单项工程已按设计要求施工完毕，具备使用条件，能满足投产要求时，施工单位可向建设单位发出交工通知。建设单位在接到施工单位的交工通知后，应先自行检查工程质量、隐蔽工程验收资料，工程关键部位施工记录以及工程有否漏项情况等，然后再出面组织设计单位、施工单位、监理单位等共同进行交工验收。

（4）全部工程验收　整个工程项目按设计要求全部落成并达到验收标准时，即可进行全部工程验收。大型建设项目的全部工程验收工作应在做好验收准备的基础上,按预先验收后再正式验收的顺序进行。进行预验收由监理单位组织,由建设单位、设计单位、施工单位及有关部门组成预验收工作组。

3. 验收应满足的条件

1) 完成工程设计和合同约定的各项内容。

2) 施工单位在工程完工后对工程质量进行了检查,确认工程质量符合有关工程建设强制性标准,符合设计文件及合同要求,并提出工程竣工报告。

3) 对于委托监理的工程项目,监理单位对工程进行质量评价,具有完整的监理资料,并提出工程质量评估报告。

4) 勘察、设计单位对勘察、设计文件及施工过程中由设计单位签署的设计变更通知书进行确认。

5) 有完整的技术档案和施工管理资料。

6) 有工程使用的主要建筑材料、建筑构配件、设备合格证及必要的进场试验报告。

7) 有施工单位签署的工程质量保修书。

8) 有公安、消防、环保等部门出具的认可文件或准许使用文件。

9) 建设行政主管部门或其委托的工程质量监督机构责令整改的问题全部整改完毕。

5.6.2 建筑工程过程质量验收的程序

1) 检验批应由专业监理工程师组织施工单位项目专业质量检查员、专业工长等进行验收。

2) 分项工程应由专业监理工程师组织施工单位项目专业技术负责人等进行验收。

3) 分部工程应由总监理工程师组织施工单位项目负责人和项目技术、质量负责人等进行验收。勘察、设计单位项目负责人和施工单位技术、质量部门负责人应参加地基与基础分部工程的验收。设计单位项目负责人和施工单位技术、质量部门负责人应参加主体结构、节能分部工程的验收。

5.6.3 竣工验收程序

1. 验收程序

工程竣工验收的程序具体如下:

1) 工程完工后,施工单位向建设单位提交工程竣工报告,申请工程竣工验收。实行监理的工程,工程竣工报告须经总监理工程师签署意见。

2) 建设单位收到工程竣工报告后,对符合竣工验收要求的工程,组织勘察、设计、施工、监理等单位和其他有关方面的专家组成验收组,制订验收方案。

3) 建设单位应当在工程竣工验收 7 个工作日前将验收的时间、地点及验收组名单书面通知负责监督该工程的工程质量监督机构。

4) 建设单位组织工程竣工验收。工程质量监督机构对验收人员进行审核,并参与验收过程。

2. 验收步骤

具体验收步骤是：

1）发包人，承包人，勘察、设计、监理单位分别向验收组汇报工程合同履行的情况。
2）验收组审查建设、勘察、设计、施工、监理单位提供的工程档案资料。
3）审验工程实体质量。
4）验收组最后对施工、设备安装质量和各管理环节等方面做出总体评价，形成工程竣工验收意见。

3. 验收后的管理

1）竣工验收合格的工程移交给发包人运行使用。
2）发包人收到承包人送交的竣工验收报告后28天内不组织验收，或验收后14天内不提修改意见，视为竣工验收报告已被认可。

5.6.4 工程保修

承包人应当在工程竣工验收之前，与发包人签订质量保修书，作为合同附件。按照工程质量管理条例规定，工程质量的最低保修期规定如下：

1）基础设施工程，房屋建筑的地基基础工程和主体工程，为设计文件规定的该工程的合理使用年限。
2）屋面防水工程，有防水要求的卫生和外墙面的防渗漏为5年。
3）供热与供冷系统为两个采暖期、供冷期。
4）电气管线、给水排水管道、设备安装和装修工程为2年。

保修费用由造成质量缺陷的责任方承担。

案例　　　　　　　　项目工程管理手册提纲

某房地产集团公司制定了《项目工程管理手册》，其项目工程管理手册提纲如下：

1.1 项目简介
　1.1.1 项目总体情况
　1.1.2 主要参建单位
　1.1.3 主要图样、合同、文件等
1.2 组织结构
　1.2.1 项目管理架构
　1.2.2 建设单位管理成员与职责
　1.2.3 监理单位管理成员与职责
　1.2.4 设计单位成员与职责
　1.2.5 承建单位管理成员与职责
　（1）指定分包单位（机电、消防、电梯、铝门窗、精装修、园林等）
　（2）专业分包单位（市政、外水、外电、电信、有线电视、网络、安防、人防、白蚁、样板房和售楼中心等）
　1.2.6 通讯录

1.3 工程现场管理及技术管理
1.3.1 设计交底和图样会审
(1) 会议准备（会前各有关方应提供书面意见）
(2) 与会人员（甲方代表/监理/设计/承建商）
(3) 会议时间（由三方协定）
(4) 会议纪要（由监理主持及整理）
1.3.2 施工组织设计审查
(1) 编制时间
(2) 监理审核
(3) 正式审定
(4) 主要管理文件表格
(5) 施工组织设计（方案）报审表（用于承建商报监理、设计、甲方）
1.3.3 工程开工审核
(1) 主要管理文件、表格
(2) 工程开工/复工报审表（用于承建商报监理、甲方）
1.3.4 施工进度计划和工期管理
(1) 工程进度计划编制、审核
1) 总进度计划（明确+0.00/结构封顶/拆除外架/装修/交楼等节点时间）
2) 阶段性进度计划
3) 月进度计划
4) 周作业计划
(2) 计划的执行与监督
(3) 工期延长
(4) 主要管理文件、表格
(5) 工程延期申请表（用于承建商报监理、甲方）
(6) 工程延期审批表（用于监理、甲方发承建商）
1.3.5 工程材料、构件、半成品及设备管理
(1) 建设质量的保证
(2) 合同文件内的材料与设备管理及计划
(3) 合同文件外的材料与设备管理及计划
(4) 材料的报验
(5) 材料样板封板
(6) 主要管理文件、表格
(7) 工程材料/构配件/设备报审表（用于承建商报监理、设计、甲方进行标准审核）
(8) 工程材料/构配件/设备报验表（用于承建商报监理、甲方进行质量和数量审核）
1.3.6 工程测量放线、隐蔽工程、分部分项工程检查验收制度
(1) 工程测量放线验收
(2) 工程隐蔽工程验收
(3) 分部分项工程验收
(4) 主要管理文件、表格

（5）施工测量放线报验单（用于承建商报监理）

1.3.7 工程变更与签证管理
（1）设计变更
（2）工程洽商
（3）主要管理文件表格
（4）项目指令（用于甲方发承建商）
（5）要求项目指令单（用于承建商报甲方）
（6）工程技术咨询单/设计不明点提问清单（用于承建商报监理、设计、甲方）
（7）工程技术签证单（用于承建商报监理、设计、甲方）

1.3.8 现场工程质量与安全管理
（1）质量与安全规划
（2）问题出现
（3）跟进处理
（4）检查处理结果
（5）主要管理文件、表格
（6）工程联系单（各方通用）
（7）监理工作师通知单（用于监理发承建商）
（8）工程暂停（用于监理发承建商）
（9）质量安全事故调查报告（用于承建商报监理、设计、甲方）
（10）质量安全事故处理报告（用于承建商报监理、设计、甲方）

1.3.9 文明施工管理
（1）文明施工奖/罚管理规划
（2）文明施工奖/罚条例
（3）主要管理文件、表格
（4）文明施工管理小组处罚通知单（用于管理小组发奖/罚单位）

1.3.10 工程竣工验收
（1）专业验收与综合验收
（2）自检与竣工预检
（3）申请验收
（4）竣工初验
（5）正式验收
（6）主要管理文件、表格（以下表格均用于承建商报监理、设计、甲方）
（7）中间验收/报验申请表
（8）一般防水工程报验申请表
（9）厨卫防水工程报验申请表
（10）给水管道工程报验申请表
（11）工序交接报验申请表
（12）工程竣工报验申请表

1.3.11 工程会议
（1）第一次项目工程管理协调会（甲方、设计、监理、承建商等）

（2）现场工程例会
1）总包/分包周例会（周五上午 9:00—10:00　总包主持）
2）监理/甲方/设计/总包/分包周例会（周五上午 10:00—12:00　监理主持）
（3）专题会议
（4）项目管理月度综合协调会（甲方主持，每个月第一周周三，时间以会议通知为准）
1）甲方-顾问会　甲方/设计/监理/（上午 9:00—11:00　甲方主持）
2）工程造价变更会　甲方/设计/监理/总包/分包（下午 1:00—2:00　甲方主持）
3）甲方-顾问-总/分包协调会 甲方/设计/监理/总包/分包（下午 3:00—6:00　甲方主持）
（5）主要管理文件、表格
1）周例会议纪要
2）专题会议纪要
3）项目管理月度综合协调会议纪要
4）会议签到单

1.3.12　议事与文件管理
（1）议事
（2）文件管理（包括往来文件、设计图、工程变更、会议纪要等收发文机制）
（3）文件传递/文件管理效率
（4）设计图样（包括变更图样）12 份
甲方：6 份　监理：1 份　总/分包：5 份
（5）会议纪要
与会方各 1 份
（6）合同
甲方：4 份　监理：1 份　总/分包：各 1 份
（7）总包月报（每月 25 日前　报上月 21 日至本月 20 日月报）
甲方：2 份　监理：2 份　总/分包：各 1 份
注：月报与请款申请同时上报，缺一不可，否则不接受任何请款申请。
（8）监理月报（每月 25 日前报上月 21 日至本月 20 日月报）
甲方：2 份　监理：2 份　总/分包：各 1 份
（9）甲方项目运行月报（每月 30 日上报）

1.3.13　工程质量保修期的管理
（1）保修时间、范围和内容
（2）工程质量缺陷修复与验收
（3）非工程质量缺陷的认定与工程量的核定

1.4　工程款的申请与支付
（1）总分包单位工程款的申请（每月 25 日）
（2）工程量的核定（监理/甲方）
（3）审批（甲方）
（4）中期估价证书与请款
（5）领款与凭据
（6）变更与结算

(7) 主要管理文件、表格

1) 月工程进度款支付申请（用于承建商报监理、甲方）
2) 工程进度款申请书/月工程形象进度报告/总/分包请款清单汇总/进度款支付申请/审核表
3) 月工程进度款付款证书（用于甲方发承建商）
4) 工程进度款结算申请/审核表（用于承建商报监理、甲方）
5) 总工程量核算表（用于监理报甲方）
6) 合同最终结算书（用于承建商、甲方确认结算金额）
7) 工程款最终结算书（用于承建商报甲方）

问题1：上述项目工程管理手册提纲中的甲方是指哪一方？

问题2：开发建设单位与施工单位、监理单位是什么关系？分包单位应如何与监理单位进行联系？施工单位应如何与开发建设单位进行联系？

问题3：请根据上述提纲设计一个房地产开发工程项目管理流程图。

问题4：工程项目管理过程中由建设单位来主持的会议有哪些？哪些文件与表格需要建设方签字？

本章小结

本章介绍了房地产开发项目业主在项目管理中的主要任务及管理理念与方法。

本章简要地介绍了在开发项目中的招标管理，包括勘察、设计、施工监理等几个主要参与方招标工作的主要工作要点及招标程序；对房地产项目的合同管理，分别从勘察、设计、监理和施工的合同内容和管理进行了简明的阐述；较详尽地介绍了项目管理中的质量、进度、投资三大控制的基本工作内容和方法；对开发项目的协调管理、资料管理、现场管理以及信息管理等内容做了基本介绍。

复习思考题

1. 业主在项目管理中的主要任务有哪些？
2. 勘察和设计招标工作程序具体包括哪些内容？
3. 招标有哪些方式？一般工程项目招标的程序具体包括哪些内容？
4. 试述工程项目中的合同管理的要点。
5. 何谓工程质量？质量控制的要点有哪些？
6. 工程进度、投资控制的内容有哪些？
7. 房地产开发项目对环境保护的基本要求有哪些？
8. 工程竣工验收的条件是什么？验收程序具体包括哪些内容？
9. 工程最低保修期有哪些规定？

综合实践题

1. 请选择一个住宅小区进行实地调研，了解一下该小区竣工验收要包括哪些内容，重

点调研该小区内某一单位工程质量验收和资料验收的如下内容:
（1）单位工程质量验收合格的标准,包括单位工程质量验收、质量控制资料核查、安全和功能检验资料核查及主要功能抽查记录、观感质量检查等内容。
（2）单位工程竣工验收的程序和组织。
（3）单位工程竣工验收的条件。
（4）当验收质量不符合要求时,应按照哪些规定进行处理?
（5）工程档案的验收与移交程序及时限要求。

2. 工程质量验收按检验批、分项、分部、单位工程的程序进行,其中分部工程质量验收合格应符合下列规定:
（1）所含分项工程的质量均应验收合格。
（2）质量控制资料应完整。
（3）有关安全、节能、环境保护和主要使用功能的抽样检验结果应符合相应规定。
（4）观感质量应符合要求。

建筑工程共划分为多少分部工程?建筑节能、环境保护抽样检验包括哪些内容?请利用课余时间进行调研。

分析与讨论

某工程住宅商品房项目完工时,将所有需要进行精装修的毛坯房屋进行内部验收,参加验收的主要部门与单位包括营销部、物业公司、客服部、工程部、监理公司、装修公司,并制订了内验收方案,其中内容包括合同附图、施工图、销售展示资料、系统体验间、广告中的承诺、工作人员等承诺与要约的内容与现场是否一致;同时制定了如下分户检验标准,见表5-1。

验收前对相关人员进行了相应分工,并提供相关人员每户一张表格、户型图、灯位及插座布置图、签字笔等,并提供安全帽、手电筒、空鼓槌、粉笔、标识签、靠尺、相位器、钢尺等工具。

试分析为什么要进行分户验收,开发商制订的检验项目与检验内容有何作用?讨论目前国家对分户验收制度制定了哪些政策?

表5-1 ××项目分户检验必检内容及检验标准

检 验 项 目	检 验 内 容	检查方法及数量	检 验 标 准
1. 楼地面、墙面、顶棚面层	楼地面空鼓、裂缝	小锤轻击、观察检查。全数检查	空鼓面积不大于 $400cm^2$,且每自然间不多于2处可不计;不得出现裂缝
	墙面、顶棚空鼓、裂缝、脱层和爆灰		无空鼓、脱层;距检查面1m处正视无裂缝和爆灰
	地面木笼骨	目测,木笼骨铺设高度、密度合理;无建筑垃圾	木笼骨高度为12mm,误差不超过2mm
2. 门窗安装	窗台高度	钢尺检查,每个窗不少于一处。全数检查	窗台或落地窗防护栏杆高度不低于900mm且不得有负偏差
	推拉窗开启灵活、遮阳卷帘安装	观察,手扳检查。全数检查	窗户内倒、推拉顺滑;遮阳卷帘安装牢固拉起顺滑;窗户固定片不超出墙面

（续）

检验项目	检验内容	检查方法及数量	检验标准
2．门窗安装	安全玻璃认证标识	玻璃夹层无异物，安全认证标识	凡应使用安全玻璃的，不得使用非安全玻璃代替，玻璃上有安全3C认证标识（标识不得隐蔽）；双玻璃夹层无明显灰尘和水汽
	成品保护	门、窗、栏杆、玻璃表面保护	所有的门窗栏杆玻璃表面均有保护膜，且保护膜无破损、无翘边
3．墙体土建工程	大小头、阴阳角、平整度	所有房屋间，使用钢尺、相位仪、靠尺等工具测量	阴角直线度；阳角方正；无大小头；空鼓、裂缝；乳胶漆面表面、屋顶涂料平整；冰箱位预留尺寸正确
4．给水排水安装工程	雨水漏、地漏等	观察检查；全数检查	阳台雨水漏位置预留；卫生间、厨房地漏口预留
	给水	热水管保温膜、给水点高度、间距	热水管保温膜完整，高度和间距合理
5．电气工程	插座、开关数量、位置等	户内开关、插座预留口个数位置是否与施工图、样板房相同	开关、插座安装高度在一个水平线上、与地面垂直；卧室插座的距离；户内信息箱内、可视对讲位无建筑垃圾
6．风口	新风口、送风口	新风口、送风口数量位置；户内门上方的送风口是否预留	新风口数量位置和样板房相同；新风口箱上盖、户内门上方的送风口预留位合理，洞口方正；厨房、卫生间出风口预留到位
7．变更	业主个性变更	户型、业主个性化变更是否实施到位	户型与施工图无差异、业主个性化变更中关于管线类已实施到位
8．渗水	室内渗水	蓄水24h后放水，最小蓄水深度不得小于20mm，观察检查；全数检查 雨后或淋水6h后，观察检查；全数检查	专项检查；厨卫无渗漏；排水顺畅；管道穿越楼板无渗漏、窗沿边无渗漏、屋顶、天棚无渗漏
9．公共部位	楼梯、墙体、栏杆、窗户等	楼梯高度；墙体阴阳角、大小头；窗户；管道	楼梯宽度1.2m，高度均匀；墙体无大小头，阴阳角方正；窗户开启及成品保护；管道无渗水

第 6 章　房地产开发项目的营销与策划

【学习目的】

通过本章的学习，熟悉房地产开发项目营销与营销计划的有关内容，掌握项目价格策划的程序、方法和策略，对各种促销手段和方法有一定的认知，能运用学过的知识分析解决理论和实践中遇到的基本问题。

6.1 房地产开发项目的营销与营销计划

6.1.1 营销与促销

营销不仅包括产品生产过程之前的市场调研、机会研究、可行性分析、市场定位等经济活动，还包括产品进入流通领域后的销售、定价、服务、广告等经济活动。

促销，就是对消费者或使用者传递产品和企业信息，把企业的产品推向市场，向客户进行报道、宣传、说明的一系列活动。

房地产营销是指房地产商品进入流通领域内的，围绕销售而进行的营销策划、价格定位、广告策划等一系列活动。

房地产商品不同于一般商品。由于其投资额大、使用期长、不可移动等特点，其流通有销售、租赁等多种形式。房地产商品的营销与促销活动，自然有别于一般商品的营销。营销策划在这里便显得尤其重要。

6.1.2 营销策划

营销策划是为了改变企业现状，完成营销目标，借助科学方法与创新思维，立足于企业现有营销状况，对企业未来的营销发展做出战略性的决策和指导，带有前瞻性、全局性、创新性和系统性等特点。它是对营销活动的全面规划，是项目营销管理的核心，其主要目的在于制订项目营销的对策、拟订项目营销计划、促进与保障项目营销活动的正常进行。营销策划适合任何一个产品，包括无形的服务，它要求企业根据市场环境变化和自身资源状况做出相适应的规划，从而提高产品销售量，获取利润。

营销策划的核心要点是有机组合策划的各要素，最大化提升品牌资产。具体包括品牌识别系统、品牌化战略与品牌架构、企业的营销传播活动等。

营销策划的主要内容包括营销目标、营销战术及营销计划的确定。

营销目标是项目营销活动应达到的目的，包括营销的完成周期、营销成本及目标利润。营销策划应根据每个项目的具体情况，制订尽可能明确及定量化的营销目标。

营销战术是指为实现营销目标而制订的以开拓市场、推销商品、争取客户为主要目标的营销策略组合，如市场定位、价格定位、广告策划等各种推广计划的有序组合。

6.1.3 营销计划

营销计划是指在对企业市场营销环境进行调研分析的基础上，制订企业及各业务单位的营销目标以及实现这一目标所应采取的策略、措施和步骤的明确规定和详细说明。

营销计划是企业的战术计划，营销战略对企业而言是"做正确的事"，而营销计划则是"正确地做事"。在企业的实际经营过程中，营销计划往往碰到无法有效执行的情况，一种情况是营销战略不正确，营销计划只能是"雪上加霜"，加速企业的衰败；另一种情况则是营销计划无法贯彻落实，不能将营销战略转化为有效的战术。营销计划充分发挥作用的基础是正确的战略，一个完美的战略可以不必依靠完美的战术，而从另一个角度看，营销计划的正确执行可以创造完美的战术，而完美的战术则可以弥补战略的欠缺，还能在一定程度上转化为战略。

任何一项管理活动都需要有一个详细的营销计划。房地产市场营销计划就是房地产企业为了达到营销目标而制订的一系列活动安排，包括房地产企业营销活动的目标以及实现这些营销目标的措施。房地产营销计划的主要内容应包括：计划概要、市场营销现状分析、SWOT 分析、营销目标、营销策略、营销方案、营销预算、营销控制等。

1. 计划概要

市场营销计划书的开头应该有一个计划实施概要，对计划中的主要目标和建议进行简明扼要的综述，使企业管理部门能快速地浏览整个计划的内容，包括营销目标、主要策略建议及本计划书的内容目录。

2. 市场营销现状分析

市场营销现状分析是针对本项目面临的市场营销环境及竞争环境的客观描述与分析，主要包括市场环境分析、竞争环境分析、项目环境分析及其他环境分析。

市场环境分析主要是描述该项目面临的市场营销环境，主要包括消费对象的分布、购买力水平、市场同类项目的供求状况、营销业绩等。

竞争环境分析主要描述竞争对手的状况、同类项目的地理位置分布、销售价格、项目特点、营销手法、营销业绩等。

项目环境分析是指项目面临的自然、地理、交通、基础设置等硬环境条件及商业网点、娱乐设施、公共服务设施等配套环境条件，应突出对其有利及不利的因素进行分析。

其他环境分析是指与项目营销有关的其他影响因素，如宏观经济、产业政策、税费状况等。

3. SWOT 分析

这里主要是对市场现状描述所介绍的形势进行分析与研究，探讨本项目营销所面临的机会及所存在的问题；本项目在竞争环境中的优势与劣势；本项目销售所面临的主要问题及其症结所在,对这些问题的决策将会影响随后的营销目标、营销策略的确立。

4. 营销目标

项目营销目标是营销活动应达到的目的。它对企业的策略和行为起指导作用,是营销计划的核心部分。项目营销目标有财务目标和市场目标两类。

财务目标是项目营销应达到的收益目标,它由一系列的收益和成本、利润指标来描述。市场目标是由财务目标转换来的市场营销额、商品销售率、市场占有率等指标组合而成。房地产企业制订的目标要符合以下要求:

（1）层次论　即房地产企业要对各种目标按照重要性进行排列,弄清楚哪些是主要目标,哪些是派生目标。

（2）定量化　即尽量以数字来表达企业的目标。

（3）可行性　即房地产企业应该根据外部环境和自身的资源条件来规定切实可行的目标水平,以保证目标的实现。

（4）协调一致　即企业的各个营销目标之间要协调一致,避免矛盾冲突,以免相互抵消作用。

5. 营销策略

在制订营销策略时往往会面对多种可能的选择,每一目标可用若干方法来实现。例如:增加10%的销售额的目标可以通过提高企业全部房屋平均售价来实现,也可以通过增大房屋销售量来实现。对这些目标进行深入的探讨,便可以找出房地产营销的主要策略。总的来说,营销策略应依据项目所面临的市场现状、机会与问题,按照目标实现的要求来制订。房地产项目的营销策略应注重在以下问题上进行研究:

（1）市场定位　它包括销售与服务对象、项目建筑设计及装修标准、市场销售价格等。

（2）营销渠道　它包括销售形式的选择、代理商的选择等。

（3）促销手段　它包括广告、展销、人员推销手法的选择及广告形式的确定。

（4）竞争手段　它包括价格、质量、环境、服务等手段在内的各种竞争手段的选择。

（5）其他　它包括付款方式、营销方式以及保险、公证等一系列的影响消费者心理及促进消费的手段。

6. 营销方案

有了营销策略,还要转化为具体的行动方案,所说的营销方案即营销计划的实施方案,着重于研究营销策略的实现形式及进度安排。策划人员应对每项营销策略进行详细安排,做什么、由谁来做、如何做、什么时候做、花费多少、达到什么目的等。各种营销策略的上述问题安排汇总起来,经过平衡与协调,把它们按时间顺序有机地配合起来,便是一份详细可行的项目营销方案。

7. 营销预算

房地产营销在确定了市场营销目标、营销策略及行动方案后,就要确定营销预算以保证方案的实施。营销预算采用的方法主要有销售百分比法和目标任务法。销售百分比法就是按照预测销售额的固定百分比进行市场营销预算。这种方法的优点是简便易行且比较准确,但是,此法存在逻辑错误。正常的逻辑是营销费用决定销售额,企业所花的营销费用越大则销售额越大。而销售百分比法按照销售额的大小确定市场营销费用的多少,造成因果倒置。为了避免这一缺点,有些房地产企业在实际工作中常常采用目标任务法。首先,要确定企业的营销目标;其次,决定为了达到目标而必须执行的工作任务;最后,估算执行这些工作任务所需的各种费用,这些费用的总和就是营销预算。营销预算确定以后要呈报企业的高层主管审查和批准,一经确定就作为营销活动的依据。

8. 营销控制

营销控制是指对计划实施的监控与检查。其基本做法是将计划规定的目标和预算按季度、月份或更小的时间单位进行分解,以便于主管部门能对计划执行情况进行监督和检查。房地产市场营销控制就是对营销计划实施进行监督和评价,并对实施过程中出现的主要问题采取措施加以改进,保证营销目标的顺利实现。实行房地产市场营销控制,有助于企业及早地发现问题并解决问题,防患于未然。

6.2 房地产开发项目的价格策划

6.2.1 价格与价格策划

价格是商品价值的货币表现,价格的制定受众多因素的影响和制约,项目定价不是一个简单的事项,而是在项目策划全过程都需要综合考虑、统筹安排的系统工程。人们把项目定价有关的工作,统称为项目的价格策划。

价格策划是指为实现一定的营销目标而协调处理各种有关价格关系的活动。价格策划的基本目标就是定价。因而,价格策划必然包含了定价过程,要运用各种定价方法、定价策略等。但价格策划又是一个比定价更为广泛的概念。它不仅包括价格的制定,而且是在一定环境条件下,为实现特定的营销目标,协调配合其他因素,经深入构思与选择,并在实施过程中不断调整价格战略和策略的全过程。

价格策划作为项目营销策划的一个重要组成部分,在项目前期策划中具有举足轻重的作用。由于价格是项目营销变量中作用最为直接,见效最快,对经济效益指标影响最大的一个变量;由于价格不仅决定着项目的财务效果,进而影响企业的经济效益,还决定着项目的市场效果,从而影响企业产品的市场占有率;由于价格往往是企业竞争的重要手段,因此,价格策划历来都是项目投资者或经营者十分关注的问题。

6.2.2 价格策划程序

完整的价格策划程序包括环境研究、目标确定、价格测算、方案选择、方案实施与调整五个步骤。

1. 环境研究

任何项目的开发建设过程及营销服务过程都是处于一定的环境之中,价格策划的环境研究主要是调查、分析、研究影响项目营销价格的环境因素,主要有社会经济环境、市场环境、竞争环境、项目环境和营销环境。

社会经济环境是指项目所面临的宏观经济和法律环境,是项目价格策划的基础环境,主要有社会经济发展状况、区域经济发展状况、消费者收入状况、物价指数以及产业政策、税收政策、金融政策等。

市场环境是指项目所对应的市场供求状况、市场吸纳能力、市场消费倾向、市场消费能力以及涉及项目投资建造和经营的成本费用状况等。

竞争环境是指主要竞争对手及主要竞争项目的基本情况，如项目分布、项目进入市场的时机、对手的竞争策略，尤其是竞争价格以及项目特点等。

项目环境是指本项目影响到营销价格的一些主要因素，如项目所在位置的交通条件、服务条件、气候条件、基础设施条件以及项目的营销形式、营销渠道等。

营销环境是项目投资环境的一部分，因而营销环境的研究应当与整个项目的投资环境研究协调进行。

2. 目标确定

价格策划的目标作为项目营销目标的内容之一，在营销目标研究中统一确定。其主要内容有利润目标、市场目标、形象目标、竞争目标和资本增值目标五项。

（1）利润目标　利润目标是项目价格策划的首要目标。提高利润的基本途径有两条：一是高价高利润；二是低价多销高利润。在市场经济条件下，尤其是已形成买方市场的条件下，高价必然带来销售量的下降，非垄断的高价是行不通的。唯有施行低价多销的途径，才能实现长期的利润目标。

（2）市场目标　市场目标就是项目的市场占有率，是指本项目在同类项目市场销售额中所占的比率。市场占有率直接影响项目的营销量，从而影响项目的利润水平和投资经营者的知名度，从而对未来的经营状况带来影响。提高市场占有率水平的直接手段是低价，当然其他的促销手段，如展销、广告等也起很大作用。

（3）形象目标　形象目标是指企业形象和企业商品的品牌形象，即企业或企业的某一商品品牌在消费者心目中的地位、印象。形象直接影响消费意愿，在买方市场条件下，形象目标对于保证企业或项目经营的长期和稳定发展具有决定意义。价格策划所实现的形象目标，常规的途径有高价和平价两条。由高价实现的形象目标，几乎都是与高尚、高雅以及质量、材料、结构和环境的上乘相联系的，如环境优美的高级别墅、装修高档的高级公寓等，满足于某一特定消费阶层的需要，而不拘泥于实际成本。由平价实现的形象目标，则总是与价格的低廉和项目配套服务设施的完善、质量的可靠相联系的，满足于普通的大众消费者的需要。

（4）竞争目标　竞争目标是指与竞争对手较量或避免竞争行为的定价目标。与竞争对手较量的目的在于扩大销售，提高市场占有率。因而其制定的价格往往带有很强的挑战性、进攻性。有些项目，为了企业的长远利益或满足企业近期财务安排上的需要（如急需吸纳一部分经费），甚至采取亏损的定价。避免竞争行为的定价目标大多是跟随型，即按市场调查的平均价格水平来实施定价。

（5）资本增值目标　资本增值是指资本价值的增长。市场经济条件下的企业经营，首先是资本经营，即对企业可以支配的资源和生产要素进行运筹、谋划和优化配置，以实现最大限度的资本增值目标。资本经营的目标在于资本增值的最大化，因而，作为项目经营策划首要内容之一的价格策划，自然要以资本经营作为其目标之一。在进行项目价格策划时，要实现资本增值目标，就是把希望获得的投资回报有针对性地分配到价格中去。

上述五项价格策划的目标，是相互影响、相互制约的，在进行价格策划时，应在项目总经营目标的规范下，综合考虑、协调平衡，制订出合适的、科学的价格策划目标来。

3. 价格测算

价格测算是指项目销售价格下限与上限的测算。价格测算是价格策划中具有决定意义的定量计算。

（1）关于价格下限的测算　项目价格的下限就是项目的成本价。销售价格高于成本价，项目才不至于亏损，企业才能扩大再生产。销售价格低于成本价，项目亏损，企业连简单再生产也维持不了。对于房地产经营项目，由于其经营形式不同，其成本构成有较大的差异。

（2）关于价格上限的测算　项目价格的上限就是项目价格的最高限价。对于房地产经营项目而言，其价格上限通常可分为：市场决定、政府决定、法规限定三类情况。

项目价格的上下限确定以后，便为其价格策划的定价规定了一个明确的范围。

4. 方案选择

项目价格策划方案选择包括方案制订、评价、选择与优化四个主要环节。项目定价方案的主要内容是项目的价位取向、价格测算及定价策略。为了便于比较和分析，策划人员应同时制订数种定价方案，供决策者选择。

价位取向是指项目营销平均价格的确定，房地产项目营销的价位取向即在上述价格上限与下限的范围内，依据价格策划的目标及定价策略，确定项目的营销价格水平。

价格测算是按照已选定的价位水平、计价公式及定价策略，具体计算该项目每一单元物业的单价、总价及调整价。单价是每平方米建筑面积的售价；总价是该物业单元的总售价；调整价是综合考虑楼层、朝向、设备、装修等因素后的销售价格。

定价策略是指为达到营销目标，出于竞争的需要而制订的各种价格策略，如分期付款、价格优惠与装修费、配套设施设备费赠送、价格调整等。定价策略的制订是项目价格策划中最具挑战性，也是最富生命力的重要环节。定价策略并无固定模式，也无固定的程序，全凭策划者丰富的实践经验、缜密地组织与思考。策划者在充分把握了大量的客观现实资料的基础上，在价格策划目标及价格上下限界的范围内，构思、选择并不断分析研究的结果。

定价策略也可看成项目营销价格的实施方案和项目在市场上的价格竞争方案。定价策略与价位取向、价格测算的组合，便是一份完整的项目价格策划方案。显然，同样的项目，同样的市场环境和同样的营销目标，将会有不同的价格竞争手段、不同的定价策略，也会有不同的价位取向与价格测算结果，即会制订出不同的价格策划方案。策划者应当广开思路，分析市场的各种可能趋向，制订多种方案，并进行方案的评价与比较，供决策者选择方案时参考。

项目价格策划方案评价的重要标准就是项目的营销目标，因此，每个价格策划方案均要进行营销目标实现程度的测算与分析。每一种方案都有其相适应的环境条件，因此，每种方案均需认真分析项目面临的市场环境、竞争环境等环境条件，并分析其未来的变化趋势，以便于决策者依据更为详尽的市场分析资料，站在更高的层次上进行方案选择。

5. 方案实施与调整

价格策划方案的实施与项目营销方案的实施是一致的，而方案的调整是依据项目营销效果和市场变动情况来进行的。因此，在项目营销过程中，应随时收集反馈信息，研究营销目标的完成情况及营销市场的变动情况，提出价格调整方案。

(1) 房地产价格调整的策略　房地产项目营销价格调整的策略无非是降低价格与提高价格两类。

1) 降低价格。由于营销效果不佳、竞争激烈、企业财务状况困难以及剧烈竞争的需要，房地产企业会考虑降价措施，以刺激需求，增加销量。然而，由于市场条件的千变万化，单纯的降价有时并不能达到促销的目的，甚至适得其反，造成项目销售状况的进一步恶化。

2) 提高价格。在市场营销形势很好，同类物业供不应求的情况下，或开发成本提高，项目盈利目标难以实现的情况下，房地产企业可能考虑提升销售价格的措施。提价自然会增加企业的营销收入，改善项目的财务状况，但这应当以不影响项目的营销状况为前提条件。企业营销人员应当看到，毫无缘由的过度提价，会招来顾客的抱怨，从而失去一部分客户，降低销售量。当然，适当的提价有时反而会使客户意识到该物业销路看好，升值潜力大，从而刺激消费。

总之，项目营销价格的调整，作为营销方案调整的重要内容，应当在充分分析了项目目前的营销状况，充分研究了项目面临的市场及竞争形势的变动情况后，方可实施。企业营销人员更要注意的是，价格的调整必须要配以其他的策略手段，决不可孤立进行，否则的话，有可能会带来其他的负面影响。

(2) 房地产价格调整的方法

1) 直接的价格调整。直接的价格调整就是房屋价格的直接上升或下降，它给客户的信息是最直观明了的。一般来说，价格上调，说明物有所值，需求旺盛。对于这样的消息，开发商是最希望客户尽快了解的，所以往往是进行大张旗鼓的宣传，并由此暗示今后价格上升的趋势，以吸引更多的买家尽快入场。与此相反，价格下调，则说明产品有这样或那样的缺陷，不为买家所看好，或者是经济低迷，整个市场不景气。应该说，除非万不得已，房地产开发商通常是不会直接宣布其楼盘价格下调的，而是通过其他方式让客户感受价格下挫的优惠，以维护其正面形象。直接的价格调整有以下两种方式。

① 调整基价。基价的调整就是对一栋楼宇的计算价格进行上调或下降，因为基价是制订所有单元价格的计算基础，所以，基价的调整便意味着所有单元的价格都一起参与调整。这样的调整，每套单元的调整方向和调整幅度都是一致的，是产品对市场总体趋势的统一应对。

② 差价系数的调整。房地产实务中，通常是在基价的基础上通过制订不同的差价系数来确定不同套、单元的价格，各套、单元价格则是由房屋基价加权所制订的差价系数而计算的。但每套、单元因为产品的差异性而为市场所接纳的程度并不会和我们原先的预估相一致。在实际销售中，有的单元原先预估不错的实际上并不好卖，有的单元原先预估不好卖实际上却好卖。

差价系数的调整就是根据实际销售的具体情况，对原先所设定的差价体系进行修正，将好卖单元的差价系数再调高一点，不好卖单元的差价系数再调低一点，以均匀各种类型单元的销售比例，适应市场对不同产品需求的强弱反应。

2) 调整付款方式。付款方式本来就是房价在时间上的一种折让，它对价格的调整是较为隐蔽的。分析付款方式的构成要件，可以发现，付款方式的付款时段的确定和划分、每个付款时段的款项比例的分配、各种期限的贷款利息高低的影响是付款方式的三大要件，而付款方式对价格的调整也就是通过这三大要件的调整来实现的。

6.2.3 项目定价方法

依据定价所依赖的基础,项目定价方法可分为成本导向定价法、需求导向定价法和竞争导向定价法三类。每一类中又可按具体计算分析方法的不同,分为若干种不同的方法。各种方法均有其局限性,又有各自不同的环境条件,应当视每个项目具体条件及项目营销与价格策划的目标灵活选用。

1. 成本导向定价法

成本导向定价法是企业定价首先需要考虑的方法。成本是企业生产经营过程中所发生的实际耗费,客观上要求通过商品的销售而得到补偿,并且要获得大于其支出的收入,超出的部分表现为企业利润。成本导向定价法是以产品单位成本为基本依据,再加入预期利润来确定价格的定价方法,是房地产企业最常用、最基本的定价方法。

由于房地产成本的形态不同,以及在成本基础上核算利润的方法不同,成本导向定价法又衍生出了成本加成定价法、目标收益定价法,边际贡献定价法、盈亏平衡分析定价法等几种具体的定价方法。

(1)成本加成定价法 成本加成定价法又称完全成本定价法,这是一种最简单的定价方法。它是在单位产品成本的基础上,加上一定比例的预期利润作为产品的售价。售价与成本之间的差额即为利润。这里所指的成本包括了税金。由于利润的多少是按成本的一定比例计算的,习惯上将这种比例称为"几成",因此这种方法被称为成本加成定价法。它的计算公式为

$$单位产品价格=单位产品成本\times(1+加成率)$$

式中,加成率为预期利润占产品成本的百分比。

例如,某房地产企业开发某一楼盘,每平方米的开发成本为3 000元,加成率为15%。则该楼盘每平方米售价=3 000元×(1+15%)=3 450元。

这种方法的优点是计算方便,因为确定成本要比确定需求容易得多,定价时着眼于成本,企业可以简化定价工作,也不必经常依据需求情况而做调整。在市场环境诸因素基本稳定的情况下,采用这种方法可保证房地产企业获得正常的利润,从而可以保障企业经营的正常进行。

(2)目标收益定价法 这种方法又称目标利润定价法,或投资收益率定价法。它是在成本的基础上,按照目标收益率的高低计算售价的方法。其计算步骤如下:

1)确定目标收益率。目标收益率可表现为投资收益率、成本利润率、销售利润率、资金利润率等多种不同的形式。

2)确定目标利润。由于目标收益率的表现形式的多样性,目标利润的计算也不同,其计算公式有:

$$目标利润=总投资额\times目标投资利润率$$

$$目标利润=总成本\times目标成本利润率$$

$$目标利润=销售收入\times目标销售利润率$$

$$目标利润=资金平均占用额\times目标资金利润率$$

3) 计算售价。

$$售价=（总成本+目标利润）/预计销售量$$

例如，某房地产企业开发一总建筑面积为 23 万 m^2 的小区，估计未来在市场上可实现销售 20 万 m^2，其总开发成本为 5 亿元，企业的目标收益率为成本利润率的 18%，问该小区的售价为多少？

解：目标利润=总成本×成本利润率=5 亿元×18%=0.9 亿元

每平方米售价=（总成本+目标利润）/预计销售量=（5+0.9）亿元/200 000=2 950 元

因此，该企业的定价应为每平方米 2 950 元。

目标收益定价法的优点是可以保证企业既定目标利润的实现。这种方法一般适用于在市场上具有一定影响力的企业，市场占有率高或具有垄断性质的企业。

（3）边际贡献定价法　边际贡献定价法又叫变动成本定价法，是房地产企业在定价时只计算变动成本而不计算固定成本，在变动成本的基础上加上预期的边际贡献来制定价格的方法。

边际贡献=预计销售收入−总变动成本。当边际贡献等于固定成本时，企业即实现保本；当边际贡献大于固定成本时，企业便可实现盈利；当边际贡献小于固定成本时，企业就会亏损。边际贡献定价法的价格计算公式为

$$单位产品价格=单位变动成本+单位边际贡献$$

在正常情况下，房地产价格要大于平均总成本，即平均固定成本和平均变动成本之和。但在一些特殊情况下，如市场竞争十分激烈，市场形势严重恶化等，房地产企业为了维持生产和市场需求，有时不得不使价格低于平均总成本，但只要是高于单位变动成本的价格，便是企业可以接受的价格，这实际上是一种减少损失的策略。

（4）盈亏平衡分析定价法　盈亏平衡分析是研究项目规模效益的分析方法。盈亏平衡分析定价的基本指导思想是，通过研究项目的规模、成本、单价及收益，确保按此价格销售一定数量的产品，能使项目保持盈亏平衡或获取一定的利润。

采用盈亏平衡分析定价，必须首先分析成本结构，分离固定成本和变动成本。凡是在一定范围内不随项目建设规模（开发建设面积）而变化的成本均属固定成本，如土地出让金、征地拆迁费等；凡是随着项目建设规模变化而变化的成本均属变动成本，如建安工程费等。此外，尚需确定项目的可销售面积，即可作为商品房进入市场销售的面积。由项目的开发建设总面积扣除公建配套设施占用面积、回迁户占用面积等不可能作为商品房销售的房屋面积后，便是项目的可销售面积。

以上几种成本定价方法的共同点是：均以产品成本为制定价格的基础，在成本的基础上加一定的利润来定价。所不同的是它们对利润的确定方法略有差异。虽然较容易计算，但它们存在共同的缺点，即没有考虑市场需求和市场竞争情况。

2．需求导向定价法

需求导向定价是指按买方对产品的价值认可与需求强度定价。买方价值认可是指以买方价值观念来认定的产品价值，也称认识价值。需求强度是指由市场供求关系所确定的需求量。需求量大，销路好，价格上涨；需求量小，销路差，价格下降。

认知价格的确定实际上是给出了商品市场销售价格的上限。策划者应当以此为依据，制定营销价格。然而，需要指出的是，面对不断变化的市场，以消费者为中心的项目营销

策划及营销活动,不仅要注意通过多种渠道去了解消费者的认知价值,还要采取多种手段去影响消费者对该物业价值的认知程度。一般来讲,影响认知价值的因素是多方面的,如物业质量、物业环境、开发商知名度、未来的物业管理等。这些因素大多是可以通过规划建设及营销活动予以改善的。因而,投资者应当在项目策划阶段便综合考虑,统筹规划,采取各种措施,影响消费者的价值认知,提高认知价格。

消费心理是消费者在商品购置时的心理特征。如果策划人员掌握了这一类心理特征,并以此为依据进行定价,便是消费心理定价法。房地产商品本身所固有的特性决定了房地产商品(尤其是住宅)的消费心理有别于一般商品的消费心理。

总之,消费者在消费过程中所形成的与商品价格相关的消费心理是多种多样的,也是十分复杂的。它不仅取决于消费对象及消费市场,还取决于消费者自身的文化、性格、习惯及价值观念等。在进行项目的价格策划时,策划人员要视其市场定位,认真研究消费对象的消费动机和消费心理,有针对性地选择定价方法和价格标准。

3. 竞争导向定价法

竞争导向定价法是指以竞争各方的实力对比和竞争对手的商品价格为主要依据,以在竞争环境中的生存和发展为主要目标的定价方法。

竞争导向定价法通常是在市场竞争较为激烈时应当考虑的一种方法,在此种方法下,开发经营者获取较高利润的途径就是必须着眼于降低开发经营成本。

6.2.4 房地产开发项目的定价策略

房地产开发项目的定价策略是指企业为了在目标市场上实现自己的定价目标所规定的定价指导思想和定价原则。定价策略应根据商品本身的情况、市场情况、成本状况、消费构成及消费心理等多方面因素来制订。不同房地产开发项目在不同时间、不同地点可采用不同的定价策略。房地产开发企业在制订房地产价格时要讲求策略和技巧,常见的定价策略具体如下。

1. 渗透定价策略

渗透定价策略是将房地产开发项目价格定得低于预期价格,并伴随大规模的促销活动,刺激需求,迅速打开销路。该策略的前提是:市场容量大,需求弹性大,潜在竞争威胁大。采用这种策略可以薄利多销、先发制人,有助于阻止竞争者加入,迅速打入市场,取得最大的市场占有率。在市场已被他人抢先占领的情况下,渗透定价策略也是挤入市场的好办法,待销路打开后,可适当提高价格。

由于个人购房成为住宅消费市场的主流,消费者自己掏钱,首先考虑的是价格问题。据中国社会调查事务所一项调查表明,68.4%的消费者将价格作为首要考虑因素,因此,要使消费者能够承受,地产商的投资又能得到较好的回报,有效合理地控制售价,是地产销售面临的难点。低开高走策略并不立足于简单的低价竞争,而是科学合理地建立房屋品质和价格变动体系,从控制价格来适应市场供给,随着物业进度的加快逐步提高市场售价,既有价格升值概念,又有市场购买力,扩大了有效供给,将地产商和消费者之间有效供求结合起来。尤其不少地产商以稍差的"死角房"低价开盘,形成轰动效应,将好房留在最后推高价位,为将来的楼盘形成高价定势。

若一个楼盘面对以下一种或多种情况时,可以采取渗透策略:

1) 产品的均好性不强，又没有什么特色。产品的开价虽然有许多外部因素，但自身的条件仍是最根本的。一定的价格在绝大部分情况下总是对应着一定的产品品质。如果一个楼盘的地点、规划、户型、服务等综合性能和其他产品比较有或多或少的劣势，价格的定位不能与之匹配，则其定价的基础就不牢固，降价的趋势是理所当然的。

2) 楼盘的开发量相对过大。房地产是一个区域性产品，而区域性客源不但是有限的，而且多数是喜新厌旧的。吸纳量的相对过少，造成销售时间拉长。若不经过精心策划，各种危机将会孕育而生。

3) 绝对单价过高，超出当地主流购房价格。

4) 市场竞争激烈，类似产品过多。在1～2km内，如果面对的是类似价格类似产品有超过4个以上的市场环境，产品定价则应该以增强产品竞争力为主，否则大量的广告只是替他人作嫁衣。虽然广告吸引了不少客户，但客户在决定购买之前，必然与周边楼盘做一比较，如果产品没什么特色，价格也不吸引人，客户就会流失。

上述情况下的低价开盘，是一个好的策略，但不是绝对的保证。正如硬币都有两面一样，低价开盘也有利有弊。低价开盘的有利点是：

1) 便于快速成交，促进良性循环。价廉物美是每个消费者的愿望，以低于行情的价格开盘，能吸引相当一部分消费者的注意，并很容易成交，不但意味着企业创利的开始，而且还能鼓舞士气，以良好的精神状态开展日后的工作。此外，大量客户上门，即使没有成交，也会营造出现场热烈气氛，树立楼盘良好形象。

2) 便于日后的价格控制。低价开盘，价格的主动权在开发商手里。当市场反应热烈时，可以逐步提高销售价格，形成热销的良好局面，并且每次调价能造成增值现象，给前期购房者以信心，从而进一步形成人气，刺激有购房动机者的购买欲望，促使其产生购房冲动；当市场反应平平时，则可以维持低价优势，在保持一定成交量的基础下，静观市场反应。

3) 便于财务周转，资金回笼。有成交才有资金流入，企业的运转才能形成良性循环。

低价开盘的不利点是：

1) 首期利润不高。低于市场行情往往首期利润不高，有的甚至没有利润。但开发商如果因此将主要利润的获取寄希望于后续调价时，也应谨慎从事，因为低价开盘后，如果价格调控不力，譬如单价升幅过大，或者升幅节奏过快，都可能对后续到来的客户造成一种阻挡，从而造成销售停滞的局面，不但让原先设定的利润期望落空，而且会抵消已经取得的销售佳绩。

2) 楼盘形象难以提升。高价位不一定代表高品质，但高品质是需要高价位来支撑的。低价开盘，作为局部的促销活动问题不大，但若作为公司的一项长久的策略，则必然会影响楼盘的档次定位和实际运作。

2. 撇脂定价策略

撇脂定价策略是指在新型房地产开发项目上市之初，将其价格定得较高，并伴随大规模的促销活动，迅速占领市场，获取最大的利润。采用该策略的市场条件是：需求弹性较小，受求新心理的驱使，消费者求购心切，愿出高价，但企业也面临着潜在的竞争威胁。

撇脂定价策略可以取得最大的利润，并把握今后降价的主动权，但该策略易诱发竞争，在潜在竞争者纷纷进入市场参与竞争时，这种户型的住宅优势已逐渐消失，此时企业可适当降低价格，以便保持竞争力。

若楼盘面对以下情况时，可采用撇脂定价策略：

1）具有别的楼盘所没有的明显特点。楼盘的特点是楼盘的卖点之一，譬如有最先进合理的户型设计；有其他楼盘所没有的付款方式、产品配套等。这样的楼盘突破了市场的思维格局，代表了房地产的发展方向，容易给客户以最新的购买享受，适宜高价开盘。

2）产品的综合性能上佳。高单价大多对应高品质，当楼盘没有什么特别的优点时，只要地点、规划、户型、服务等产品的综合性能为客户所接受，其所提供的产品品质与客户所能接受的心理价位相符，甚至略高，也便于高价开盘。

3）开发量适合、开发商信誉好。如果一个楼盘的价格在当地的主流价格范围之内，产品的开发量适合，基本上在一年之内可以销售一空，并且公司的品牌响亮，市场需求大，高价开盘完全有市场基础。

与低价开盘相对应，高价开盘的利弊正好相反，其主要表现在：便于获取最大的利润，但若价位偏离当地主流价位，则资金周转相对缓慢；便于树立楼盘品牌，创造企业无形资产；日后的价格直接调控余地小。

3．折扣和折让定价策略

在定价过程中，策划人员先根据建造好的房地产开发项目制订出一个基本价格，然后加入适当的折扣、折让，形成实际售价（即成交价），以吸引客户、扩大销售。房地产市场上常用的折扣或折让主要有以下几种：

（1）价格折扣　它是指销售方为了促进销售给予客户价格上的优惠。

（2）数量折扣　它是指根据顾客购买房屋数量的多少，给予大小不等的折扣。数量越多，折扣越大，目的在于鼓励大量购买。

（3）职能折扣　它是指根据各类中介渠道的中间商在市场营销中所担负的职能不同，给予不同的折扣。

4．差别定价策略

差别定价策略是指企业在房地产销售时，根据房地产的不同用途，对不同的交易对象，在不同地区实行不同的价格政策。

1）对不同的消费群制订不同的价格。个人购买商品住房时，对一般的消费者照价收款，而对某些消费者则给予优惠，即根据具体情况灵活掌握售价，差别对待。例如，有的房地产开发企业对教师购房实行九折优惠。实行这种策略的目的，在于开拓工薪阶层购房的市场，同时也体现了企业重视知识、重视知识分子的良好风尚。

2）对不同用途采取不同的定价策略。例如对同一幢大楼的商业房产和住宅房产会采取不同的价格策略。

3）对不同的部位制订不同的价格。例如，在同一栋房地产中，虽然设计方案、施工质量、各种设备都相同，但由于其房地产的楼层不同、朝向不同，价格也会有所变化。

5．心理定价策略

心理定价策略是指企业定价时，利用顾客心理有意识地将产品价格定得高些或低些，以符合消费者的心愿。

（1）尾数定价策略　尾数定价策略是指根据消费者的购买心理，尽可能取低一位数，如许多商店的商品标价尾数为9、5、8、7，如1.9元、9.99元，即属于这种定价策略。在房地产中，如4 920元/m^2，6 680元/m^2等。消费者之所以接受这样的价格，主要是因为尾数定价会给人便宜很多的感觉。

（2）整数定价策略　对房地产而言，消费者往往以价格作为辨别质量的指标器，特别是对一些高档的别墅房地产，所以，采取整数定价 100 万元/套、12 000/m² 反而比尾数定价要好得多。因为消费者购买高档房屋除了自我享受以外，还有一个重要的作用，即显示自己的富有和地位。

（3）心态定价策略　心态定价策略就是根据某些消费者的习惯心理和特殊的要求，如纪念意义、欣赏趣味、讲究门牌号码和价格的数字来制订房地产价格。

（4）满意定价策略　满意定价策略是指其价格既不能等同于获取高额利润所定的价格，也不等同于建造房地产的最低成本价，而是介于这两者中间的价格，开发商和置业者都满意，故称"满意定价策略"。

6.3　房地产开发项目的促销策划

促销即促进销售。促销是现代营销的重要一环，它对销售起着直接的促进作用。房地产促销就是通过各种促销手段，与现实或潜在顾客进行沟通，使他们对于目标物业从注意到发生兴趣再到产生欲望进而购买的过程。所有关于商品市场推广及与说服性沟通有关的主要营销形式均为促销。这里主要研究房地产市场推广的广告、广告策划、售楼书、展销会、楼盘正式推出仪式、样板房展示、人员推销等促销手段。

6.3.1　广告

广告是房地产企业用来直接向消费者传递信息的最主要的促销方式。广告是一种宣传方式，是利用各种传播媒介（标语、图案、音像等）传递信息、树立形象、推广商品的宣传。广告已渗入现代社会经济生活的每个角落。由于它所具备的公众性、渗透性和表现性，在影响消费者心理，推销商品的促销过程中，具有重要作用。由于房地产商品价格昂贵、结构复杂、不可移动，人们在购买时，更多地依赖广告。广告对房地产经营更具有特殊意义。

广告媒体是指广告载体，是广告内容借以表达的形式。从广告载体的自然状态来划分，主要有如下几种：

（1）电视　电视是一种同时能描述形象、声音与文字、具有动态特性的媒体。由于其形象逼真、优美感人，收视率高，因此是房地产商品促销首选的广告形式。但其费用高，对客户的针对性差、不易保存，在有些场合并不是特别适用。

（2）报纸　报纸是一种传统的广告媒体。其覆盖面广，传递迅速，区域针对性强，且易于保存，很适合作为一般房地产商品的广告宣传媒体。但报纸印刷粗糙，地位不突出，不易给客户造成深刻的印象。

（3）杂志及印刷手册　杂志及单独印刷的宣传手册，可针对专门的用户，印成精美的彩色图片，给人以深刻印象，且易于保存，尤其适合一些大型物业做广告媒体。其缺点在于灵活性较差，覆盖面相对窄一些，传播速度也相应慢些。

（4）广播　广播主要是通过声音来传递信息的，其传播速度快、范围广、针对性强，而且成本较低，也可选作房地产经营广告投放的媒体。但仅依靠声音宣传，不易给客户留下较深刻的印象，而且声音稍纵即逝，不易保存记忆，效果不理想，房地产开发企业较少考虑这种传播媒体。

（5）户外广告媒体　户外广告媒体包括路牌、车厢广告牌及广场、车站的广告载体。从招贴画到巨幅的广告牌均能以醒目的标语、美丽的图案，达到宣传效果，而且持续时间长、感染力强、影响面广。户外广告牌是房地产开发企业热衷的广告形式之一。但其幅面有限，所传播的信息不够多，所以多数房地产开发企业尚要补充其他的传播媒介。

（6）网络　网络是现代广告的一个重要载体，网络广告能展示的图片大而且多、可以比较多的采用FLASH技术、能提供的资料更详细、具有更强的针对性、广告期限相对长。其缺点在于费用比较高、虚拟和现实之间容易产生矛盾。

各种广告媒体都有其自身的特点及相应的适用条件和宣传效果。房地产开发企业应具体分析，研究主客观条件，选择适合的广告媒体，以达到最佳的广告投放效果。

6.3.2　广告策划

广告策划的核心内容为广告媒体的选择、广告时机的确定、广告预算的编制及广告文案的设计。当然，这四个方面是互为影响的。比如，媒体的选择决定着费用的标准，而预算结果又会影响媒体及时机的选择等。因此，广告策划实际上是在上述四个方面不断协调、不断优化的过程。

1. 广告媒体的选择

广告媒体的选择包括广告媒体形式的选择和媒体对象的选择。

媒体形式的选择是指对广告媒体种类的选择，在这里应着重考虑以下三个问题：

1）各种媒体的对象（读者、听众、观众）情况。具体包括它们的人数、分布区域、年龄、性别、职业等。

2）拟宣传的商品自身的特点及其优先满足顾客的偏好层次、特征等。

3）拟宣传商品与各种媒体的适应性，如经济状况、环境特点等。

媒体对象的选择是指在确定了媒体形式之后，对具体的传播媒体单位的选择。这里优先考虑的因素是效果和费用。效果是用广告的传播效果来衡量的，即同一广告媒体，各单位实际影响的（读者、听众、观众）面的大小和影响的对象性质。这是由报刊的发行份数、电台的收听率、电视台的收视率，以及它们的特定服务对象来确定的。当然，还要考虑媒体的可靠性、信誉、地区、质量等因素。

2. 广告时机的确定

广告时机是影响广告效果的重要因素。要达到宣传产品、影响消费者的广告效果，就必须在听众、观众或顾客心目中留下深刻的印象。而印象的深刻与否，不仅取决于广告的形式、语言，也取决于广告时机。试想，在整版的商品房销售广告中，或一连串的商品房销售画面中夹有某公司的一则商住楼销售信息，能给读者或观众留下深刻的印象吗？当然不可能。广告时机的选择应遵循以下几个基本原则：

1）优选收视率（或收听率）最高的"黄金"时间，尽可能提高观看（或听）到广告的人数。

2）优选同类物业购买的旺季，如年末、季末、重要的节假日前。

3）优选同类广告推出较少的时间。
4）优选重复刊登、重复播出的形式。

3．广告预算的编制

预算是对广告费用的估算，在媒体选择及时机选择后，即可编制广告预算。一个完善的广告预算方案对于广告决策、广告效益评价是非常重要的。这是因为预算结果直接影响到诸如广告媒体的选择、广告时机的确定这类问题。

4．广告文案的设计

广告文案的设计主要是指广告文字、图像的设计，即广告表达形式的设计。广告的目的在于宣传产品特点，唤起顾客注意，引起购买兴趣。广告文案的设计必须善于运用文字与图像效果，给人以深刻印象。

中国文字的含义深刻、内容广泛、形象生动、表达形式多种多样，可以采用不同的形式来加强广告效果。常见的文字广告设计形式有：

1）赞颂式广告。此类广告是指通过对本企业商品恰到好处的赞扬，增强消费者对该商品的信赖感。

2）证明、鉴定式广告。此类广告是指请权威部门或权威人士、知名人士对本企业商品做出鉴定、评价，以取得消费者的信赖，使广告具有说服力。

3）幽默式广告。这类广告运用轻松活泼、诙谐风趣的语言，激发消费者的兴趣和联想，刺激购买欲，从而达到意想不到的效果。

4）报道式广告。这类广告以新闻报道的形式发布消息，给人以客观、公正的印象。

幽默活泼、妙趣横生的广告词，给人以美的享受，使人难以忘怀，往往能充分刺激购买欲。因此，一则成功的广告文字必须千锤百炼，下足功夫。此外，房地产广告还要注意根据商品房的特点及消费者的心理状态，设计广告文案。例如对于高档的花园别墅，要以区域位置的环境优美、风景秀丽及情调高雅为广告文案重点；对于普通住宅，则要以经济实惠、使用方便、交通方便等描述性语言为中心，满足工薪阶层消费者的心理；对于商业用房，则应把广告词的宣传重点放在交通、商业分布、客流情况等方面。

6.3.3 售楼书

售楼书是有关物业的较为详细的介绍材料。这类材料通常印成精美考究的小册子，一般都是由专业人员设计的。售楼书一般通过简洁的文字并配以精美的图片对物业诸如位置、环境、布局、设备、装修，以及所提供的服务、联系人、电话、地址等进行详尽介绍。

售楼书一般仅寄给那些潜在的客户，或在某些重要会议、仪式（如开工、竣工庆典、展销会场、商务洽谈会等）上散发。

6.3.4 展销会

展销会是一种区域性的大型商品交易洽谈会，有固定的场所和时间，有大规模的宣传活动。因此，效果好的展销会，往往能聚集相当数量的厂商和顾客，起到很好的促销作用。

房地产商品的展销会一般都在交通方便、经济繁荣的大中城市举办。展销会期间，各参展商云集一处，有对比、有评价，更增强了楼盘间的竞争气氛。所以，参加展销的房地产开发企业，几乎都使出浑身解数，不仅在参展的楼盘宣传上下足功夫，运用电视录像、售楼书、模型等加强宣传效果，还千方百计地在自己的展示摊位上做文章，把本展台布置得高雅、清新，富有特色，以吸引客户。

6.3.5 楼盘正式推出仪式

对于一些大型项目，可借助某些庆典仪式向公众宣布该物业正式推入市场的消息。由于庆典仪式场面较大，动员了电台、电视台、报纸、杂志等众多传播媒介的记者，又邀请了当地政府首脑、知名人士参加，往往会给观（听）众或读者留下深刻的印象，从而达到良好的宣传效果。需要注意的是，仪式进行时机的选择和仪式过后的相配合的促销活动。仪式进行的时机直接关系到仪式效果。为了达到隆重、轰动、给观众留下深刻印象的宣传目的，推出仪式既要选在喜庆吉日进行，又要避免与当地其他更为隆重的庆典活动同时进行。楼盘正式推出庆典仪式只能起到一种宣传效果，要真正达到促销目的，还应当特别注重在仪式过后，开展更实际、更广泛的广告、推销、展示等促销活动。

6.3.6 样板房展示

为了给顾客以更直观、更真实的感受，很多房地产开发企业在即将推出的楼盘上设一层或一户样板房，进行装修，配齐家具和必要的装饰，供客户参观，使其真切体会到一种身临其境的感觉。

样板房是顾客对拟购置房屋状况最直接、最真实的体验，对唤起客户购买欲望影响极大。从心理角度来分析，顾客大部分是以一种挑剔的眼光来看待样板房的，所以，样板房的设置要非常慎重，设计人员要认真研究顾客心理，对样板房的布局、质量、装饰、外观、设备甚至色彩都要仔细研究，反复比较，还要特别注意周围环境的介绍和描绘。因而，样板房展示通常配有专职的讲解员和各种宣传资料。

6.3.7 人员推销

人员推销又称人员推广，是最古老的促销方式，它是依靠推销员直接向消费者推销商品，提供服务的过程，是商品促销活动中花费最大，效果最好的推销形式。

1. 人员推销的特点

与其他的促销方式相比，人员推销具有如下特点：
1）与客户直接对话，便于有的放矢，根据对方的反应和需求调整推销计划。
2）与客户面对面交谈，便于建立感情，增进了解，消除客户的疑问和购买心理障碍。
3）交谈式的推销形式，便于针对客户的疑问，详细介绍产品，提供信息服务。
4）为推销工作提供了一种说服、劝诱的机会，大大提高了推销成功率。

当然，人员推销也存在一些局限性，如人员推销与其他推销方式比较，时间成本比较高,一般是广告费用的2～5倍。在市场范围受到限制的情况下,采用人推销将受到很大限制。另外,这种推销方式对人员的要求非常高,要求推销人员具有较高的素质。

2. 人员推销的作用

人员推销是一种传递信息、促销商品的过程。在这个过程中,推销人员具有如下作用:

(1) 向客户宣传了产品的有关信息　利用推销过程详细向客户介绍拟推销产品的品种、规格、价格、性能,进行广告式宣传,其详细程度、针对性程度,是任何其他形式的广告宣传都无法比拟的。

(2) 通过说服和动员,唤起客户的购买欲望　人员推销提供了一种与客户面对面交谈的机会。把握住这种机会,进行耐心的、周到的说服与动员工作,消除客户疑虑,唤起客户购买欲望,促成交易成功;或唤起潜在的购买力是人员推销独有的作用。

(3) 通过询问和调查,收集了市场信息资料　聪明的推销人员在推销过程中,不仅解答客户的问题,还会主动收集信息,如了解客户对开间、面积、户型、装修、设备的喜好、要求等,这些反馈信息对于项目改进及指导以后的推销工作是非常重要的。

(4) 通过访问和交谈,建立了与客户的感情　推销过程也是一个推销人员与客户双向交流的过程,一旦推销人员凭着自己的真诚、勤奋以及能力和知识建立了在客户心目中的良好形象,就会获得客户的信赖,形成固定的客户关系,唤起大批潜在的需求。

(5) 为客户提供服务　推销人员实际上也是项目经营者和用户之间的联络员,不仅完成委托的推销任务,实际上也为用户提供诸如房屋结构、性能、质量、配套设施,以及客户权益、升值潜力等咨询服务。优秀的推销人员十分重视为客户的服务,认为这是维护良好关系,建立相互间信任的必要条件。他们不仅主动为客户提供各种咨询服务,甚至亲自动手,帮助客户办理保修、索赔、入户等有关事宜。

3. 人员推销的组织形式

推销人员所进行的推销活动是一种个体的劳动,良好的组织形式能够提高效率、节省费用。常见的组织形式有如下几种:

(1) 地区组织形式　它是指按地区分片包干的组织形式。责任明确,便于建立固定关系,有利于提高效率。

(2) 产品组织形式　它是指按物业使用性质组织推销,如区分住宅、商场、工业厂房等不同项目的推销,便于推销内容的专业化。

(3) 客户组织形式　即按消费者不同类型组织的推销,如把客户按文化层次、年龄、职业等划分为不同类型再组织推销。这样区分最大的特点是便于根据客户的需求,有针对性地组织推销。

房地产商品的特殊性,限制了人员推销的作用,但这并不等于说,在房地产商品的推销过程中,人员推销没有任何应用价值。营销策划者应当结合项目的特点及具体的营销环境,将委托代理及人员推销结合起来,充分发挥人员推销在建立客户关系、增进感情联络上的优势,提高促销效果。

6.3.8　几种推销方式的比较

广告、人员推销、楼盘庆典等推销的特点,见表6-1。

表 6-1 推销方式比较

营销类型	优点	缺点
广告	传播广泛，传播的信息规范，易控制	广告费用高，广告效果难以度量，难以与目标受众沟通
人员推销	信息表达灵活，易与消费者沟通，易与消费者建立关系，促销目标明确	单位接触时间成本高，对销售人员素质要求较高，难以进行大面积推销
楼盘庆典	销售刺激直接，易引起消费者的注意力与反应，易迅速产生效果	易引起竞争，促销效果难以持久

案例一　某房地产项目大型有奖销售活动暨公开发售活动方案

项目背景：该项目为一新开发区，周边住户少，人们一般很少前往。项目市场推广人员根据对公开发售时间的确定，策划安排了一系列广告及活动推广，其中的一项重头戏是在公开发售日前举办大型有奖销售活动。以下是该方案的策划报告。

1．活动意义

1）聚集人气。举办抽奖活动，可以吸引人们前往，增加新区人气，同时使更多的人看到项目实在的品质。

2）增加项目开盘的轰动效应。通过抽奖，人群越聚越多，使过往车辆人流会认为该楼盘开盘即产生轰动，留下良好的第一印象，为以后售楼埋下伏笔。

3）直接促销。部分人受高额巨奖驱使，会在冲动之下购房，直接增加销售量。

4）通过本次活动，扩大项目知名度。

2．活动目的

扩大项目声势，吸引周边客户，形成轰动效应，达到引爆市场和增加市场销量的目的。

3．活动原则

场面气氛热烈，持续时间较长，节省资金。

4．活动策划依据

1）目前楼市竞争激烈，各竞争对手奇招迭出，特别是开盘之初，都求一个人气鼎旺、强势开盘。

2）周边各地福利彩票抽奖此起彼伏、势头正旺，说明人们对抽奖活动乐此不疲。

3）本活动最坏的设想不是聚不到人气，而可能只是直接促销不理想，但即便如此，也增加了项目的知名度，相当于做了一次轰动性的广告。

4）在本方案正式起草前，已向公司有关领导做过口头汇报，得到认可。

5．活动时间安排

活动持续一星期，正式抽奖定在开盘当日。（具体时间安排略）

6．活动地点

项目售楼处。

7．组织分工

公司策划部、销售部、物业部。（具体安排略）

8．奖项设置

分设金屋奖和幸运奖两个系列。其中，金屋奖特别为签订了购房合同的业主而设，幸运奖为普通看房人士而设，有资格参与金屋奖抽奖者，都可再参与幸运奖抽奖。（奖品具体

设置略）

9. 抽奖办法

通过报纸广告和在广告上印制票样（可凭报纸广告票样参加抽奖）、看房人士现场派票，各关系单位赠送票等途径送出约 1 万张票，其中真正可望参与抽奖票数约 4 000 张。凡报纸广告票样，必须预先到指定地点经主办单位确认，加印编号，才为有效。凡签约业主，在签约时均可获得抽奖编号。

摇奖方式采用计算机摇奖，凡票上编号与计算机摇奖号吻合者，即为中奖。

10. 活动程序

活动程序见表6-2。

表6-2 项目有奖销售活动时间安排表

时 间	活 动 步 骤
9：00 以前	确认票号
9：00	确认票号结束
9：20	主持人宣布抽奖活动开始，公司代表发言
9：30	政府领导讲话
9：35	项目推介
9：45	到会嘉宾参观样板房
10：10	抽奖仪式正式开始，公证员宣读公证文件，主持人宣读注意事项
12：00 前结束	抽奖

抽奖、兑奖同时进行，抽奖活动控制在 12：00 前结束，部分兑奖工作延续到下午下班之前。凡未在当日兑奖者，其奖项自动取消。

11. 费用结算

1）礼品费（金屋奖、幸运奖合计）。

2）会务费（茶水、水果、印票费、场地整理费、公证费、交通运输费、娱乐表演、招待费、记者午餐费，不可预计费合计）。

3）广告宣传费（报纸、横幅费用）。

12. 活动总结（略）。

案例二　　　某开发商细分客户特征及需求分析设计

目前越来越多的开发商注重创新模式运用，实行高度细分的专业化分工，从资金到开发、规划设计、建设以及销售，各个环节均由高度专业化的公司分别完成。国内某知名的开发商对客户按全生命周期的细分，主要是通过家庭生命周期、价值观、支付能力三个维度相关的分类进行完成的，其目的是希望能够在丰富产品线的同时，服务于更多的人群。为了更好地配合产业化进程的开展，其住宅产品要求保证具有鲜明的特质，以便于客户的清晰分类，并提出了整合营销的概念，以差异化、细分化的新品推广满足现代都市人的不同生命周期的人居要求。为此设计了如下相应的表格，见表6-3～表6-7。

1. 客户细分及产品分类设计

客户细分及产品分类表见表6-3。

表6-3 客户细分及产品分类表

客户分层	提供产品	产品描述
青年置业	标准化、专业化产品	三大标杆、八大系统
	实用居住空间	空间合理,板块齐全
城市中坚	精细化、专业化	全方位住宅选择
高端精英	精细化、客制化	多类型别墅

2. 细分客户的特征及需求分析

同一经济水平范围内,同类客户需求具有趋同性,因此别出经济因素对区域选择的影响,将客户按家庭生命周期进行细分,目标客户群可分为以下几类:年轻家庭、小小太阳、小太阳、后小太阳、空巢家庭以及社会成功人士等。细分客户的特征及需求表见表6-4。

表6-4 细分客户的特征及需求表

客户类别	基础特征	购房动因	产品需求特征
年轻家庭	25~30岁,以经济型客户为主	首次置业	总价支付能力有限,对价格比较敏感;希望距离父母或工作单位较近的位置;对户型设计较为重视,对日照朝向、小区绿化有较高要求;倾向于购买大型社区;户型面积需求集中于90m²左右的紧凑型两房两厅;对第二间房功能需求倾向于书房,整体功能侧重于满足文娱性需求
小小太阳	30~35岁,以普通职员和一般管理者为主,经济水平有限。通常夫妻中一人工作相对轻松	首次置业或改善型	经济务实型:价格水平、交通状况是其最为关注的;其对周边生活及商业配套有较高要求;注重户型布局和小区景观绿化;希望选择靠近公交站、地铁的地方购房;需求户型以紧凑两房为主
			中间收入水平:其对交通状况的关注程度高于对价格的关注;对周边自然环境和教育文化配套较为重视;购房时注重户型的选择,倾向于户型布局良好、日照充足、通风良好的户型;期望在小区内有安全保障的儿童娱乐设施
			高收入水平:对价格不敏感,注重交通状况、户型布局以及开发商品牌;对周边生活配套和自然环境设施有较高要求;注重楼型及光照效果、小区绿化等;希望小区拥有较高的人文氛围;户型选择倾向于大面积三房
小太阳	35~39岁,以中层管理和个体私营业主为主。通常夫妻中一人工作相对轻松	改善型	经济务实型:价格水平、交通状况是其最为关注的;其对周边生活及商业配套有较高要求;注重户型布局和小区景观绿化;倾向于选择靠近高质量中、小学的区域购房;需求户型以两房及紧凑三房为主
			中间收入水平:其对交通状况的关注程度高于对价格的关注;对周边自然环境和教育文化配套较为重视;购房时注重户型的选择,倾向于户型布局良好、日照充足、通风良好的户型;倾向于选择靠近高质量中、小学的区域购房
			高收入水平:对价格不敏感,注重交通状况、户型布局以及开发商品牌;倾向于选择高质量中、小学附近购房;注重楼型及光照效果、小区绿化等;希望小区拥有较高的人文氛围;户型选择倾向于大面积三房,注重子女生活学习功能空间
后小太阳	40~45岁,以企业中层管理者和个体私营业主为主。通常家庭生活工作压力比较大	改善型	经济务实型:价格水平、交通状况是其最为关注的;其对周边生活及商业配套有较高要求;注重户型布局和小区景观绿化;希望选择靠近公交站、地铁的地方购房;需求户型以紧凑两房、三房为主
			中间收入水平:其对交通状况的关注程度高于对价格的关注;对周边自然环境和教育文化配套较为重视;购房时注重户型的选择,倾向于户型布局良好、日照充足、通风良好的户型;倾向于靠近高质量中学购房;需求户型以三房为主
			高收入水平:对价格不敏感,注重交通状况、户型布局以及开发商品牌;对周边生活配套和自然环境设施有较高要求;注重楼型、光照效果及小区绿化等;希望小区拥有较高的人文氛围;户型选择倾向于大面积户型,小高层、高层或花园洋房

(续)

客户类别	基础特征	购房动因	产品需求特征
空巢家庭	45岁以上,以经济型客户为主	安度晚年	以经济型空巢家庭客户为主,此类客户对价格较为敏感;比较重视购买区域周边环境与小区内部环境;对内部环境的关注集中于对社区安全、日常便利、生活协助及消磨时光的考虑;注重房屋的日照朝向,偏好居民多的大型社区;倾向户型为紧凑型两房两厅
成功人士	—	满足心理需求	对价格不敏感,注重区域周边综合状况;对区域交通状况,主要是路况有较高要求;倾向于市中心的小规模社区、大面积高层、小高层住宅;或周边环境较好的独栋别墅等;对周边自然环境、人文氛围等稀缺性资源有较高要求

3. 核心产品系列下的客户细分

核心产品的特点及目标客户群见表6-5。

表6-5 核心产品的特点及目标客户群

核心产品系列	特　点	目标客户群
城市花园 花园新城	在城市中心区外围,交通条件和产业条件比较好,产品以多层为主,兼有高层和局部低密度联排别墅住宅,规模适中	金领、白领
四季花城	在城市郊区,多在大的发展之中区域(大型居住区或大型开发区),产品类型多元化,规模较大	向往郊区生活的白领等中产阶级
金色家园	城市核心区或核心边缘,以高密度、高层建筑为主体,产品地位相对集中,户型不大,用地规模偏小	城市白领
自然人文	特殊地块、特别处理	社会成功人士

4. 核心产品的主力客户细化

核心产品的主力客户细分见表6-6。

表6-6 核心产品的主力客户细分

产品系列	品　类	主力细分客户 客户描述 家庭生命周期	客户细分 比例	客户细分 年龄	购买原因
青青家园	商务住宅,周边写字楼密集,商业价值高	商务人士	—	—	投资
		顶级商务人士	—	—	投资
	改善居住,配套齐全	三代(孩子)	10%	35~45岁	改善
		后小太阳	40%	40~45岁	改善
		小太阳	40%	35~39岁	改善
		中年之家	10%	45~50岁	空巢
	首次置业,低总价	青年之家	85%	25~35岁	首次
		青年持家	15%	25~30岁	首次
城市花园	城郊改善居住环境	三代(孩子)	10%	35~45岁	改善
		后小太阳	20%	40~45岁	改善
		小太阳	30%	35~39岁	改善
		中年之家	5%	45~50岁	空巢
		青年持家	5%	30~35岁	改善
		小小太阳	30%	30~35岁	改善

（续）

产品系列	品类	主力细分客户			
		客户描述	客户细分		
		家庭生命周期	比例	年龄	购买原因
四季花园	郊区首次置业，低价	青年之家	50%	25~35岁	首次
		小小太阳	20%	30~35岁	首次
		青年持家	10%	25~30岁	首次
		三代（孩子）	10%	25~30岁	首次
		老年一代	10%	45岁以上	空巢
	郊区享受型，改善居住为主	三代（孩子）	50%	35~45岁	改善
		后小太阳	50%	40~45岁	改善
高档稀缺	城市郊区，资源稀缺	高			
	城市稀缺地段，占有稀缺资源				

5．不同目标客户群对应产品设计

不同目标客户群所对应的产品设计见表6-7。

表6-7 不同目标客户群所对应的产品设计

客户类别	需求特征	选择产品	项目名称	产品共性
年轻家庭	首次置业	高层	青青家园	1. 倾向于购买大型社区；对户型设计较为重视，对日照朝向、小区绿化有较高要求 2. 户型面积需求集中于90m²左右的紧凑型两房两厅或者60m²左右的一房一厅
		多层、小高层	四季花城	
		小高层、高层	绿色家园	
小小太阳家庭	首次置业	多层、小高层	四季花城	1. 关注价格、交通、周边配套 2. 注重户型布局和小区景观绿化 3. 需求户型以紧凑两房为主
		小高层、高层	魅力谷	
	改善居住	多层、小高层、高层	城市花园	1. 交通状况的关注程度高于对价格的关注，注重户型布局 2. 对周边自然环境和教育文化配套较为重视 3. 注重楼型及光照效果、小区绿化等 4. 期望在小区内有安全保障的儿童娱乐设施及一定人文氛围 5. 户型选择倾向于舒适性二房、三房
		小高层、高层	魅力谷	
		高层	青青家园	
		小高层、高层	理想城	
		小高层、高层	绿色家园	
小太阳家庭	改善居住	高层	青青家园	1. 交通状况的关注程度高于对价格的关注，注重户型布局和开发商品牌 2. 对周边自然环境和教育文化配套较为重视，倾向于选择靠近高质量中、小学的区域购房 3. 注重楼型及光照效果、小区绿化等 4. 户型选择倾向于大面积三房，注重子女生活学习功能空间
		多层、小高层、高层	城市花园	
		小高层、高层	魅力谷	
		小高层、高层、花园洋房	理想城	
		小高层、高层	绿色家园	
后小太阳家庭	改善居住	高层	青青家园	1. 交通状况的关注程度高于对价格的关注，注重户型布局和开发商品牌 2. 对周边生活配套和自然环境设施有较高要求 3. 希望小区拥有较高的人文氛围 4. 购房时注重户型的选择，倾向于户型布局良好、日照充足、通风良好的户型 5. 户型选择倾向于舒适型户型，小高层、高层（具有较好景观资源）或花园洋房
		多层、小高层、高层	城市花园	
		多层、小高层	四季花城	
		小高层、高层	绿色家园	
		小高层、高层	魅力谷	
		小高层、高层、花园洋房	理想城	
		高层	金色海岸	

（续）

客户类别	需求特征	选择产品	项目名称	产品共性
空巢家庭	安度晚年	高层	青青家园	1. 客户对价格较为敏感 2. 比较重视购买区域周边环境与小区内部环境 3. 对内部环境的关注集中于对社区安全、日常便利、生活协助及消磨时光的考虑 4. 注重房屋的日照朝向，偏好居民多的大型社区，倾向户型为紧凑型
		多层、小高层、高层	城市花园	
		多层、小高层	四季花城	
		小高层	魅力谷	
成功人士	投资或改善	高层	青青家园	1. 城市郊区，资源稀缺或占据稀缺地段 2. 价格不敏感，注重区域周边综合状况 3. 对区域交通状况，主要是路况有较高要求 4. 倾向于市中心的小规模社区，大面积高层、小高层住宅；或周边环境较好的独栋别墅等 5. 对周边自然环境、人文氛围等稀缺性资源有较高要求 6. 满足个人价值体现的心理需求
		高层	金色海岸	
		高层、花园洋房	理想城	
		联排别墅	理想蓝山、燕南园等	
		独栋别墅	七里溪、五谷园、兰乔圣菲等	

案例思考　　　　　房地产策划的五个误区

随着房地产业的理性化发展与房地产市场竞争的日趋激烈，房地产营销策划逐渐得到业界的广泛关注与相当程度的认可。房地产营销策划虽然开始从注重表面转向追求内涵，从杂乱无章趋向规范有序，但纵观目前许多策划行为，很多地方仍值得深思。不少房地产开发商对房地产营销策划的认识仍停留于肤浅的表层，甚至由于理解的偏颇，而在实际运作中使营销策划走向误区。

1．误区之一：目标客户定位不准

打开任何一份策划报告，其中对消费者的描述必然充斥"20~40 岁之间""中、高等收入的成功人士""注重生活品质""以男性为主""自住和投资兼有"这样千人一面的套话。售价超过 30 万元的房产对消费者的研究，居然还比不上售价不超过 3 元的饮料（如可口可乐）对消费者研究的态度和深度，岂非咄咄怪事！

事实上，由于高额的消费支出、购买结果的不确定性，房地产消费是一种高涉入度的购买行为，其购买决策的环节、影响因素和时间都复杂得多，变化的可能性也大得多，非采用专业消费者调研不可。然而，几乎所有的房地产策划者都认为，"市场是引导出来的""我们比消费者更专业""消费者只要能掏得出票子，我自有办法能让他上钩"。至于他是谁、他有什么想法都无足轻重。于是乎，房地产的消费者在短短的两三张 A4 纸的篇幅内被心不在焉地打发掉了，行业泡沫和风险随之而来。

2．误区之二：无视差异化竞争

与普遍忽视消费者研究相反，房地产策划者如同病态般地执着于对竞争者的研究，常常不惜花上半年的时间（值得留意的是，房地产开发的前置时间往往不超过 9 个月），动员全公司的力量，发动地毯式搜索，从本区域到跨区域，甚至全国的假想敌都无不囊括，从环境、房型、配套到装修细节等竞争者优势都关心备至。任何一份策划报告有关竞争者的内容绝不会少于 50 张 A4 纸，任何一个竞争者的描述都不会少于 10 个条目。然而，这样劳师动众、精益求精有什么意义呢？得出了什么结论呢？能指导我们干什么呢？

事实上，房地产与普通消费品不同，即便地段相同也不会有任何两个项目会同质化；既然不会有同质化，那就绝不会面临像普通消费品那样广泛的竞争。那么，这种"风声鹤唳、草木皆兵"的做法，除了浪费精力、误导注意力又有何益处？

3．误区之三：空洞的品牌战略

眼下，房地产业最时髦的说法就是"打造强势品牌""提升品牌的核心竞争力"。于是乎，不少房地产开发企业便雄心勃勃地要成为"领导品牌"，豪情万丈地要做"白领品牌"，别出心裁地要做"时尚品牌"，你方唱罢我登场，却没有人去冷静地想想，等到曲终人散以后还会剩下什么。

事实上，房地产的一个项目总共不过几百上千套房子，卖完了也就完了，不像普通消费品几乎可以无限制、无限量地卖下去。特定项目的所有房子卖完之后如果没有持续的项目出现，弄个"强势品牌"难道就能画饼充饥吗？

只有那些有能力、有意愿持续专注进行房地产经营的企业才需要定战略、建品牌。一般的今天做做明天就不一定想做了或不一定能做了的公司（这样的公司至少占八成以上），最好把自己的注意力放在产品上，而不要去搞什么品牌建设、战略规划，对他们而言，品牌运作一是用不上（规模太小），二是用不起（投入太高），三是用不动（管理太差）。

4．误区之四：产品理解浅薄

与普通消费品不同，不仅每一个项目是不同的，甚至连一个房地产项目中的每一套房子都是绝不相同的，无论是面积、楼层、景观，还是面对的消费群都存在着与生俱来的差异性。这本来是极好的策划切入点，然而，我们的房地产策划者却没有这种精度的视野，只是粗浅地按房型分分类，简单地根据一个总均价加点系数来定价，充其量不过是搞点儿"自立一房""温馨两房""雀巢三房"之类的噱头。

房地产策划者们真应该好好学学"琉璃工坊"。君不见人家"琉璃工坊"是如何珍视自己的每一个作品，如何刻意地使其绝不相同，定价也根本看不出是根据什么均价定的，而我们的房地产策划者却在可以大做文章的地方偏偏不做文章。

事实上，房地产策划者应该根据顾客的不同而不是房型的不同来细分定义自己的产品，对每一类产品而不是仅对整个项目进行周密的包装，定价也不能简单地用总均价加成，而应该用类别均价加成的方法。

5．误区之五：用大炮打蚊子

仗着财大气粗，房地产策划者经常强调猛烈的广告攻势，偏爱采用发行量大的大众媒体进行宣传。本着打"大决战"的动因，有人曾经把《解放日报》某一天的广告版面完全包了下来，如果不是有政策约束的话，连报纸的冠名权都恨不得拿下。

其实，一个项目充其量不过几百上千个顾客，用上百万份发行量的媒体还不是大海捞针、用大炮打蚊子？有效的每千人成本还不高得惊人？况且，随着媒体干扰的增大（这是广告主们不可避免的"感伤"），媒体的边际传播收益正在直线下滑，与其如此，为什么不采用小众传播的方式以求更为精准实效呢？一贯十分注重大众传播的宝洁公司，其产品海飞丝在宣传推广时就拍了7个版本的广告，分别针对7个不同的目标群体。

当然，由于要针对小而多的目标群体，复杂而多变的整合运作，小众传播难度确实要大得多，但如果不难的话，何以证明你"深厚的策划功力"？

如果你从业房地产营销行业,针对媒体对房地产策划五个误区分析,你是如何看待的?

本 章 小 结

在房地产开发项目投资研究中,人们把市场调研、方案策划、可行性分析等统称为项目前期策划。

营销策划是房地产开发项目营销管理的核心,是对营销活动的全面规划。其主要内容包括营销目标、营销战术及营销计划的确定。

营销计划是指导项目营销活动的纲领性文件。其主要内容应包括:计划概要、市场营销现状分析、SWOT 分析、营销目标、营销策略、营销方案、营销预算和营销控制等。

在房地产开发项目营销与策划中,价格策划是非常重要的,它是指为实现一定的营销目标而协调处理各种有关价格关系的活动。价格策划必然包含了定价过程,完整的价格策划程序包括:环境研究、目标确定、价格测算、方案选择、方案实施与调整五个步骤。

进行项目价格策划的目标就是要实现项目的利润目标、市场目标、形象目标、竞争目标和资本增值等目标。价格测算是指项目销售价格下限与上限的测算。关于项目价格的下限就是项目的成本价;项目价格的上限就是项目价格的最高限价,通常可分为市场决定、政府决定、法规限定三类情况。

房地产开发项目的价格调整类型有降价和提价两种,决不可孤立进行。房地产价格调整的方法有两种:①直接的价格调整。②调整付款方式。

在进行房地产开发项目定价时可以采用成本导向定价法、需求导向定价法、竞争导向定价法等多种定价方法,力求让房地产项目更具有竞争性和盈利能力。

好项目还要有好的促销策划,常见的促销手段有广告、售楼书、展销会、楼盘推出仪式、样板房展示、人员推销等,在项目推广时可根据各种促销手段的特点组合运用。

复习思考题

1. 常见的促销形式有哪些?
2. 什么是营销策划?其主要内容有哪些?
3. 如何测算房地产开发项目销售价格的上下限?
4. 房地产价格调整的类型有哪些?
5. 房地产价格调整的方法有哪些?
6. 房地产开发项目主要的定价方法都有哪些?
7. 房地产开发项目定价可以采取什么策略?
8. 结合实际情况说出房地产开发项目几种主要的促销手段,并说出其优、缺点各是什么?

分析与讨论

某开发商以"颠覆、引领、共生"为理念确立了新的十年发展战略,也由关注产品转向关注客户的开始,注重从客户的生命周期和支付能力对客户进行明确的细分。正是基于此,开始从家庭生命周期、价值观、支付能力三个维度对客户进行全生命周期的细分,其将客户划分为对价格敏感的经济务实家庭,注重自我感受的职业新锐家庭,注重孩子教育成长的望子成龙家庭,彰显实力和地位的彰显成功家庭以及关心健康和幸福的关注晚年家庭五种类型。

1. 经济务实家庭（25%）

经济务实家庭以拆迁后需要新的房子生活的家庭为主。

（1）基本情况　这类家庭的收入不是很高,还处在事业的起点和奋斗期,一般还是做着基层的工作。这类家庭对价格非常敏感。他们对房屋的购买坚持一种务实的观点,从自己现有的经济能力、未来事业的发展以及对未来生活的设想出发来买房。

（2）生活形态　这类家庭在生活中的诸多方面都表现比较节省,在休闲娱乐上也是如此,在经济能力受到约束的情况下一般进行一些花费少、近距离的休闲活动,如看电视、做家务、看报纸。

（3）房屋价值　这类家庭对购房持非常谨慎、认真的态度,对他们来说投入了大部分资金和心血的房屋有着重要的投资意义,是未来几年生活的保障,从心理上来说也是留给后代的宝贵财产。

（4）房屋需求　这种务实的购房风格决定了他们对房屋物理特征的严格把关。由于价位低的房屋在质量、装修等方面和高价位房屋相比存在不足,他们对房屋的质量很看重。希望周围的小区比较安全,房屋的通风和采光都是他们购买房屋的一个重要参考标准,还希望有比较低廉的物业费用。但对房屋更高层次的属性,就很少有要求。

2. 职业新锐家庭（29%）

职业新锐家庭是指工作3~5年,有一定的积蓄和经济基础的家庭。

（1）基本状况　这类家庭占总体的29%。家庭主要成员比较年轻,但是学历较高,收入仅次于成功家庭。没有孩子的比例高于其他家庭,很多家庭孩子年龄较小。

（2）生活形态　他们接受的是比较多元化的思想观念,在日常生活、休闲娱乐等多个方面更加新潮。他们非常在意生活的品质,要让自己享受到好的生活。这类家庭娱乐休闲活动是最为丰富的,主要集中在和朋友聚会,外出参加正式的社交活动,泡吧,外出吃饭,去茶楼喝茶,参加一些教育、学习活动。这些个性化的场所是他们休闲娱乐的最爱。

（3）房屋价值　这类家庭对房屋的社会标签价值有深深的认同,可以给自己带来面子上的增光,但是他们更加看重的是这种荣耀给自己心理上带来的享受。房屋的物理特征上强调的是个性特征,能够体现个人的生活品位,独一无二的情调。同时,这类家庭注重和朋友一起分享生活中的快乐时刻,房屋既是下班后放松工作压力的地方,也是最好的朋友聚会、休闲场所。

（4）房屋需求　好的户型对他们来说很重要,这样可以方便举行朋友聚会等活动,还可以体现自己房屋的个性,带来享受和自我的满足。距离娱乐场所能够比较近,如酒吧、KTV,这样出去玩会很方便。

3. 望子成龙家庭（31%）

此类为核心家庭,家庭有一个生活核心,所有家庭抉择均优先考虑核心人物的生活需求,以"望子成龙"型为主。

(1) 基本情况　这类家庭占总家庭的比例为31%。这些家庭收入水平一般,以孩子为生活核心是这类家庭的最大特点。孩子的健康成长,是他们精神上的寄托。

(2) 生活形态　为了孩子的健康成长,这类家庭一般进行一些对孩子的成长有利的运动,比如打乒乓球、打网球、踢足球等。成年人因为照顾孩子,牺牲了业余活动和兴趣爱好。数据显示,这些家庭进行其他各类活动的比例都小于其他类型的家庭。这类家庭有着强烈的家庭观念,他们非常关心家庭内部之间的和睦,关心每一个家庭成员的健康,总想要找到最美好的家庭生活,让每个家庭成员都感觉到幸福和快乐。

(3) 房屋价值　这类家庭对房屋有一种心理上的依赖。他们对家庭有着更多的关注,孩子是他们生活的核心,房屋是孩子健康成长的地方,也是自己稳定感和归属感的来源。

(4) 房屋需求　考虑到孩子的健康成长,他们希望能够居住在高素质的小区,充满浓郁文化氛围的周遍环境可以给孩子的成长创造良好环境。房屋良好的通风和采光对小孩和老人的身体健康都是有利的。靠近自己父母可以让家人方便照顾孩子,也是保持和睦家庭关系的一个保证。

4. 彰显成功家庭(9%)

经济实力雄厚,追求豪宅,此类客群非主力目标群体。

(1) 基本状况　这类家庭不到用户总体的9%,他们处于社会中高端阶层,家庭成员高学历、高收入、高社会地位是他们最大的特征。很多家庭有成员开办公司,或担任公司中高层管理人员,是社会所认同的成功人士。

(2) 生活形态　主要家庭成员一般工作都很忙碌,经常加班而没有自己的时间,希望可以有更多的空闲时间。他们经济实力雄厚,休闲娱乐活动的层次比其他家庭都要高很多。比如去健身房,去一些高档体育场所,上美容院,去其他省市出游,去国外旅游,都能够给他们带来社会满足感。

(3) 房屋价值　他们把房屋的购买看成是自己事业上成功的标志,房屋成为一个社会标签,能够拉近或增加与周围同阶层人之间的联系,促使事业再上一个台阶。

(4) 房屋需求　他们希望小区里有完备的健身娱乐场所。因为大部分家庭都有汽车,因此希望小区有良好的停车硬件设施。高水平的物业管理、大规模的山水园林设计也是他们所看重的。他们希望和同等社会档次的人居住在一起,能够体现自己的身份和实力,外界对社区或者房屋档次评价对他们来说也是很重要的。更多人希望在市中心买房,三室一厅或更大的房屋是他们的理想。他们期望的面积在五类人中最大,平均价格也最高。

5. 关注晚年家庭(6%)

这类家庭由退休老人组成,他们有足够的经济实力,同时又较为关心自身的生活。

(1) 基本情况　这类家庭占总体比例为6%。其最大的特点就是家庭结构趋向老龄化,或者虽然家里目前没有老人,但将会接来老人住新房子。

(2) 生活形态　这类家庭由于家庭成员趋于老龄化,一般喜欢进行一些适合老年人的安静运动,比如逛公园,散步,在室内看书报、看电视、看 VCD 等。对于远距离的出行或游玩一般是很少的,因为老年人的身体承受不了。

（3）房屋价值 要么是老年人自己为安享晚年买房，要么是子女为孝敬父母而给老人买房。对和父母同住的子女来说，房屋是照顾老人的地方。对老人来说，房屋也是老人安享晚年的地方。健康是这类家庭最关注的事情，老人的休闲娱乐是生活的核心。

（4）房屋需求 大型的娱乐、锻炼场所对老年人有利。

老年人喜欢在早上逛超市、去早市，周围的交通状况要好，可以步行出去买东西或溜达，希望附近能够有小型的医疗机构或者大型的医院，以方便就医。

请根据自己的知识、生活体验与阅历，从不同的角度重新进行划分类别，并就自己的划分情况在班级或相关范围内进行交流讨论，看看谁划分的类别更加合理。

第 7 章 房地产开发项目的资金筹措与风险防范

【学习目的】

通过本章学习,了解房地产开发项目资金的运动特征及一些基本概念和基础理论,掌握房地产项目资金筹措渠道,正确认识项目筹资中的风险,能较熟练地运用所掌握的知识分析和解决房地产经济中所遇到的资金问题。

7.1 房地产开发项目的资金运作

房地产与金融业息息相关,它是一个资本高度密集型的行业。房地产开发项目投资存在着资金需求量大、投入集中且占用时间较长的特点,从房地产投资的惯例来看,房地产开发商很少完全以自有资金投资,大多数需要借助于各种融资手段,通过多渠道筹资来满足开发项目对资金的需求。房地产开发商如何筹措开发项目各建设阶段所需资金,并根据工程建设进度计划确定项目的资金使用计划,是房地产开发企业所面临的一个迫切需要解决的问题。在这一章中,我们将结合房地产开发的特征来阐述房地产开发项目资金运作特点,重点介绍资金筹措的途径、方式,最后探讨一下开发项目筹资中的风险及防范措施。

7.1.1 房地产开发资金的运动特征

纵观房地产开发的全过程,房地产开发资金随着房地产开发经营活动的进行而不断变化。从货币资金开始,随着土地的购入和开发建设的推进,它们分别转化为储备资金、生产资金和成品资金,通过销售后又转化为货币资金,如此形成了一个周而复始的循环过程。与其他产业相比,由于房地产本身所具备的物理及经济特征,房地产企业投资也表现出区别于其他投资的固有特征:投入周期长、投资额大,对金融的依赖性强、受政策的影响大等。由此决定了房地产开发资金在使用和供求上,存在着一系列特殊性和矛盾,这些特殊性和矛盾就构成了房地产开发经营资金运行的特征。

1. 房地产开发资金占用量大并且集中

房地产开发需要消费大量的土地资源、人力资源以及各种材料设备等工业产品,而城市建设用地的稀缺导致地价昂贵,经济发展的刺激又往往导致工业产品价格上扬,这就使房地产开发投资额巨大,在资金运动的各个环节都需要占用大量的资金。如果仅仅依赖于自有资金，很容易发生财务困难。尤其是对于规模宏大的工程，即使对于大的开发商来说，仅仅依赖于自有资金往往力不从心，很少有一家开发商拥有十几亿元或更多的自有资金可以调用。在房地产开发资金运动过程中，无论哪一个环节受阻，都将影响生产开发的顺利进行。

2．房地产开发资金占用时间长、周转速度慢

房地产开发建设周期长，在建设过程中，如果不采用预售方式的话，则只有资金大量投入没有资金回收。当开发工程建设完工后，如采取出售的方式，资金回收和周转速度相对较快，但前提是市场需求旺盛，能够很快卖出去，否则，资金同样要占用很长时间。若采用出租方式，资金占用量可逐年减少，但全部收回需要相当长的时间。

3．房地产开发资金运动受区域影响

与普通商品不同，房地产产品的购买者往往受国籍、城市户籍的限制，在流通和消费环节上都有较强的地域性，从而使其资金运动受到区域范围的显著影响。

7.1.2　房地产开发资金运作中的矛盾

我国居民目前的收入水平不高，个人购房能力有限，各种购房信贷制度尚不健全，特别是房地产消费市场不旺盛，这更为房地产开发资金的回收加大了难度。这种现状，导致房地产开发资金使用与资金来源之间产生了尖锐的矛盾，加上房地产企业投资也表现出区别于其他投资的固有特征，从而决定了房地产开发资金在使用和供求上，存在着一系列特殊性和矛盾。

1．房地产开发经营数额巨大性与资金筹措小额性的矛盾

任何一个房地产投资项目，都需要几十万元、几百万元甚至几亿元的资金。但是任何一个投资者，都很难一下子拿出这么多资金，特别是在市场经济条件下，投资者往往是分散的，由此就构成了房地产投资需要资金的巨大性与筹措资金小额性的矛盾。

2．房地产开发经营资金的集中性与资金来源分散性的矛盾

房地产开发经营往往一次投入资金是非常集中的，如购买土地使用权需要大量的出让金，批量购买原材料也需要一次投入大量的资金。但是，无论是利用财政资金、金融机构的贷款，还是社会集资，都是需要时间的，由此就形成了房地产投资所需资金的集中性与资金来源的分散性的矛盾。

3．房地产开发经营资金占用时间长与资金来源期限短的矛盾

房地产开发经营投资，一般来说，占用的时间都比较长。如果只从事房地产开发建设，占用的时间通常也需要2～3年，大规模开发的房地产项目占用资金的周期会更长。如果从事房地产租赁经营，就会长达几十年甚至上百年。但是房地产开发经营筹集来的资金使用期限一般都较短，由此形成了房地产开发经营管理资金占用时间长与房地产资金来源期限较短的矛盾。

4．房地产开发经营资金回收的长期性与房地产再生产连续性的矛盾

无论是从事房地产开发建设，还是进行房地产经营，投入资金的周期一般都是比较长的，但是，房地产开发建设企业再生产的周期是比较短的，由此构成了房地产开发经营投资资金回收的长期性与房地产开发建设再生产连续性的矛盾。

5．房地产位置的固定性、投资长期性与资金要求流动性的矛盾

房地产投资的一个重要特点，就是它的位置的固定性与不动性，以及投资长期性，由此决定了资本一旦投入房地产，就使它缺乏了流动性。但是，投入房地产的资本，则要求具有流动性，这是任何资本的本质要求的，由此构成了房地产投资的固定性以及投资长期性与资金要求流动性的矛盾。

对于房地产开发商来说，如何解决这些矛盾，是开发项目得以顺利进行的基本前提，我们进行资金筹措的研究，也正是为此。

7.1.3 房地产金融与开发项目融资

1．房地产金融

房地产金融就是发生在房地产领域中的货币资金和货币信用的融通。也可以说，房地产金融是与房地产有关的各种货币资金的筹集、融通等各种信用活动的总称，是银行等金融机构在房地产生产、分配、交换和消费活动中进行的信用活动。

房地产金融提供服务的领域非常广泛，包括土地使用权有偿转让、房地产开发、房屋的销售租赁以及消费等诸多方面。政府经常通过房地产金融政策，对房地产业施加直接或间接的影响或干预，因此，房地产金融具有较强的政策性。政府对房地产信贷资金的整体规模、贷款投放应优先支持或限制的领域、贷款利率、抵押贷款中贷款价值比率的调控等，均对房地产市场有着重要的影响。此外，房地产金融还具有对宏观经济影响较大、地域性强等特点。

2．房地产开发项目筹资

所说的筹资就是资金筹措，也可以称为融资，它是指为企业或项目的生产经营活动筹集资金的活动，是一种以信用方式调剂资金余缺的经济活动，其基本特征是具有偿还性。拥有多余资金的机构或个人在融出资金后便处于债权人的地位，有权按期收回融出的资金，并要求获得融出资金的报酬即利息。而暂时需要资金进行项目开发建设或购买房地产的投资者，在融入资金后便处于债务人的地位，他可以暂时支配融入的资金，以弥补自有资金的不足，但条件是到期必须偿还，并按借贷合同规定支付一定利息，作为使用资金的代价。因此，融资活动直接涉及融资双方的经济利益，只有在双方都认为有利的情况下，才会发生融资行为。

拥有闲置资金并融出资金的机构或个人，其融出资金的目的是为了获取利息或分享收益，以便提高资金的使用效益；而融入资金的房地产投资者，其融入资金的目的则是为了弥补投资能力的不足，摆脱自有资金的限制，以相对较少的资金来启动相对较大的投资项目，从而达到获取更大经济效益的目的。

房地产项目融资，是整个社会融资系统的一个重要部分，是房地产投资者为确保投资项目的顺利进行而进行的融通资金的活动。美国等发达国家的金融机构向房地产领域发放的信贷资金，通常占到了其放贷总额的20%，我国香港特别行政区的这个比例甚至达到了40%。投放到房地产领域的信贷资金除个人购房贷款外，其余都是面向房地产项目的开发建设贷款或置业抵押贷款。

房地产项目融资的实质是充分发挥房地产的财产功能，为房地产投资融通资金，以达到尽快开发、提高投资效益的目的。房地产项目融资的特点，是融资过程中的存储、信贷关系，都是以房地产项目为核心。通过为房地产项目融资，投资者通常可将固着在土地上的资产变成可流动的资金，使其进入社会生产流通领域，达到扩充社会资金来源、缓解企业资金压力的目的。

7.1.4 房地产开发项目筹集资金的原则

每一个开发企业都有各自不同的财务状况和项目投资计划，但不管它们财务状况和投资计划差别如何大，在房地产开发项目资金筹措过程中都要坚持安全性、经济性和可靠性三项基本原则。

1．安全性原则

资金筹措的直接后果是形成了企业的负债，对企业而言，这种负债经营是要承担风险的，遵循安全性原则就是要把这种风险降到最低。从筹资的目的来看，筹集资金是为了更好地实现资金平衡，使开发项目顺利进行，并最终实现企业利润。因此，筹措资金要以顺利实现既定目标（如进度目标、利润目标）为原则，任何可能影响既定目标的因素都是不安全因素，都要尽量避免或降低。从金融角度来看，筹措资金要考虑利率变动、汇率变动的风险，同时也要考虑到影响企业财务状况后偿债能力的举债规模、举债方式、偿债期限、利润高低等因素。因此，安全性原则的把握一定要谨慎周密，筹资的规模、方式、期限均要适当，否则，便可能产生重大筹资失误，承担不必要的风险。

2．经济性原则

经济性原则也可以称为效益性原则，它是指在制订筹资方案，进行筹资决策时，应当从经济利益方面判断筹资方案的可行性。这种分析和判断通常要从成本和效益两方面来考虑。

（1）筹资成本　资金筹措的本质就是获取一定资金在一段时间内的使用权，而这种使用权的获取是要付出代价的。这种代价在经济上的表现便是筹资成本。尽可能地使筹资成本最小化，即花最小的代价实现筹资目标，是筹资经济性原则的主要内涵。

（2）筹资经济效益　资金筹措的原始动机是经济利益，因而，筹资方案所带来的经济利益的大小应当是衡量其经济效益的重要内容。开发商在进行项目筹资时要综合考虑成本和项目的经济效益，通常，筹资成本越低越好，最多不能超过开发项目可能的投资效益率。

3．可靠性原则

从房地产建设开发过程中可以看出，要使工程得以顺利进行，实现既定目标，资金投入的时间与数量的保证尤为重要。因此，筹资的渠道、方式、时间、数量等方面，都必须是切实可靠的。

7.2 房地产开发项目资金筹措的渠道

在现代社会里，一个企业要想取得成功，仅靠有限的自有资金是不够的，企业应面向社会广泛筹集资金，房地产企业也是如此。开发商在决定进行某一房地产开发项目之前，就应该考虑到进行投资开发所需资金的来源问题。随着我国房地产市场的逐步完善以及房地产金融业的建立和发展，房地产开发资金筹措的渠道也越来越多。房地产开发资金的主要筹措渠道有利用自有资金、向金融机构借款、发行债券及预收房款等形式。对于股份制企业，也可以采取发行股票的形式。中国房地产开发投资的资金来源，目前主要是预售收入、自筹资金和国内商业银行贷款，其结构如表7-1所示。

表 7-1 中国房地产开发资金的来源结构

年 份	国内贷款（%）	利用贷款（%）	自筹资金（%）	其他资金（定金及预收款）（%）	合计（%）
1998	23.85	8.20	26.43	41.52	100
1999	23.18	5.35	28.04	43.43	100
2000	23.09	2.81	26.92	47.18	100
2001	21.99	1.76	28.38	47.87	100
2002	22.77	1.61	28.10	47.52	100
2003	23.79	1.29	28.57	46.35	100
2004	18.40	1.33	30.33	49.94	100
2005	18.31	1.19	32.72	47.78	100
2006	19.58	1.46	31.95	47.01	100
2007	18.69	1.74	31.60	47.97	100

注：根据国家统计局房地产开发统计（1998—2007年）资料整理。

7.2.1 自有资金

拥有一定数额的自有资金，是房地产开发的前提条件。在房地产业中，项目资本金比例是指开发商拥有资金占其全部开发资金的比例。2004年9月，银监会颁布的《商业银行房地产贷款风险管理指引》规定，商业银行对申请贷款的房地产开发企业，应要求其开发项目资本金比例不低于35%。2009年国发〔2009〕27号文件公布了固定资产投资项目资本金比例的调整结果，保障性住房和普通商品住房项目的最低资本金比例为20%，其他房地产开发项目的最低资本金比例为30%。自有资金是开发商可以自行支配、长期拥有的资金。这部分资金可以说是开发商赚取利润的本钱。房地产企业的自有资金包括企业自我积累资金、主管部门拨入资金和联营企业单位提供的资金三部分。从另一个角度看，房地产企业的自有资金包括企业所拥有的现金及其他流动资产，以及在近期内可以收用的各种应收账款等。通常情况下，开发商存于银行的现金不会很多，但某些存于银行用于透支贷款、保函或信用证的补偿余额的冻结资金，如能争取早日解除冻结，也属于现金一类。流动资产可包括各种应收的银行票据、股票和债券（可以抵押、贴现而获得现金的证券），以及其他可立即售出的建成楼宇等。至于各种应收款，则包括已签合同的应收售楼款和近期出售的各类物业的应收款等。一般来说，对于预计利润较高的开发项目，只要利润率高于银行存款利率，开发商就可以根据自己的能力适时投入自有资金。

7.2.2 信贷资金

信贷资金是指向银行或非银行金融机构借贷的资金。任何房地产开发商要想求得发展，都离不开银行及其他金融机构的支持。如果开发商不会利用银行信贷资金，完全靠自有资金周转，就很难扩大投资项目的规模及提高自有资金的投资收益水平，还会由于投资能力不足而失去许多良好的投资机会。利用信贷资金经营，实际上就是"借钱赚钱"或"借鸡生蛋"，充分利用财务杠杆的作用。

1. 对金融机构的选择

随着我国金融体制的改革，金融业务打破了过去几家银行垄断的局面，地方性银行和开办信贷业务的非银行金融机构、外资银行、中外合资银行纷纷涌现，这为开发商选择金融合作伙伴提供了较大的选择空间。

开发工程量大、营业额高而又有较好资信的开发商，也是众多金融机构争夺的主顾，开发商可利用金融机构之间的竞争来选择合作伙伴，根据金融机构的特点和性质建立相应的业务往来。

2. 金融机构贷款的方式

（1）房地产开发企业流动资金贷款　房地产开发企业流动资金贷款是指房地产开发企业因资金周转所需申请的贷款，不与具体项目相联系，由于最终仍然用来支持房地产开发，因此这类贷款仍属房地产开发贷款。

除一般贷款所要求的条件外，申请房地产开发贷款的借款人还应具备以下条件：

1）有企业法人营业执照。

2）已取得贷款项目的土地使用权，且土地使用权终止时间长于贷款终止时间。

3）已取得贷款项目规划投资许可证、建设许可证、开工许可证，外销房屋许可证，并完成各项立项手续，且全部立项文件完整、真实、有效。

4）贷款项目申报用途与其功能相符，并能够有效地满足当地城市规划和房地产市场的需求。

5）贷款项目工程预算、施工计划符合国家和当地政府的有关规定。工程预算投资总额能满足项目完工前由于通货膨胀及不可预见等因素追加预算的需要。

6）具有一定比例的自有资金（一般应达到项目预算投资总额的30%），并能够在银行贷款之前投入项目建设。

7）在银行开立账户且保持正常业务往来。

8）开发商须对建设的房地产进行保险，且第一受益人为贷款银行。

（2）房地产开发项目贷款　房地产开发项目贷款是指房地产金融机构对具体房地产开发项目发放的生产性流动资金贷款。它的特点是贷款只能用于规定的开发项目，贷款对象是一些投资额大、建设周期长的开发项目，如大型住宅小区等。承担项目开发的房地产开发企业是开发项目贷款的债务承担者。

开发项目贷款，除必须符合房地产开发企业流动资金贷款条件外，还必须具备以下条件：

1）贷款项目必须列入当年的开发计划。

2）必须具备批准的设计文件，并通过金融机构进行的项目评估。

3）前期工作准备必须就绪，落实了施工单位，具备了开工条件。

与房地产开发企业流动资金贷款不同，申请开发项目贷款时，金融机构参与项目的选择，参与可行性研究工作，并进行项目评估。未经评估的项目金融机构一般不承诺贷款。金融机构参与项目扩初设计及概算的审查，并根据项目的有关情况参与销售价格的制订。金融机构参与项目年度计划的安排，并根据计划执行情况，编制年度贷款计划，核定贷款额度。

房地产开发项目贷款程序与流动资金贷款程度基本相同。

（3）房地产抵押贷款　房地产抵押贷款是指借款人以借款人或第三人合法拥有的房地产，以不转移占有的方式向银行提供按期履行债务的保证而取得的贷款。当借款人不履行债务时，银行有权依法处分作为抵押物的房地产，并优先受偿。当处分抵押房地产后的资金不足以清偿债务时，银行有权继续向借款人追偿不足部分。

可以设定抵押权的房地产有：依法取得的土地使用权；依法取得的房屋所有权及相应的土地使用权；依法取得的房屋期权；依法可以抵押的其他房产等。

以划拨方式取得的土地使用权设定抵押权的，依法处分该房地产后，应当先用处分所得的价款缴纳相当于应缴纳的土地出让金的款额，金融机构贷款方可优先受偿。

房地产抵押贷款对象可以是符合条件、具有可抵押的房地产的法人，也可以是具有可抵押的房地产并具有完全民事行为能力的自然人。

房地产抵押贷款的条件除一般贷款的基本条件外，最主要的就是拥有可抵押的房地产。房地产抵押是建立贷款关系的关键，也是取得贷款的条件。例如，某商业银行向某房地产开发有限公司的一项房地产项目发放贷款，其贷款条件如下：

（1）贷款期限　贷款期限为两年，具体起止时间以商业银行与该房地产开发有限公司签订的贷款合同的有关规定为准。

（2）贷款利率　贷款利率为中国人民银行规定的同期贷款利率，每年根据中国人民银行的规定进行调整。

（3）贷款本金偿还　贷款本金按商业银行与该房地产开发有限公司签订的贷款合同的约定，于贷款到期日一次偿还。

（4）贷款利息支付　贷款期限内，该房地产开发有限公司于每季度第三个月的第 20 日支付贷款利息。

（5）贷款担保　贷款由该房地产开发有限公司的房地产提供抵押担保。

7.2.3　发行债券

债券是指由政府、社会团体、金融机构、公司企业等组织，为筹集资金而向特定或非特定投资者发行的，保证按约定时间向债券持有人支付利息和偿还本金的有价证券，是表明投资者与债券发行者之间债权的一种保证。债券的发行者是债务人，债券的持有者是债权人。发行债券是房地产筹资中常用的筹资方式之一。

1. 房地产债券概述

（1）房地产债券的含义　房地产债券作为一种体现债权债务关系的凭证，它是由政府、企业、金融机构等为筹集房地产建设资金而向特定投资者发行的一种有价证券。通常它包括以下几个基本要素：①房地产债券发行主体。在我国，这种主体必须是经有关部门批准或符合有关法规规定者才能成立。②房地产债券面值，包括币种和大小两类。在我国，币种主要是人民币，面值大小一般以五十元一份为宜。③房地产债券的利率，有固定利率和浮动利率之分，固定利率一般是事先确定的，一般高于存款利率，浮动利率有风险，因而它高于固定利率。④房地产债券的价格。房地产债券的价格常常脱离面值，有时高于面值，有时低于面值，但发行者计算利息和偿还本金时仍按面值进行，而不是按它的市场价格。⑤房地产债券的还本期。短期债券一般在一年以内，长期的有几年，我国目前发行的房地产债券的期限通常在 1~5 年。

（2）房地产债券的种类　实际在社会上发行的房地产债券是多种多样的，在利用债券进行融资时，可根据融资主体的具体情况以及发行当时的市场情况做出选择。如果按发行主体，房地产债券可分为政府房地产债券、房地产金融机构债券和房地产公司债券；按债券利息的支付方式，房地产债券可分为一般付息债券、附息票债券和贴现债券；按债券的募集方式，房地产债券可分为私募房地产债券和公募房地产债券；按期限划分，房地产债券可分为短期房地产债券、中期房地产债券和长期房地产债券。此外，房地产债券还可按本金的偿还方式、是否记名、投资者的收益、有无抵押担保等进行分类。

（3）房地产债券的发行方式　房地产债券的发行方式主要分公募发行和私募发行两种。筹资者可以根据需要在两种方式之间进行选择。

公募发行也叫公开发行，是指发行人公开在证券市场上向不指定的投资者销售债券的方式。采用这种发行方式一般都要通过包销商、代理商等中介机构来进行，所发行的债券可以在市场上自由转让。由于投资者非常广泛，为了保护投资者的利益，债券发行者必须向证券管理部门办理发行注册手续，且要在发行说明书中向投资者如实披露发行者有关方面的详细情况。

私募发行也叫直接发行，是指仅仅向有限的、与发行人有特殊关系的投资者发行的发行方式。采用这种发行方式一般不通过中介机构，所发行债券不能公开上市转让。由于采用私募发行的投资者都与发行人有某种特殊关系，数量有限，他们对发行人的情况比较了解，所以私募发行债券时，无须办理发行注册手续，也不需要向社会公开发行人的有关情况。

2．政府发行的房地产债券

政府房地产债券是指政府根据信用原则，以承担还本付息责任为前提，筹集房地产投资建设资金的一种债务凭证。它包括中央政府房地产债券和地方政府房地产债券。政府发行房地产投资债券，可以聚集一部分闲散资金，集中用于住房投资或土地开发，也可以作为发展房地产业的启动资金。目前我国部分城市在房地产业的发展过程中，已尝试过这种筹集资金的方法，并取得了较好的效果。

3．房地产金融机构发行的房地产金融债券

房地产金融机构债券是银行及非银行金融机构为筹集房地产信贷资金而向社会发行的一种债务凭证。在资本市场上，筹集长期资金发行金融债券，一般由长期信用银行和金融机构发行，而普通商业银行作为存款银行，主要通过吸收存款来筹集资金，不发行金融债券。

4．房地产企业债券

房地产企业债券是指房地产企业为筹集资金而发行的债务凭证。发行债券的房地产企业向债券持有者做出承诺，在指定时间，按票面额还本付息。

企业债券作为一种有价证券，其还本付息的期限一般应根据房地产企业筹集资金的目的、金融市场的规律、有关法规和房地产开发经营周期而定，通常为 3~5 年。债券偿付方式有三种：第一种是偿还，通常是到期一次偿还；第二种是转期，即用一种到期较晚的债券来替换到期较早的发债券，也可以说是以旧换新；第三种是转换，即将债券转化成股票。债券的付息方式是有剪息（分期付息）和一次付息两种，后者还可能在发行时一次付息即贴现发行。

由于发行债券筹资的手续较为复杂，并且成本比较高，因此，它只适用于一次性融资规模较大的项目。

7.2.4 发行股票

股份制房地产开发企业在投资开发房地产项目时,可以通过发行股票的办法筹措资金。发行股票的范围,可以在境内,也可以在境外,但均需要经过严格的审查与审批程序。国内深圳和上海股票市场上的房地产板块,目前已成为我国股市的一支重要力量。珠江实业、陆家嘴、深万科、兴业房产、南油物业、深深房等房地产股在股票市场上均有很高的知名度,且因为交易活跃而备受投资者关注。沪深股市还通过发布"上房指数"和"深房指数"来及时反映房地产板块的股市变化。除了众多企业在国内上市外,还有许多国内房地产企业直接或间接在境外上市成功,为这些企业的房地产投资项目注入了大量资金。

1. 房地产股票的含义及种类

房地产股票是房地产有限公司发给股东的所有权凭证,股票持有者作为股东承担公司的有限责任,同时享受相应的权利,承担相应的义务。房地产开发股份有限公司可根据企业不同时期、不同经营情况的需要,选择发行不同种类的房地产股票,包括普通股和优先股。

所谓普通股,是指收益随股份公司利润的变动而变动,股东权益不受限制的一种股票。它是一种形式最一般,最具普遍性的股票。普通股票的持有者享有股票应具备的一切基本权利和基本义务,其收益直接与公司的经营状况相联系,因此,普通股的股东是公司的完全所有者。普通股票还可按其所具有的不同特点划分为许多种类,如按股票持有者在股东大会上的投票权,普通股票可分为单权股票、多权股票和无权股票;如按股票的市场状况,可将其分为蓝筹码股票、成长股票、股价循环股票、收益股票、投机性股票、防守性股票和概念股票等。

所谓优先股,是指可以较其他股票优先取得股息和分配剩余财产的股票,它具有取得股息优先、清偿优先和有限表决权优先三个基本特征。优先股又可分为累计优先股、股息可调整的优先股和可转换优先股三类。

2. 房地产股票的发行方式及发行价格

股票的发行一般有两种方式:一是由股份公司直接向社会发行,由银行或其他金融机构协助;二是由银行或债券公司代理发行或包销。股票的发行价格通常有四种确定方式:①按面值发行,即按票面价格发行。②市价发行,即按照或接近股票市场上该种已发行股票或同类股票的近期买卖价格发行。③折价发行,即按股票票面价格打折扣后发行。④按股票票面价格和市场价格的中间价发行。

7.2.5 预售或预租

所说的预售(或预租),它是指将尚未建成的楼宇提前出售(或出租),以获得售楼款或定金,并将其用于开发项目的建设。实际中预租比较少见,最常见的是预售。

在房地产市场前景看好的情况下,大部分投资置业人士和机构,对预售楼宇感兴趣,因为他们只需先期支付少量定金或预付款,就可以享受到未来一段时间内的房地产增值收益。例如,某单位以现时楼价15%的预付款订购了开发商开发建设过程中的楼宇,如果一年后楼宇竣工交付使用时楼价上涨了12%,则其预付款的收益率高达$12\% \div 15\% \times 100\% = 80\%$。

预售楼宇对于买家来说,由于可以降低购楼费用(如果楼宇建成后,买家再将所预定的楼宇转卖，则可获得很高的投资收益），所以有很高的积极性。对于开发商来说，预售一部分楼面面积，既可以筹集到必要的建设资金，又可以将部分市场风险分担给买家，虽然可能会损失掉一些未来收益，但对于开发商来说，适时、适价地预售部分房屋是必要的。尤其对那些自有资金实力不强的开发商来说，能否成功地组织预售是房地产开发成败的关键。当然，预售楼宇通常是有条件的，一般规定开发商投资的建设资金（不含土地费用）达到或超过地上物预计总投资的25%以后，方可获得政府房地产管理部门颁发的预售许可证。

7.2.6 其他筹资渠道

1. 承包商垫资承建开发项目

虽然政府对承包商垫资承建建设工程有所限制，但从国际建筑市场的运作规则来说，这种发包建筑工程的方式得到了相当普遍的运用。因为在建筑市场竞争激烈的情况下，许多有一定经济实力的承包商，有可能愿意带资承包建设工程，以争取到建设任务，特别是在开发项目有可靠收入保证的情况下。这样，开发商就将一部分融资的困难和风险转移给了承包商。当然，对延期支付的工程款项，开发商也要支付利息，但通常这个利息率较贷款利率低，而且更低于整个开发项目的投资收益率。如果开发商决定令承包商带资承包，一定要对承包商的经济实力进行严格的审查，对其筹资方案进行认真的分析。必要时，在承包商筹资过程中，开发商也要给予必要的支持与合作，如为承包商开具银行付款保函等。

承包商垫资承包建设工程时，其垫资的比例可由开发商与承包商协商确定。目前通常的做法是请承包商垫资一直到基础工程结束（±0.00 标高处），此时开发商基本上达到了申请预售许可证的条件，可以用预售收入来支付已完成工程量和后续工程量的工程款。

2. 合作开发

合作开发也有人称为联建。它是指房产地产开发企业借助于有经济实力的公司共同合作开发房地产项目。

对于开发商来说，如果确实筹款困难，那么选择一家或数家有经济实力的投资者合作开发，不失为一种分散和转移资金压力的好办法。合作开发的形式是多种多样的，可以是两家合作，也可以是多家合作；可以长期合作，也可以就某一开发项目短期合作；可以是密集型合作，也可以是松散型合作。对于合作开发来说，开发商可以充分发挥合作伙伴的各自优势，并由各合作伙伴分别承担或筹集各自需要的资金。当然，开发商也应让出一部分利益，否则难以找到合作伙伴。目前国内许多房地产开发项目采用了合作开发的模式，使有房地产开发专营权但资金短缺的开发商和拥有资金实力但没有专营权的企业优势互补，收到了很好的效果。

合作开发还包括与当前的土地使用者合作。由于城市用地结构调整和历史的原因，许多单位拥有可供开发的土地，这些单位通常希望通过自有土地的开发，盘活土地资产。房地产投资者如果与这些当前的土地使用者合作，将土地开发费用（拆迁、安置、补偿）的部分或全部作价入股，就可以大大减少投资者在开发前期的财务压力。

3. 利用各类信托基金筹资

利用信托基金筹资的操作方式通常是由信托公司集合委托人（机构或个人）的资金，以贷款或股权投资或两者组合的方式介入房地产项目。委托人可以获得信托资金运作的投资回报，信托公司收取一定的手续费。

我国第一个房地产资金信托产品是上海国际信托投资有限公司推出的"新上海国际大厦项目资金信托计划"，产品规模2.3亿元，主要面向机构和个人投资者发售。客户掏钱买这份产品，信托公司再把这笔钱贷给新上海国际大厦有限责任公司，新上海国际大厦有限责任公司用新上海国际大厦的部分楼盘作为抵押担保，基准贷款利率为5.4%。尽管使用信托基金的利率水平相对高于银行贷款，但对于资金需求量很大的房地产开发企业而言，仍不失为一条有效的筹资渠道。

4. 利用企事业单位的自有资金

在当前投资渠道不是很健全的情况下，许多企事业单位拥有的自有资金处于滞留状态，他们投资于收益较高的房地产以获取收益，但由于自身不具备经营开发资格或无专门力量进行房地产项目开发，常常拿着钱去寻找合作伙伴。对于这类企事业单位，开发商可以适时抓住机会，以分享固定利润或支付利息的方式运用这些企事业单位的资金为自己赚钱。

以上是开发商进行房地产开发项目资金筹措的几种常见方式。需要指出的是，房地产开发商在具体操作时，通常要综合运用上述各种筹资手段。最常见的是开发商将自有资金用于支付土地款和前期开发费用，在获取土地使用权后，将其向银行或其他金融机构抵押以获取抵押贷款，用于地上物建设。当物业建设进行到一定阶段后即可预售，用所收取的预售款或定金，再加上其他方式筹集到的资金将物业开发完毕。

7.3 融资方案分析

在初步确定项目的资金筹措方式和资金来源后，接下来的工作就是进行融资方案分析，比较并挑选资金来源可靠、资金结构合理、融资成本低、融资风险小的方案。

1. 资金来源可靠性分析

资金来源可靠性分析主要是分析项目所需总投资和分年所需投资能否得到足够的、持续的资金供应，即资本金和债务资金供应是否落实可靠。房地产开发商在融资时，应力求使筹措的资金、币种及投入时序与项目开发建设进度和投资使用计划相匹配，确保项目开发建设活动顺利进行。

2. 融资结构分析

融资结构分析主要分析项目融资方案中的资本金与债务资金比例、股本结构比例和债务结构比例，并分析其实现条件。在一般情况下，项目资本金过低，将给项目带来潜在的财务风险，因此应根据项目的特点和开发经营方案，合理确定资本金与债务资金的比例。

3. 融资成本分析

融资成本包括债务融资成本和资本金融资成本。债务融资成本包括资金筹集费（承诺费、手续费、担保费、代理费等）和资金占用费（利息），一般通过计算债务资金的综合利率，来判断债务融资成本的高低；资本金融资成本中的资金筹集费同样包括承诺费、手续费、担保费、代理费等费用，但其资金占用费则需要按机会成本原则计算，当机会成本难以计算时，可参照银行存款利率进行计算。融资成本的高低是判断项目融资方案是否合理的重要因素之一。

4. 融资风险分析

融资方案的实施经常受到各种风险的影响。为了使融资方案稳妥可靠，需要分析融资方案实施中可能遇到的各种风险因素，及其对资金来源可靠性和融资成本的影响。融资风险分析通常需要分析的风险因素包括资金供应风险、利率风险和汇率风险。资金供应风险是指融资方案在实施过程中，可能出现资金不落实，导致开发周期拖长、成本增加、原收益目标难以实现的风险。利率风险则是指融资方案采用浮动利率计息时，贷款利率的可能变动给项目带来的风险和损失。汇率风险是指国际金融市场外汇交易结算产生的风险，包括人民币对外币的比价变动风险和外币之间比价变动的风险，利用外资数额较大的项目必须估测汇率变动对项目造成的风险和损失。

7.4 房地产开发项目的资金成本与筹资决策

7.4.1 资金成本

资金成本是指公司为筹措并使用资金而支付的费用，它包括资金筹措成本和资金使用成本两部分。资金筹措成本是指资金筹集过程中所支付的费用；资金使用成本则是指资金筹集过程中所支付的费用。

资金成本是由资金成本率这一指标描述的。通常资金成本率由于筹资方式的不同而不同。进行资金成本研究的目的如下：选择筹资方案，进行筹资决策；进行项目财务评价，判断项目投资方案的可行性；进行财务管理，挖掘资金潜力。

1. 各单项筹资方式的资金成本率

（1）**银行借款的资金成本率**　影响银行借款资金成本率的主要因素有借款利息、抵减金额率和所得税率。其中抵减金额率是由两部分构成的：一部分是筹资费率，即筹集资金的成本占筹资额的比率；另一部分是相称存款额占筹资额的比率。所谓相称存款额，是指借款中按规定留出一定额度的存款额存在借款银行中，以此保证借款银行最低限度权益的存款。

（2）**债券筹资的资金成本率**　影响债券筹资资金成本率的主要因素有债券利息、债券发行额（现行市场价）、抵减金额率和所得税率。这里抵减金额率是指发行债券的费用（或相称存款余额）占债券发行额的比率。

（3）**普通股筹资的资金成本率**　影响普通股筹资资金成本率的因素有普通股发行总额、普通股的年分配股利以及用来描述普通股股票发行费用占普通股发行总额比率的所谓抵减金额率。由于普通股的股利波动较大，难以固定，在其资金成本率计算时，是用一种所谓股利预期年增长率来处理的。

（4）**优先股筹资的资金成本率**　与普通股相比，优先股股票的特点是每年的股利支出是固定的，因而其筹资资金成本率的计算也简单得多。

（5）**保留利润的资金成本率**　保留利润又称公司留存盈利，是指公司积累的用于扩大再生产的净利减去分配额后的余额。由于保留利润充作股本再投资，机会成本随即发生，因而保留利润的资金成本率可按普通股股票的资金成本率计算公式计算，并以其市价为价格。

2. 综合资金成本率

综合资金成本率又称加权平均资金成本率。任何公司或一些大型的开发项目，所运用的筹资工具都不是单一的。为了综合地评价和优选筹资方案，优化公司的资本结构，需要有一种考虑了各种筹资工具的资金成本率指标，人们称其为综合资金成本率。由于这种资金成本率指标是通过加权平均法计算出来的，因此，又称其为加权平均资金成本率。其计算公式为

$$R = \sum_{i=1}^{n} W_i R_i$$

式中　R——综合资金成本率；
　　　n——筹资方式的种类；
　　　W_i——各资金来源占筹资总额的比例；
　　　R_i——各单项筹资资金成本率。

对于综合资金成本率有两种计算方法：一种是账面价值法，即按资产负债表中所登记的账面价值计算；另一种是市场价值法，即按公司债券的公开交易价值来计算，这种方法适用于股票和债券筹资较多的公司。

7.4.2　筹资决策

筹资决策就是筹资方案的评价与选择。无论是公司筹资还是项目筹资，都面临着若干可供选择的方案。筹资决策就是运用一些评价指标和评价方法，对这些方案进行综合性分析，从中优选最好的方案。

1. 筹资决策需要考虑的主要因素

影响筹资决策的因素很多，在进行筹资方案的评价时，主要应关注如下诸因素：
1) 由筹资方案所决定的资金成本。
2) 由经营方案和筹资方案所决定的资金运用效益（营业杠杆、财务杠杆）。
3) 由经营方案和资本结构所决定的财务风险（标准差、变异系数等，见 7.5 节相关内容）。
4) 公司（项目）经营的效益及状况及市场营销条件。

2. 筹资决策步骤

如上所述，资金筹措方案的决策涉及众多因素，其决策过程是不可能独立进行的，常常要结合公司（项目）的经营计划同时进行，作为公司（项目）经营方案可行性研究的内容之一，进行综合、协调地研究。一般而言，大致按如下步骤进行：
1) 研究公司（项目）经营（投资）计划，编制有关财务报表。
2) 视资金需求状况及公司（项目）经营情况，编制筹资方案。
3) 计算各筹资方案的资本结构和资金成本率。
4) 选择资金成本率最低的筹资方案为待选方案。
5) 进行该方案支持下的公司（项目）经营财务分析，计算其营业杠杆系数、财务杠杆系数及资金利用效益系数，判断该方案资本结构的效益状况。

6）进行该筹资方案支持下的公司（项目）经营财务比率分析、风险分析，计算各有关财务比率和标准差、变异系数等，判断该方案资本结构的风险程度。

7）综合比较和分析上述分析计算结果，对待选方案的可行性进行判定。

8）若待选方案的可行性遭到否决，则从余下的方案中选择一个或重新编制另一个筹资方案，重复上述过程。直至找到一个资金成本最低，又通过可行性研究的筹资方案，便是决策方案。

7.4.3 房地产开发项目筹资的步骤和程序

1. 编制资金筹集方案

编制一个好的资金筹集方案是资金筹集成功的第一步。筹集资金中很重要的就是借款，但借款是有风险的。由于财务杠杆作用的存在，它可能会使投资者由于借款而蒙受更大的损失。另外，当借款到期而市场不景气时，企业可能不得不低价出售房地产或由于筹资过多而使得利息负担过重等。因此，把握好资金筹集的时间、数量、成本等各个方面，编制一个切实可行的资金筹集方案非常重要。

（1）资金筹集方案的主要内容　一般来说，所筹集的资金必须在币种、数量、期限、成本四个方面满足房地产开发项目的需要。币种是指房地产开发项目所需资金的货币种类；数量是指房地产开发项目所需资金的总额和分期使用额；期限是指房地产开发项目所需资金从使用到偿还的时间；成本是指房地产开发项目所需承受的资金成本。

资金筹集的内容主要有以下几项：

1）资金筹集的币种和数额。

2）资金筹集的流量。即与房地产项目投入和资金偿还的需求相适应的不同时间内筹集资金和偿还资金的数量。

3）资金来源、结构。即各个资金来源渠道筹集的资金所占的比重。

4）资金筹集的风险评价。即资金筹集的风险预测，降低风险措施的安排等。

5）资金成本。即对为合理有效地筹集到所需要的资金而将付出的各种费用的估算。

6）资金筹集方式。即对企业自行直接筹集还是委托有关金融机构筹集资金的选择。

7）资金筹集部署。即对筹资工作各阶段具体目标、任务、时间、地点和负责人等的详细安排。

（2）资金筹集方案的编制过程　资金筹集方案的编制一般要经历以下几个阶段：

1）根据设计文件、进度计划等有关资料编制资金流动计划（包括资金投入计划和资金回收计划），确定不同时期资金需求数量和可能的占用时间，并根据可行性研究报告等资料计算开发项目所能承受的最高资金筹集成本。

2）分析不同资金流量对项目开发进度、效益的影响，确定资金筹集目标，进行资金筹集方案的总体设计。

3）调查资金筹集的渠道，确定适合本项目要求的资金适用范围，以及通过各种资金渠道筹集资金的数量、条件、期限、成本和风险。

4）设定所筹集资金的币种、数量、期限，计算资金筹集费用。

5）研究、分析资金筹集的风险，提出降低风险的措施。

6）计算资金成本，包括资金筹集的全部费用。

7）确定资金筹集方式,如果是委托筹集资金,则应提出委托的代理机构。
8）提出资金筹集分阶段工作计划。
9）准备资金筹集方案文件,包括所需要的各种法律条文和政策文件。
10）形成正式的资金筹集方案。不论企业采用何种资金筹集,都可以委托有资格的银行、证券公司或其他金融机构代为制订资金筹集方案。

2. 编制开发资金的流动计划

为筹集一个开发项目所需要的资金,房地产开发企业首先应考虑自己的资金实力以及筹资能力。如果确定投入多少资金,什么时候投入资金,一旦获得开发权,房地产开发企业就应花大力气根据开发项目的特点广泛筹资,寻求最优的资金来源组合。对于一个开发项目的资金筹集问题,房地产开发企业首先应了解需要多少资金,何时投入这些资金。对于这些问题,一般可用编制资金流动计划的方式予以解决。

（1）资金投入计划内容
1）开发项目的建设进度计划。
2）发展商与承包商签订的工程承包合同中有关工程费用的内容。
3）施工组织计划中对设备、材料、劳动力投入时间的需求。
4）付款方式。

此外,对于各项费用可以粗列,而计划投资时间,可以按季度划分,也可以细分为按月投资。

（2）资金回收计划　资金回收计划编制依据主要是根据楼宇租售计划,并结合市场分析中预计的最可能的租金售价水平进行计算。计算的时间单位应与资金投入计划一致。

（3）资金流动计划　为了减少筹资数量及费用,开发商在制订投资进度计划时应注意采取一定的筹资策略。如尽量将占用资金多的项目往后安排。在选择承包商时,应注意审查其施工进度计划及有关的费用计划,看其是否将可以后移的、占用资金多的分部分项工程有意提前,是否采取了不均衡报价技巧,有意将先进行的施工内容单价提高等情况。

3. 按规定程序办理各类贷款手续

所有金融机构,包括国内和国外的金融机构,对于各类贷款均需按一定的程序和手续办理。一般来说,开发商在决定进行某个开发项目之前,就应该考虑到开发建设资金的筹集渠道。除安排自有资金外,总是要先同几家银行或非银行金融机构接触,向他们探询获得支持的可能性和贷款条件。一旦成功地获取了某个项目的开发权,房地产开发企业应立即找许诺贷款并有优惠条件的金融机构商讨具体安排。

7.5　房地产开发项目筹资风险分析

房地产开发项目由于开发周期长、投资量大以及产品的区域性等特点,开发风险高,因此房地产行业在国外被认为是最具风险的行业之一。

对于一般的财务活动来说,由于未来的报酬尚未发生,所以风险是难以测定和计量的。然而,风险是客观存在的,企业财务管理工作几乎都是在各种风险和不确定性状态下进行的，资金筹集活动也不例外。本节就重点介绍一下在房地产开发项目筹资中的风险及其控制。

7.5.1 资金筹集的风险

1. 财务风险的含义与成因

通常，把由于企业采用各种方式筹集资金而产生的风险，尤其是企业负债筹资而面临的风险，称为财务风险，也可称为筹资风险或破产风险。当企业由于资金不足或出于其他目的而运用一定的方法筹集资金后，它有可能取得更多的利润，也有可能发生亏损。但无论如何，企业都必须按规定向债权人按期支付利息和偿还本金。如果企业的经营收入不足以偿付负债利息和本金，则可能使企业面临财务危机，严重的可能导致企业破产。

产生财务风险的主要原因是：①筹资决策时缺乏可靠的信息。在大多数决策中，决策事项（如收入、价格、销路等）未来变化的各种情况在决策时是无法掌握的，或者说不能取得有关可靠的信息。这可能是根据现行的预测手段根本无法取得将来各种确切的信息，也可能是在许多情况下，取得这种确切的信息要花费的成本，决策者无法承受。因而，进行筹资决策时，往往只能根据历史资料和经验来判断，只是一种近似的估计，或多或少地带有主观性，从而使决策具有一定的风险性。②筹资决策者不能控制事物未来发展的过程。决策事项未来发展的过程，直接受到未来客观经济环境的影响，如政府宏观经济政策的改变、市场景气与否、产业结构的调整、顾客需求的变化、市场价格和利息率的波动等。所有这一切都使筹资决策处于风险之中，而且这种风险与时间长短有关，未来收益的风险大于近期收益的风险。

因此，由于上述原因的存在，在项目开发过程中，实际的现金流量就会与筹资决策中预期的现金流量发生偏差，从而使企业面临财务风险。

2. 财务杠杆的作用

前面我们已经介绍过财务杠杆，它是指企业全部负债与企业总资产的比例关系。财务杠杆的变化对企业普通股收益产生影响，也就是财务杠杆作用。财务杠杆的作用程度是用财务杠杆系数来衡量的，它是表示每股收益随着息税前利润的变化幅度，或每股收益的变动率相当于息前税前利润变动率的倍数。

一般来说，当企业的全部资金的息前税前利润率高于同期负债成本率时，财务杠杆使企业在不增加权益资本投资的情况下，取得更多的利润，财务杠杆具有正效应；反之，则财务杠杆为负效应，并给企业所有者权益带来损失。对优先股而言，当企业全部资本税后利润率高于优先股股利率时，会对普通股权益产生相应的财务杠杆损失。由此可见，财务杠杆作用方向的不确定性使企业的普通股权益面临额外的财务风险。正是从这个意义上来说，财务杠杆的作用是筹集资金时必须考虑的一个重要因素。

3. 资金结构与财务风险

不同的资金结构使企业面临的财务风险存在差异。由财务杠杆作用可知，由于负债和优先股杠杆作用的不同，企业的财务风险是不相同的。此外，长期负债与短期负债的财务风险也是不同的。通常，短期负债的利息费用较长期负债低，但使用短期负债比使用长期负债有更高的风险。其主要表现在：①企业使用长期负债筹资，在既定负债时期内，其利息费用是固定的；但如以短期负债的连接，来取得长期的资金使用权，则有可能由于利率的调整造成利息费用的不确定性。②企业利用长期负债筹资，可利用较长的经营期为偿还债务提供现金来源，虽有风险，但相对较小。如果企业以重复的短期负债来筹措长期资金，可能会因频繁的债务周转而产生一时无法偿还的情况，从而落入财务困境，甚至导致企业破产。

因此，在筹集房地产开发资金时，必须充分重视房地产开发项目投资量大、投资回收时间长，正好与短期负债还款期短的特征相违背的特点，避免产生过度的财务风险。自有资金严重缺乏、负债比例较高的房地产开发企业更应该避免以短期负债的连接来达到长期使用资金的做法，应根据企业的资产结构来确定企业的资金结构，选择合适的资金筹集方法。

7.5.2 资金筹集风险的控制

根据前面的分析可知，由于取得信息的不完全性及事物发展的不可控性，使得实际现金流量与预期现金流量出现偏差而发生财务风险；而财务杠杆作用方向的不确定性则加剧了财务风险的作用程度。因此，控制财务风险，可以从以下三方面考虑：

1) 针对企业自身财务状况，合理编制资金筹集方案，优选资金筹集渠道。这时通常应注意以下几点：

① 除资金回收较快且利润丰厚的项目以外，要注意适量地直接投入自有资金。当然，必须保证达到自有资金的最低限额。

② 应视市场情况灵活地选择支付固定利息或分割固定利润的筹资方式。对于风险较大的开发项目，如果开发商自己难以筹措到足够的资金时，可以寻找有实力的伙伴合作开发，这样可以分散风险，共享利润。

③ 在政府许可的条件下，尽可能提前预售部分楼宇。可以说预售是保证开发商利益、分散风险、筹措项目建设资金的有效办法。为此，开发商要认真做好营销策划和销售组织工作，这是确保预售收入按计划实现的关键。

④ 应针对企业状况和项目开发的风险程度、资金回收情况，选择合理的资金来源结构，避免短期资金的长期使用。

2) 加强债务管理，保持资金流动过程中的收支平衡。一般应遵循以下基本原则：

① 债务与自有资本保持适当的比例，避免过度负债。

② 债务的偿还日期分布尽可能均匀，避免集中在某一时期，并且债务中应保持一部分长期负债，以保证资金供给的相对稳定性。

③ 贷款利息尽可能均匀分布，减少现金支付的压力。

④ 如开发项目有外汇负债，应采用各种方法减少汇率变动的风险。

⑤ 借款时应考虑赋税条件。

3) 采取各种措施，分散风险因素。除通过前述寻找合作伙伴、尽可能预售及合理安排债务利息偿还时间等对策以外，还应尽可能分散地在不相关的筹资渠道上筹集资金；应尽可能选择合理的币种和渠道组合，使相关的风险因素相互抵消。

此外，对于周期长的项目，应随着开发的不断进行，不断分析资金的投入与回收情况，及时调整资金筹集方案。

案例　　某房地产开发项目资金筹措方案分析

某开发项目总投资 12 159 万元，设计了 5 种筹资工具，其中银行借款（10 年期，利率 8%）600 万元，发行金融债券（20 年，利率 9%）1 000 万元，发行股票，优先股（股利 7%）420 万元，普通股 5 334 万元。该开发项目资产负债表及相应的财务补充资料分别如表 7-2 和表 7-3 所示。试对该开发项目的筹资方案进行决策分析。

表 7-2　某房地产开发项目资产负债表

资　产	金额/万元	负　债	金额/万元
流动资产		流动负债	
现金	2 140	应付账款	1 305
		应付银行贷款	450
应收账款	760	应付税费	65
存量商品房	7 030	应付到期长期债务	160
预付费用	2 150	应付股利	125
流动资产合计	12 080	流动负债合计	2 105
固定资产	79	长期债务	
		银行贷款（10 年，8%）	600
		金融债券（面值 1 000 元，20 年，9%）	1 000
		负债合计	3 705
		股东权益	
		优先股（面值 100 元，7%）	420
		普通股（面值 10 元）	5 334
		保留盈余	2 700
		股东权益总计	8 454
资产总额	12 159	负债与股东权益总计	12 159

表 7-3　某房地产开发项目财务补充资料

内　容	金额或数量
普通股：	
发行费率	3.0%
每股收益	1.0 元/股
每股现行市场价	12 元/股
每股股息	0.75 元/股
股息预期增长率	5.5%
优先股：	
发行费率	3.0%
每股收益	7.0 元/股
每股现行市场价	76.25 元/股
金融债券：	
筹资费率	1.5%
现行市场价	997.50 万元
公司所得税率	33%
个人所得税率	20%
相称活期存款余额	未清偿贷款 20%
最低活期存款余额	100 万元
税前利润额	630 万元
债务总额　10 054 万元	现行市价 11 018.55 万元

1. 计算该开发项目单项资金成本率

1）银行借款资金成本率 R_1

借款总额：L=600 万元

年支付利息额：I=600 万元×8%=48 万元

所得税率：r=33%

抵减金额率：R=20%（相称存款余额）

故 $R_1 = \dfrac{48 万元 \times (1-33\%)}{600 万元 \times (1-20\%)} = 6.7\%$

2）金融债券资金成本率 R_2

年支付利息额：I=1 000 万元×9%=90 万元

债券发行总额：L=1 000 万元，现行市场价 997.5 万元

所得税率：r=33%

抵减金额率：1.5%（筹资费用率）

故 $R_2 = \dfrac{90 万元 \times (1-33\%)}{997.5 万元 \times (1-1.5\%)} = 6.14\%$

3）优先股资金成本率 R_3

年股利支出额：420 万元×7%=29.4 万元

优先股发行总额：420 万元，现行市场价 $\dfrac{76.25 元/股 \times 420 万元}{100 元} = 320.25 万元$

抵减金额率：3%（股票发行费率）

故 $R_3 = \dfrac{29.4 万元}{320.25 万元 \times (1-3\%)} = 9.46\%$

4）普通股资金成本率 R_4

预期年股利支出额：5 334 万元×7%=373.38 万元

普通股发行总额（现行市场价）：$\dfrac{12 元/股 \times 5 334 万元}{10 元} = 6 400.8 万元$

抵减金额率：3%（股票发行费率）

故 $R_4 = \dfrac{373.38 万元}{6 400.8 万元 \times (1-3\%)} + 5.5\% = 11.6\%$

5）保留利润资金成本率 R_5

最近一期股息利率：$\dfrac{0.75 元/股}{10 元} = 7.5\%$

普通股现行市场价：6 400.8 万元

抵减金额率：3%

股息预期增长率：5.5%

股东个人所得税率：20%

故 $R_5 = \left(\dfrac{7.5\%}{6 400.8 万元 \times (1-3\%)} + 5.5\% \right) \times (1-20\%) = 4.4\%$

2. 计算该开发项目综合资金成本率 R

$$R = \sum_{i=1}^{5} W_i R_i$$

$$W_1 = \frac{600万元}{11\,018.55万元} = 0.054\,5$$

$$W_2 = \frac{997.5万元}{11\,018.55万元} = 0.090\,5$$

$$W_3 = \frac{320.25万元}{11\,018.55万元} = 0.029\,1$$

$$W_4 = \frac{6\,400.8万元}{11\,018.55万元} = 0.581\,0$$

$$W_5 = \frac{2\,700万元}{11\,018.55万元} = 0.244\,9$$

将各单项资金成本率代入上式，便得筹资方案综合资金成本率为

$R=0.054\,5×6.7\%+0.090\,5×6.14\%+0.029\,1×9.46\%+0.581\,0×11.6\%+0.244\,9×4.4\%=8.9\%$

3. 计算该开发项目的财务杠杆系数

由题设条件可知：

税前利润额：$E=630$ 万元

借款利息：$I=600$ 万元×8%+1 000 万元×9%=138 万元

租赁费用：$L=0$

优先股股息：$d=420$ 万元×7%=29.4 万元

所得税税率：$r=33\%$

$DFL=630÷[630-138-29.4/(1-33\%)]=1.4$

由此可见，该方案有较高的财务杠杆系数。

本 章 小 结

由房地产自身的特点所决定，资金在房地产的生产和消费中起着特别重要的作用。

房地产开发项目筹集资金时，要遵循安全性、经济性和可靠性的原则，多渠道地筹集资金。具体的筹资渠道有利用自有资金、向金融机构借款、发行债券及预收房款等形式，对于股份制企业，也可以采取发行股票的形式。

资金成本是筹措并使用资金而支付的费用，它包括资金筹措成本和资金使用成本两部分。资金筹措成本是指资金筹集过程中所支付的费用；资金使用成本则是指资金筹集过程中所支付的费用。

虽然房地产开发项目投资中会有丰厚的利润，但房地产开发项目筹资中的风险也不可忽视。开发项目筹资中的风险主要指财务风险。通常，所说的财务风险就是指由于企业采用各种方式筹集资金而产生的风险，尤其是企业负债筹资而面临的风险，也可称为筹资风险或破产风险。

通常为了降低和控制房地产开发项目中的财务风险,可以从以下三方面考虑:针对企业自身财务状况,合理编制资金筹集方案,优选资金筹集渠道;加强债务管理,尽可能保持资金流动过程中的收支平衡;采取各种措施,分散风险因素。

复习思考题

1. 房地产开发项目资金运行的特征是什么?在资金运作中都存在什么样的矛盾?
2. 在房地产开发项目筹资中要坚持哪些基本原则?
3. 房地产开发项目资金筹措的渠道有哪些?如何通过发行股票(债券)来进行筹资?
4. 对房地产筹资方案进行决策时要考虑哪些因素?
5. 什么是财务风险?如何度量财务风险?

综合实践题

DJ 公司拟以 500 万元的价格购入一预售楼盘的部分写字楼面积用于出租经营。已知前三年楼价款付款比例分别为 20%、20%和 60%,第四年装修并开始出租,当年的毛租金收入为 200 万元,经营成本为 50 万元,装修总支出 100 万元,并预计在此后的第 5~20 年年毛租金收入 300 万元和经营成本 80 万元,贴现率为 10%。写字楼经营到第 20 年末转让,获得转让净收入 1 400 万元。试计算该投资项目的净现金流量,画出净现金流量表并计算出项目净现值(设投资和经营期间的收支均发生在年末)。

分析与讨论

《国家新型城镇化规划(2014—2020 年)》的出台,将加快财税体制和投融资机制的改革,创新金融服务,放开市场准入,逐步建立多元化可持续的资金保障机制。国家在保障城镇化建设资金方面,一是加大地方政府债券支持城镇化建设的力度,依法赋予地方政府适度举债权限,完善现行的地方政府债券制度,探索一般债券与专项债券相结合的地方政府举债融资办法;二是推广使用政府与社会资本合作的模式,也就是 PPP 模式,政府通过特许经营权、合理定价、财政补贴等公开透明方式,事先明确收益成本机制,吸引社会资本参与城镇基础设施建设;三是进一步加强地方政府融资平台公司的管理,规范地方政府举债行为,厘清企业与政府的关系,正确引导市场预期,防范和化解财政金融风险。试分析房地产开发企业在参与新型城镇化建设过程中如何更好、更多地筹资并合理进行风险防范?讨论房地产开发企业筹资的合法途径和规避金融风险的方法与策略。

第 8 章　房地产税收与保险

【学习目的】

通过本章学习，熟悉我国现行房地产税和房地产保险的基本内容，了解我国房地产税的基本政策、税费对房地产开发成本及销售价格的影响。

8.1 中国现行房地产税

税收是国家或政府凭借政治权力，强制、无偿地参与国民收入分配、取得财政收入的一种工具。税收具有强制性、无偿性和固定性的特征。

中国现行房地产税有房产税、城镇土地使用税、耕地占用税、土地增值税、契税。与房地产行业紧密相关的税有固定资产投资方向调节税、营业税、城市维护建设税、教育费附加、企业所得税、外国投资企业和外国企业所得税、印花税。

8.1.1 房产税

房产税属于财产税类。新中国成立以来一直对房产征税，但名称有几次调整。房产税是以房产为课税对象，向产权所有人征收的一种税。

1986 年 9 月 15 日，国务院发布《中华人民共和国房产税暂行条例》（以下简称《房产税暂行条例》），自当年 10 月 1 日起施行。2009 年 1 月 1 日前，外商投资企业、外国企业和组织以及外籍个人依照《城市房地产税暂行条例》缴纳城市房产税。2008 年 12 月 31 日，国务院令第 546 号宣布《城市房地产税暂行条例》自 2009 年 1 月 1 日废止。自 2009 年 1 月 1 日起，外商投资企业、外国企业和组织以及外籍个人依照《房产税暂行条例》缴纳城市房产税。

房产税由地方税务局负责征收管理，所得收入归地方政府所有，是地方政府税收收入的重要来源之一。

房产税具有下列基本特点：

① 属于财产税，其征税对象是房产。
② 按年征收、分期缴纳。
③ 区别房屋的经营使用方式规定征税办法，对于非出租的房产，依照房产余值计算缴纳，对于出租的房产，依照房产租金收入计算缴纳。
④ 税率全国统一。

凡是中国境内拥有房屋产权的单位和个人都是房产税的纳税人。产权属于全民所有的，以经营管理的单位或个人为纳税人；产权出典的，以承典人为纳税人；产权所有人、承典人均不在房产所在地的，或者产权未确定以及租典纠纷未解决的，以房产代管人或者使用者为纳税人。

1．课税对象的征税范围

房产税是以城镇房屋为课税对象的。房产税的征税范围包括城市、县城、建制镇和工矿区的房屋，不包括农村。就地域而言，它与土地使用税是一致的。

2．课税依据

对于非出租的房产，考虑到折旧等因素，可以以房产原值一次性减除10%～30%后的余值为计税依据计算缴纳。具体减除幅度由省、自治区、直辖市人民政府确定。无房产原值作依据的，可由当地税务机关参考同类房产核定。对于出租的房产，则以房产租金收入为计税依据。租金收入是房屋所有权人出租房产使用权所得的报酬，包括货币收入和实物收入。对以劳务或其他形式为报酬抵付房租收入的，应根据当地房产的租金水平，确定一个标准租金额后进行计算。

3．税率

房产税采用比例税率。按房产余值计算缴纳的，税率为1.2%；按房产租金收入计算缴纳的，税率为12%。

4．纳税地点和纳税期限

（1）纳税地点　房产税在房产所在地缴纳。房产不在同一地方的纳税人，应按房产的坐落地点分别向房产所在地的税务机关纳税。

（2）纳税期限　房产税按年计征，分期缴纳，具体纳税期限由各省、自治区、直辖市人民政府自行确定。

5．减税、免税

为了贯彻国家某些方面的政策，照顾某些单位和个人的实际情况，可对下述房地产免征房产税。

1）国家机关、人民团体、军队自用的房产，但是上述单位的出租房产以及非自身业务使用的生产、经营用房，不属于免税范围。

2）国家财政部门拨付事业经费的单位自用房产。

3）宗教寺庙、公园名胜古迹自用的房产。但其附设的营业用房及出租的房产，不属于免税范围。

4）个人所有非营业用房产。

5）经财政部批准免税的其他房产，包括：

① 损坏不堪使用的房屋和危险房屋，经有关部门鉴定后，可免征房产税。

② 对企业因停产、撤销而闲置不用的房产，经省、自治区、直辖市税务机关批准可暂不征收房产税。如果这些房产转给其他征税单位使用或恢复生产的时候，应依照规定征税。

③ 房产大修停用半年以上的，经纳税人申请，税务机关审核，在大修期间可免征房产税。

④ 在基建工地为基建工地服务的各种工棚、材料棚、休息棚和办公室、食堂、茶炉房、汽车房等临时性房屋，在施工期间一律免征房产税。但是，工程结束后，施工企业将这种临时性房屋交还或估价转让给基建单位的，应从基建单位接收的次月起，依照规定征税。

⑤ 企业办的各类学校、医院、托儿所、幼儿园自用的房产，可免征房产税。

⑥ 中、小学校及高等学校用于教学及科研等本身业务的房产免征房产税。但学样兴办

的校办工厂、校办企业、商店、招待所等的房产应按规定征收房产税。

6. 具备房屋功能的地下建筑的房产税政策

1）凡在房产税征收范围内的具备房屋功能的地下建筑，包括与地上房屋相连的地下建筑以及完全建在地面以下的建筑、地下人防设施等，均应当依照有关规定征收房产税。

上述具备房屋功能的地下建筑，是指有屋面和维护结构，能够遮风避雨，可供人们在其中生产、经营、工作、学习、娱乐、居住或储藏物资的场所。

2）自用的地下建筑，按以下方式计税：

① 工业用途房产，以房屋原价的 50%～60% 作为应税房产原值。

应纳房产税的税额=应税房产原值×[1−（10%～30%）]×1.2%

② 商业和其他用途房产，以房屋原价的 70%～80% 作为应税房产原值。

应纳房产税的税额=应税房产原值×[1−（10%～30%）]×1.2%

房屋原价折算为应税房产原值的具体比例，由各省、自治区、直辖市和计划单列市财政和地方税务部门在上述幅度内自行确定。

③ 对于与地上房屋相连的地下建筑，如房屋的地下室、地下停车场、商场的地下部分等，应将地下部分与地上房屋视为一个整体，按照地上房屋建筑的有关规定计算征收房产税。

3）出租的地下建筑，按照出租地上房屋建筑的有关规定计算征收房产税。

上述规定自 2006 年 1 月 1 日起执行，《财政部税务总局关于房产税若干具体问题的解释和暂行规定》同时废止。

8.1.2 城镇土地使用税

城镇土地使用税是为了合理利用城镇土地，调节土地级差收入，提高土地使用效益，加强土地管理，对使用城镇土地的单位和个人征收的一种税收。

1988 年 9 月 27 日，国务院发布《中华人民共和国城镇土地使用税暂行条例》，自当年 11 月 1 日起施行。现行的《中华人民共和国城镇土地使用税暂行条例》是根据 2013 年 12 月 7 日《国务院关于修改部分行政法规的决定》第三次修订的。

城镇土地使用税由地方税务局负责征收管理，所得收入归地方政府所有。

城镇土地使用税具有下列基本特点：①属于财产税。②按年征收，分期缴纳。③实行等级幅度税额标准。④大、中、小城市的税额标准不同。

1. 纳税人

土地使用税的纳税人是拥有土地使用权的单位和个人。拥有土地使用权的纳税人不在土地所在地的，由代管人或实际使用人缴纳；土地使用权未确定或权属纠纷未解决的，由实际使用人纳税；土地使用权共有的，由共有各方按其实际使用土地面积占总面积的比例分别计算纳税。

2. 课税对象和征税范围

土地使用税在城市、县城、建制镇、工矿区征收。征收对象是上述范围内的土地和集体所有的土地。但城市、县城、建制镇和工矿区中的不同地方，其自然条件和经济繁荣程度各不相同，情况非常复杂。因此，国家规定：城市、县城、建制镇和工矿区的具体征税范围，由各省、自治区、直辖市人民政府确定。

3. 计税依据

土地使用税的计税依据是纳税人实际占用的土地面积。纳税人实际占用的土地面积,是指由省、自治区、直辖市人民政府确定的单位组织测定的土地面积。具体按下列办法执行:

1) 凡由省、自治区、直辖市人民政府确定的单位组织测定土地面积的,以测定的土地面积为准。

2) 未组织测定的,但纳税人持有政府部门核发的土地使用证书的,以证书确认的面积为准。

3) 尚未核发土地使用证书的,由纳税人据实申报土地面积,待核发土地使用证书后再做调整。

4. 适用税额和应纳税额的计算

土地使用税是采用分类分级的幅度定额税率。每平方米的年幅度税额按城市大小分四个档次:

1) 大城市 1.5～30 元/m^2。
2) 中等城市 1.2～24 元/m^2。
3) 小城市 0.9～18 元/m^2。
4) 县城、建制镇、工矿区 0.6～12 元/m^2。

考虑到一些地区经济较为落后,需要适当降低税额,但降低额不得超过最低税额的 30%;而一些经济发达地区需要适当提高税额,但必须报经财政部批准。

城镇土地使用税应纳税额的计算公式为

$$年应纳税额 = 应税土地面积（m^2）\times 适用税率$$

5. 纳税地点和纳税期限

(1) 纳税地点 土地使用税由土地所在地的税务机关征收。纳税人使用的土地不属于同一省(自治区、直辖市)管辖范围的,应由纳税人分别向土地所在地的税务机关缴纳;在同一省(自治区、直辖市)管辖范围内,纳税人跨地区使用的土地,其纳税地点由省、自治区、直辖市税务机关确定。

(2) 纳税期限 土地使用税按年计算,分期缴纳。各省、自治区、直辖市可结合当地情况,分别确定按月、季或半年等不同的期限缴纳。

6. 减税、免税

对下列土地免征土地使用税:

1) 国家机关、人民团体、军队自用的土地。
2) 由国家财政部门拨付事业经费的单位自用的土地。
3) 宗教寺庙、公园名胜古迹自用的土地。
4) 市政街道、广场、绿化地带等公用土地。
5) 直接用于农、林、牧、渔业的生产用地。
6) 经批准开山填海整治的土地和改造的废弃土地,从使用的月份起免缴土地使用税 5～10 年。
7) 由财政部另行规定的能源、交通、水利等设施用地和其他用地。

除以上减免政策外,纳税人缴纳土地使用税确有困难需要定期减免的,由县以上地方税务机关批准。

8.1.3 耕地占用税

耕地占用税是为了加强土地管理，合理利用土地资源，保护耕地，对占用耕地从事非农业生产建设的单位和个人征收的一种税。

1987年4月1日，国务院发布《中华人民共和国耕地占用税暂行条例》，自发布之日起施行。现行的《中华人民共和国耕地占用税暂行条例》是国务院于2007年12月1日修改公布，自2008年1月1日起施行的。

耕地占用税由地方税务局负责征收管理，所得收入归地方政府所有。

耕地占用税具有下列基本特点：①属于财产税。②实行一次性征收。③以县级行政区域为单位，以人均耕地面积为标准，规定不同的税额标准。④税额标准在不同地区可能不同。

1．纳税人

凡占用耕地建房或者从事其他非农业建设的单位和个人，都是耕地占用税的纳税人，包括国家机关、企业、事业单位、乡镇集体企业、事业单位、农村居民和其他居民。对于农民家庭占用耕地建房的，家庭成员中除未成年人和没有行为能力的人外，都可为耕地占用税的纳税人。

2．税对象和征税范围

耕地占用税的征税对象，是占用耕地从事其他非农业建设的行为者。征收范围包括国家所有和集体所有的耕地。

所谓耕地是指用于种植农作物的土地，占用前3年内用于种植农作物的土地，也视为耕地。

3．税率和使用税额

耕地占用税实行定额税率，具体分4个档次：

1）以县为单位（下同），人均耕地在1亩[1]及1亩以下的地区为 $10\sim50$ 元$/m^2$。

2）人均耕地在 $1\sim2$ 亩（含2亩）的地区为 $8\sim40$ 元$/m^2$。

3）人均耕地在 $2\sim3$ 亩（含3亩）的地区为 $6\sim30$ 元$/m^2$。

4）人均耕地在3亩以上的地区为 $5\sim25$ 元$/m^2$。

各地适用税额，由省、自治区、直辖市人民政府在规定税额范围内，根据本地区情况具体核定。

4．计税依据

耕地占用税以纳税人实际占用耕地面积为计税依据，按照规定税率一次性计算征收。耕地占用税实行据实征收原则，对于实际占用耕地超过批准占用耕地，以及未经批准而自行占用耕地的，经调查核实后，由财政部门按照实际占用耕地面积，依法征收耕地占用税，并由土地管理部门按有关规定处理。

5．加成征税

经济特区、经济技术开发区和经济发达且人均耕地特别少的地区，适用税额可以适当

---

[1] 1亩≈667m^2。

提高，但是提高的部分最高不得超过条例第五条第三款（人均耕地超过 2 亩但不超过 3 亩的地区，每平方米为 6～30 元）规定的当地适用税额的 50%。占用基本农田的，适用税额应当在本条例第五条第三款第六条（经济特区、经济技术开发区和经济发达且人均耕地特别少的地区，适用税额可以适当提高，但是提高的部分最高不得超过本条例第五条第三款规定的当地适用税额的 50%。）规定的当地适用税额的基础上提高 50%。

6．减税、免税

1）下列情形免征耕地占用税。
① 军事设施占用耕地。
② 学校、幼儿园、养老院、医院占用耕地。
2）铁路线路、公路线路、飞机场跑道、停机坪、港口、航道占用耕地，减按每平方米 2 元的税额征收耕地占用税。根据实际需要，国务院财政、税务主管部门商国务院有关部门并报国务院批准后，可以对前款规定的情形免征或者减征耕地占用税。
3）农村居民占用耕地新建住宅，按照当地适用税额减半征收耕地占用税。农村烈士家属、残疾军人、鳏寡孤独以及革命老根据地、少数民族聚居区和边远贫困山区生活困难的农村居民，在规定用地标准以内新建住宅缴纳耕地占用税确有困难的，经所在地乡（镇）人民政府审核，报经县级人民政府批准后，可以免征或者减征耕地占用税。上述免税用地，凡经改变用途、不属于免税范围的，应从改变用途时起补缴税款。

7．纳税环节和纳税期限

耕地占用税由地方税务机关负责征收。

土地管理部门在通知单位或者个人办理占用耕地手续时，应当同时通知耕地所在地同级地方税务机关。获准占用耕地的单位或者个人应当在收到土地管理部门的通知之日起 30 日内缴纳耕地占用税。土地管理部门凭耕地占用税完税凭证或者免税凭证和其他有关文件发放建设用地批准书。

8.1.4　土地增值税

土地增值税是对有偿转让国有土地使用权、地上建筑物及其他附着物的单位和个人征收的一种税。开征土地增值税，是为了利用经济手段，加强国家对土地收益的调节力度，维护国家权益，抑制土地投机，引导房地产开发的健康发展，并建立规范化的房地产市场。

1993 年 12 月 13 日，国务院发布《中华人民共和国土地增值税暂行条例》（以下简称《条例》），自 1994 年 1 月 1 日起施行，现行《条例》根据 2011 年 1 月 8 日《国务院关于废止和修改部分行政法规的决定》修订。1995 年 1 月 27 日，财政部发布《中华人民共和国土地增值税暂行条例实施细则》。

土地增值税由地方税务局负责征收管理，所得收入归地方政府所有。

土地增值税可以预征，普通住房、非普通住房和商用房的预征率可以不同，工程项目竣工结算后，据实清算，多退少补。对已竣工验收的房地产项目，转让房地产的建筑面积占整个项目可售建筑面积的比例在 85% 以上的，税务机关可以按照转让房地产的收入与扣除项目金额配比的原则，对已转让的房地产进行土地增值税的清算。自 2008 年 11 月 1 日起，对个人销售住房暂免征收土地增值税。

土地增值税具有下列基本特点：①属于所得税。②实行按次征收。③实行超额累进税率。④以转让房地产取得的增值额为征税对象。⑤税率全国统一。

1．纳税人

凡有偿转让国有土地使用权、地上建筑物及其他附着物（以下简称转让房地产）并取得收入的单位和个人为土地增值税的纳税人。

所谓的单位是指各类企业单位、事业单位、国家机关和社会团体及其他组织。所谓的个人包括个体经营者、外商投资企业、外国企业及外国驻华机构，以及外国公民、华侨、港澳同胞等均在纳税人范围之内。

2．征税范围

土地增值税的征税范围包括以出售或其他方式有偿转让国有土地使用权、地上建筑物及其他附着物的行为，不包括通过继承、赠与等方式无偿转让房地产的行为，也不包括转让非国有土地使用权的行为。对属于集体所有的土地，必须先由国家征用才能转让。

3．课税对象和计税依据

土地增值税的课税对象是有偿转让房地产所取得的土地增值额。

土地增值税以纳税人有偿转让房地产所取得的土地增值额为计税依据，土地增值额为纳税人转让房地产所取得的收入减除规定扣除项目金额后的余额。纳税人转让房地产所取得的收入，包括转让房地产的全部价款及相关的经济利益。具体包括货币收入、实物收入和其他收入。

4．税率和应纳税额的计算

土地增值税实行四级超额累进税率。

1）增值额未超过扣除项目金额50%的部分，税率为30%。
2）增值额超过扣除项目金额50%，未超过100%的部分，税率为40%。
3）增值额超过扣除项目金额100%，未超过200%的部分，税率为50%。
4）增值额超过扣除项目金额200%以上部分，税率为60%。

每级"增值额未超过扣除项目金额"的比例均包括本比例数。

为简化计算，应纳税额可按增值额，乘以适用税率，减去扣除项目金额乘以速算扣除系数的简便方法计算，速算公式如下：

土地增值额未超过扣除项目金额50%的：应纳税额=土地增值额×30%。

土地增值额超过扣除项目金额50%，未超过100%的：应纳税额=土地增值额×40%-扣除项目金额×5%。

土地增值额超过扣除项目金额100%，未超过200%的：应纳税额=土地增值额×50%-扣除项目金额×15%。

土地增值额超过扣除项目金额200%：应纳税额=土地增值额×60%-扣除项目金额×35%。

5．扣除项目

1）取得土地使用权时所支付的金额。
2）土地开发成本、费用。
3）建房及配套设施的成本、费用，或者旧房及建筑物的评估价格。
4）与转让房地产有关的税金。

5）财政部规定的其他扣除项目。

上述扣除项目的具体内容为：

1）取得土地使用权所支付的金额，是指纳税人为取得土地使用权所支付的地价款和按国家统一规定缴纳的有关费用。凡通过行政划拨方式无偿取得土地使用权的企业和单位，则以转让土地使用权时按规定补交的出让金及有关费用，作为取得土地使用权所支付的金额。

2）开发土地和新建房及配套设施（以下简称房地产开发）的成本，是指纳税人在房地产开发项目实际发生的成本（以下简称房地产开发成本），包括土地征用及拆迁补偿、前期工程费用、建筑安装工程费、基础设施费、公共配套设施费、开发间接费。其中：

① 土地征用及拆迁补偿费，包括土地征用费、耕地占用税、劳动力安置费及有关地上、地下附着物拆迁补偿的净支出、安置拆迁用房支出等。

② 前期工程费，包括规划、设计、项目可行性研究、水文、地质、勘察、测绘、"三通一平"等支出。

③ 建筑安装工程费，是指以发包方式支付给承包单位的建筑安装工程费和以自营方式发生的建筑安装工程费。

④ 基础设施费，包括开发小区内道路、供水、供电、供气、排污、排洪、通信、照明、环卫、绿化等工程发生的支出。

⑤ 公共配套设施发生的支出。

⑥ 开发间接费用，是指直接组织、管理开发项目发生的费用，包括工资、职工福利费、折旧费、修理费、办公费、水电费、劳动保护费、周转房摊销等。

3）开发土地和新建房及配套设施的费用（以下简称房地产开发费用），是指与房地产开发项目有关的销售费用、管理费用和财务费用。财务费用中的利息支出，凡能够按转让房地产项目计算分摊并提供金融机构证明的，允许据实扣除，但最高不能超过商业银行同类同期贷款利率计算的金额。其他房地产开发费用，按取得土地使用权所支付的金额和开发土地和新建房及配套设施的成本两项规定计算的金额之和的5%以内计算扣除。凡不能按转让房地产项目计算分摊利息支出或不能提供金融机构证明的，房地产开发费用按取得土地使用权所支付的金额和开发土地并新建房用配套设施的成本两项规定计算的金额之和，在10%以内计算扣除。

上述计算扣除的具体比例，由省、自治区、直辖市人民政府规定。

4）旧房及建筑物的评估价格，是指在转让已使用的房屋及建筑物时，由政府批准设立的房地产评估机构评定的重置成本价乘以成新度折扣率后的价格。评估价格须经当地税务机关确认。

5）与转让房地产有关的税金，是指在转让房地产时已缴纳的营业税、城市维护建设税、印花税。因转让房地产缴纳教育附加也可视同税金予以扣除。

6）对从事房地产开发的纳税人，可按取得土地使用权所支付的金额和开发土地并新建房用配套设施的成本两项规定计算的金额之和，加计20%扣除。

另外，对纳税人成片受让土地使用权后，分期分批开发、分块转让的，其扣除项目金额的确定，可按转让土地使用权的面积占总面积的比例计算分摊；或按建筑面积计算分摊。也可按税务机关确认的其他方式计算分摊。

土地增值税以纳税人房地产成本核算的最基本的核算项目或核算对象为单位计算。

纳税人有下列情形之一者，按照房地产评估价格计算征收土地增值税：

1）隐瞒、虚报房地产价格的。
2）提供扣除项目金额不实的。
3）转让房地产的成交价格低于房地产评估价，又无正当理由的。

6. 减税、免税

下列情况免征土地增值税：
1）纳税人建造普通标准住宅出售，其土地增值额未超过扣除金额20%的。
2）因国家建设需要而被政府征用的房地产。

其中，普通标准住宅是指按所在地一般民用住宅标准建造的居住用房。普通标准住宅与其他住宅的具体划分界限由各省、自治区、直辖市人民政府规定。纳税人建造普通标准住宅出售，增值额未超过《中华人民共和国土地增值税实施细则》第七条（一）、（二）、（三）、（四）、（五）、（六）项扣除项目金额之和20%的，免征土地增值税；增值额超过扣除项目之和的20%的，应就其全部增值额按规定计税。

国家建设需要依法征用、收回的房地产，是指因城市实施规划、国家建设需要而被政府批准征用的房产或土地使用权。因城市实施规划、国家建设的需要而搬迁，由纳税人自行转让原房地产的，免征土地增值税。

7. 征收管理

土地增值税的纳税人应于转让房地产合同签订之日起7日内，到房地产所在地的主管税务机关办理纳税申报，并向税务机关提交房屋及建筑物产权证书、土地使用权证书、土地转让、房产买卖合同、房地产评估报告及其他与转让房地产有关的资料。纳税人因经常发生房地产转让而难以在每次转让后申报的，经税务机关审核同意后，可以定期进行纳税申报，具体期限由税务机关根据情况确定。

纳税人在项目全部竣工结算前转让房地产取得的收入，由于涉及成本确定或其他原因，而无法据实计算土地增值税的，可以预征土地增值税，待该项目全部竣工、办理结算后再进行清算，多退少补。具体办法由各省、自治区、直辖市地方税务局根据当地情况制定。

8. 其他规定

为了保证税收政策的连续性，体现国家对房地产开发的鼓励，规定：
1）1994年1月1日以前签订的房地产转让合同，不论其房地产在何时转让，均免征土地增值税。
2）1994年1月1日以前已签订房地产开发合同或已立项，并已按规定投入资金进行开发，其在1994年1月1日以后5年内首次转让房地产的，免征土地增值税。签订合同日期以有偿受让土地合同签订之日为准。
3）对于个别由政府审批同意进行成片开发、周期较长的房地产项目，其房地产在上述五年免税期以后首次转让的，经所在地财政、税务部门审核，并报财政部、国家税务总局核准，可以适当延长免税期限，在上述免税期限再次转让房地产以及不符合上述规定的房地产转让，如超过合同范围的房地产或变更合同的，均应按规定征收土地增值税。

个人因工作调动或改善居住条件而转让原自用住房，经向税务机关申报核准，凡居住满5年或5年以上的，免予征收土地增值税；居住满3年未满5年的，减半征收土地增值税。居住未满3年的，按规定计征土地增值税。

8.1.5 契税

契税是在土地、房屋不动产所有权发生转移时,按当事人双方订立契约等时对产权人征收的一种税,它具有财产转移税的性质。

1997年7月7日,国务院发布《中华人民共和国契税暂行条例》,自当年10月1日起施行。

契税由地方财政、税务机关负责管理,所得收入归地方政府所有,是地方政府税收收入的重要来源之一。契税的具体征收机关由省、自治区、直辖市人民政府确定。

契税具有下列基本特点:①属于财产税。②实行一次性征收。③由土地、房屋权属的承受人缴纳。④各地的税率可能不同。

1. **纳税人**

契税的纳税人是在中华人民共和国境内买卖、典当、赠与、交换土地、房屋权属,当事双方订立契约后的承受人。

转移土地、房屋权属是指下列行为:
1) 国有土地使用权出让。
2) 土地使用权转让,包括出售、赠与和交换。
3) 房屋买卖。
4) 房屋赠与。
5) 房屋交换。

下列方式视同为转移土地、房屋权属,应予以征税:
1) 以土地、房屋权属作价投资、入股。
2) 以土地、房屋权属抵债。
3) 以获奖方式承受土地、房屋权属。
4) 以预购方式或者预付集资建房款方式承受土地、房屋权属。

2. **课税对象**

契税的征税对象是发生产权转移变动时的土地、房屋。

3. **税率**

契税的税率为3%~5%。各地适用税率,由省、自治区、直辖市人民政府在前面规定的幅度内按照本地区的实际情况确定,并报财政部和国家税务总局备案。

为支持居民首次购买普通住房,减轻个人住房交易的税收负担,活跃房地产市场,经国务院批准,自2008年11月1日起,对个人首次购买90m^{2}及以下普通住房的,契税税率暂统一下调到1%。

4. **计税依据**

契税的依据是房屋产权转移时双方当事人签订的契约价格,征收契税。一般以契约载明的买价、现值价格作为计税依据。但是,为了保护房屋产权交易双方的合法权益,体现公平交易,避免发生隐价、瞒价等逃税行为,征收机关认为有必要时,也可以直接或委托房地产估价机构对房屋价值进行评估,以评估价格作为计税依据。

房屋产权的转移必然连带着土地权属的变动。房地产"价格",会因占地面积的大小、所处地理位置等条件的不同或高或低。这也是土地"价格"的一种体现，考虑到实际交易中房产和地产的不可分性，也为防止纳税人通过高估地产"价格"逃避税收，在房屋产权交易契约中，无论是否划分房产的价格和土地的"价格"，计税都以房屋产权交易的契约价格总额为依据。土地使用权交换、房屋交换，为所交换的土地使用权、房屋的价格的差额。

5. 纳税人环节和纳税期限

契税的纳税环节是在纳税义务发生以后，办理契证或房屋产权证之前。按照《中华人民共和国契税暂行条例》，由承受人自转移合同签订之日起 10 日内办理纳税申报手续，并在征收机关核定的期限内缴纳税款。

6. 减税与免税

有下列情形之一的，减征或者免征契税：

1）国家机关、事业单位、社会团体、军事单位承受土地、房屋用于办公、教学、医疗、科研和军事设施的，免征。

2）城镇职工，按规定第一次购买公有住房的，免征。

3）因不可抗力灭失住房而重新购买住房的，酌情准予减征或免征。

4）土地、房屋被县级以上人民政府征用、占用后，重新承受土地、房屋权属的，由省、自治区、直辖市人民政府决定是否减征或者免征。

5）纳税人承受荒山、荒沟、荒滩、荒丘土地使用权，用于农、林、牧、渔业生产的，免征。

6）依照我国有关法律规定以及我国缔结或参加的双边和多边条约或协定的规定应当予以免税的外国驻华大使馆、领事馆、联合国驻华机构及其外交代表、领事官员和其他外交人员承受土地、房屋权属的，经外交部确认，可以免征。

8.1.6　相关税收

1. 增值税

在中华人民共和国境内销售货物或者提供加工、修理、修配劳务以及进口货物的单位和个人，为增值税的纳税人，应当依照本条例缴纳增值税。

1993 年 12 月 13 日中华人民共和国国务院令第 134 号发布，2008 年 11 月 5 日国务院第 34 次常务会议修订通过，我国从 2011 年 11 月 17 日起整合四公布营业税改增值税试点方案。

营改增的最后三个行业建安房地产、金融保险、生活服务业的营改增方案将推出,不排除分行业实施的可能性。其中,建安房地产的增值税税率暂定为 11%,金融保险、生活服务业为 6%。

2. 企业所得税

企业所得税是对企业所得和其他所得征收的一种税。

2007 年 3 月 16 日，第十届全国人大第五次会议通过《中华人民共和国企业所得税法》（以下简称《企业所得税》），自 2008 年 1 月 1 日起施行。2007 年 12 月 6 日，国务院发布《中华人民共和国企业所得税实施条例》。

企业所得税的纳税人为中华人民共和国境内除外商投资企业和外国企业外的实行独立核算的企业或者组织，包括国有企业、集体企业、私营企业、联营企业、股份制企业，以及有生产、经营所得和其他所得的其他组织。

企业所得税实行25%的比例税率。非居民企业在中国境内未设立机构、场所的，或者虽设立机构、场所但取得的所得与其所设机构、场所没有实际联系的，就其来源于中国境内的所得缴纳企业所得税的，适用税率为20%。其他符合条件的企业，可以减按15%的税率缴纳企业所得税。

纳税人收入总额包括在中国境内、境外取得的下列收入：

1）生产、经营收入，是指从事主营业务活动取得的收入，包括商品（产品）销售收入、劳动服务收入、营运收入、工程价款结算收入、工业性作业收入及其他业务收入。

2）财产转让收入，如有偿转让固定资产、有价证券、股权等取得的收入。

3）利息收入。

4）租赁收入，如出租固定资产的收入。

5）特许权使用费收入。

6）股息收入。

7）其他收入。

纳税人可以分期确定的经营收入按权责发生制原则计算：以分期收款方式销售商品的，可按合同约定的购买人应付价款的日期确定销售收入的实现；建筑、安装、装配工程和提供劳务，持续时间超过一年的，可以按完工进度或完成的工作量确定收入的实现。

准予扣除的项目是指与纳税人取得收入有关的成本、费用和损失。成本是指纳税人为生产、经营商品和提供劳务等所发生的各项直接费用和各项间接费用。损失是指生产、经营过程中的各项营业外支出，已发生的经营亏损和投资损失以及其他损失。此外，还有按规定缴纳的各项税金。

下列项目，按规定的范围、标准扣除：

1）在生产、经营期间，向金融机构借款的利息支出，按实际发生额扣除；向非金融机构借款的利息支出，按照不高于金融机构同类、同期贷款利率计算的数额以内的部分，准予扣除，高于的部分，不予扣除。

2）支付给职工的工资按计税工资扣除。

3）职工工会经费、职工福利费、职工教育经费，分别按计税工资总额的2%、14%、1.5%计算扣除。

4）用于公益、救济性的捐赠，在年度应纳税所得额3%以内的部分，准予扣除。

对民族自治地方的企业，需要照顾和鼓励的，经省级人民政府批准，可实行定期减税或者免税；对法律、行政法规和国务院有关规定给予减税或免税额。

对纳税人在中国境外的所得，已在境外缴纳的所得税税款，准予扣除，但扣除不得超过其境外所得依照本条例规定计算的应纳税额。

企业所得税由纳税人向其他所在地主管税务机关缴纳。

3．外商投资企业和外国企业所得税

外商投资企业和外国企业所得税是对在中国境内外商投资企业和外国企业的生产、经营所得和其他所得征收的一种税收。

4．个人所得税

个人所得税对个人的所得征收的一种税收。

1980年9月10日,第五届全国人大第三次会议通过《中华人民共和国个人所得税法》,即公布施行。此后,该法做了多次修改。

个人所得税以所得人为纳税人。

个人所得税的计税依据是应纳税所得额。其中,个人转让财产的应纳税所得额为个人转让财产取得的收入额,减除被转让财产的原值、合理费用和在财产转让过程中缴纳的有关税金以后的余额,即

$$应纳税所得额 = 财产转让收入 - 财产原值 - 合理费用 - 有关税金$$

个人所得税的税率为20%。

个人所得税应纳税额的计算公式为

$$应纳税额 = 应纳税所得额 \times 20\%$$

对于个人转让住房缴纳个人所得税问题,1999年12月2日,财政部、国家税务总局、建设部发出《关于个人出售住房所得征收个人所得税有关问题的通知》(财政部〔1999〕278号),对个人转让住房的个人所得税应纳税所得额计算和换购住房的个人所得税有关问题做了具体规定。2006年7月18日,国家税务总局发出了《关于个人住房转让所得征收个人所得税有关问题的通知》(国税发〔2006〕106号),进一步明确了有关征收问题。

对住房转让所得征收个人所得税时,以实际成交价格为转让收入。纳税人申报的住房成交价格明显低于市场价格且无正当理由的,征收机关依法有权根据有关信息核定其转让收入,但必须保证各税种计税价格一致。对转让住房收入计算个人所得税应纳税所得额时,纳税人可凭原购房合同、发票等有效凭证,经税务机关审核后,允许从其转让收入中减除房屋原值、转让住房过程中缴纳的税金及有关合理费用。

房屋原值具体如下:

(1) 商品房　购置该房屋时实际支付的房价款及缴纳的相关税费。

(2) 自建住房　实际发生的建造费用及建造和取得产权时实际缴纳的相关税费。

(3) 经济适用住房(含集资合作建房、安居工程住房)　原购房人实际支付的房价款及相关税费,以及按规定缴纳的土地出让金。

(4) 已购公有住房　原购公有住房标准面积按当地经济适用房价格计算的房价款,加上原购公有住房超标准面积实际支付的房价款以及按规定向财政部门(或原产权单位)缴纳的所得收益及相关税费。

(5) 城市镇拆迁安置住房　根据《城市房屋拆迁管理条例》(国务院令第305号)和建设部《关于印发〈城市房屋拆迁估价指导意见〉的通知》(建住房〔2003〕234号)等有关规定,其原值分别为:①房屋拆迁取得货币补偿后购置房屋的,为购置该房屋实际支付的房价款及缴纳的相关税费。②房屋拆迁采取产权调换方式的,所调换房屋原值为《房屋拆迁补偿安置协议》注明的价款及缴纳的相关税费。③房屋拆迁采取产权调换方式,被拆迁人除取得所调换房屋,又取得部分货币补偿的,所调换房屋原值为《房屋拆迁补偿安置协议》注明的价款及缴纳的相关税费,减去货币补偿的余额。④房屋拆迁采取产权调换方式,被拆迁人取得所调换房屋,又支付部分货币的,所调换房屋原值为《房屋拆迁补偿安置协议》注明的价款,加上所支付的货币及缴纳的相关税费。

转让住房过程中缴纳的税金是指纳税人在转让住房时实际缴纳的营业税、城市维护建设税、教育费附加、土地增值税、印花税等税金。

合理费用是指纳税人按照规定实际支付的住房装修费用、住房贷款利息、手续费、公证费等费用。

纳税人未提供完整、准确的房屋原值凭证，不能正确计算房屋原值和应纳税额的，税务机关可根据《中华人民共和国税收征收管理办法》第三十五条的规定，对其实行核定征税，即按纳税人住房转让收入的一定比例核定应纳个人所得税额。具体比例由省级地方税务局或省级地方税务局授权的地市级地方税务局根据纳税人出售住房的所处区域、地理位置、建造时间、房屋类型、住房平均价格水平等因素，在住房转让收入1%～3%的幅度内确定。

对个人转让自用5年以上并且是家庭唯一生活用房取得的所得，免征个人所得税。

5．印花税

印花税是在我国境内经济活动中对书立、领受的应纳税商事、产权凭证征收的一种税。该税采取在凭证上粘贴印花税票的方式完成纳税手续，故称之为印花税。

1988年8月6日，国务院发布《中华人民共和国印花税暂行条例》，自当年10月1日起施行。

《中华人民共和国印花税暂行条例》列举的凭证有下列五类：①合同和具有合同性质的凭证。②产权转移书据。③营业账簿。④权利、许可证照。⑤经财政部确定征税的其他凭证。

土地租赁合同不属于印花税应税凭证，不缴纳印花税。

印花税的税率采用比例税率和定额税率两种。对一些载有金额的凭证，如各类合同、资金账簿等，都采用比例税率。税率共分五档：千分之一、万分之五、万分之三、万分之零点五、万分之零点三。

对一些无法计算金额的凭证，或者虽载有金额，但作为计税依据明显不合适的凭证，采用定额税率，每件缴纳一定数额的税款。

8.2 房地产税费的有关政策及其影响

8.2.1 房地产有关税费的优惠政策

1．享受优惠政策的普通住房标准

《国务院办公厅转发建设部等部门关于做好稳定住房价格工作意见的通知》规定，享受优惠政策的住房应同时满足以下条件：

1）住宅小区建筑容积率在1.0以上。
2）单套建筑面积在120m² 以下。
3）实际成交价格低于同级别土地上住房平均交易价格1.2倍以下。

各省、自治区、直辖市要根据实际情况，制定本地区享受优惠政策普通住房的具体标准。允许单套建筑面积和价格标准适当浮动，但向上浮动的比例不得超过上述标准的20%。

2．个人转让住房的营业税、契税、土地增值税优惠政策

（1）营业税

1）个人自建自用住房销售时，免征营业税。
2）企业、行政事业单位按房改成本价、标准价出售住房的收入，暂免征收营业税。

3）自 2006 年 6 月 1 日起，对购买住房不足 5 年转手交易的，销售时按其取得的售房收入全额征收营业税；个人购买普通住房超过 5 年（含 5 年）转手交易的，销售时免征营业税；个人购买非普通住房超过 5 年（含 5 年）转手交易的，销售时按其售房收入减去购买房屋的价款后的差额征收营业税。2008 年 12 月 20 日国务院办公厅发布《关于促进房地产市场健康发展的若干意见》，再次调整住房转让环节营业税。规定对住房转让环节营业税暂行一年实行减免政策。将个人购买普通住房超过 5 年（含 5 年）转让免征营业税，改为超过 2 年（含 2 年）转让免征营业税；将个人购买普通住房不足 2 年转手交易的按其转让收入全额征收营业税，改为按其售房收入减去原购买房屋的价款后的差额征收营业税。将个人购买非普通住房超过 5 年（含 5 年）转手交易的，销售时按其售房收入减去购买房屋的价款后的差额征收营业税，改为超过 2 年（含 2 年）转让的，仍按其转让收入全额征收营业税。该暂行规定执行至 2009 年 12 月 31 日。

（2）契税　个人购买自用普通住房，暂减半征收契税。

（3）土地增值税　居民个人拥有的普通住房，在转让时暂免征收土地增值税。

3．个人出售住房所得税优惠政策

个人出售自有住房取得的所得应按照"财产转让所得"项目征收个人所得税。个人出售自有住房的应纳税所得额，按下列原则确定：

1）个人出售已购公有住房，其应纳所得额为个人出售已购公有住房的销售价，减除住房面积标准的经济适用住房价款、原支付超过住房面积标准的房价款、向财政或原产权单位缴纳的所得收益以及税法规定的合理费用后的余额。

2）职工以成本价（或标准价）出资的集资合作建房、安居工程住房、经济适用住房以及拆迁安置住房，按照已购公有住房确定应纳税所得额。

3）受赠人取得赠与人无偿赠与的住房后，再次转让的，在缴纳个人所得时，应纳税所得额为住房转让收入减除受赠、转让住房过程中缴纳的税金及有关合理费用后的余额。

4）对出售自用自住房并拟在现住房出售后一年内按市场价重新购房的纳税人，其出售现住房所应缴纳的个人所得税，视其重新购房的价值可全部或部分予以免税，具体办法为：

① 个人出售现住房所应缴纳的个人所得税税款，应在办理产权过户手续前，以纳税保证金形式向当地主管税务机关缴纳。税务机关在收取纳税保证金时，应向纳税人正式开具"中华人民共和国纳税保证金收据"，并纳入专户存储。

② 个人出售现住房后一年内重新购房的，按照购房金额大小相应退还纳税保证金。购房金额大于或等于原住房销售额（原住房为已购公有住房的，原住房销售额应扣除已按规定向财政或原产权单位缴纳的所得收益。下同）的，全部退还纳税保证金；购房金额小于原住房销售额的，按照购房金额占原住房销售额的比例退还纳税保证金，余额作为个人所得税缴入国库。

③ 个人出售现住房后 1 年内未重新购房的，所缴纳的纳税保证金全部作为个人所得税缴入国库。

④ 个人在申请退还纳税保证金时，应向主管税务机关提供合法、有效的售房、购房合同和主管税务机关要求提供的其他有关证明材料，经主管税务机关审核确认后方可办理纳税保证金退还手续。

⑤ 跨行政区域售、购住房又符合退还纳税保证金条件的个人，应向纳税保证金缴纳地

主管税务机关申请退还纳税保证金。

5）对个人转让自用 5 年以上的住房并且是家庭唯一生活用房取得的所得，继续免征个人所得税。

同时，为了确保有关住房转让的个人所得税政策得到全面、正确的实施，要求各级房地产交易管理部门应与税务机关加强协作、配合，主管税务机关需要有关本地区房地产交易情况的，房地产交易管理部门应及时提供。

4．住房租赁税收优惠政策

2008 年 3 月 1 日起，房屋租赁市场税收按以下规定执行：

1）对个人出租住房取得的所得税按 10%的税率征收个人所得税。

2）对个人出租、承租住房签订的租赁合同，免征印花税。

3）对个人出租住房，不区分用途，在 3%税率的基础上减半征收营业税，按 4%的税率征收房产税，免征城镇土地使用税。

4）对企事业单位、社会团体以及其他组织按市场价格向个人出租用于居住的住房，减按 4%的税率征收房产税。

8.2.2 税费对房地产开发成本及销售价格的影响

1．税费对总开发成本的影响

据国家住房和城乡建设部的资料估计，各种税费占商品房成本的大致比重见表 8-1。

表 8-1 商品房税费比重统计表

项　目		税费占商品房成本的比重（%）
税　收		10
行政性费用	管理费和手续费	3
	项目性收费	16.5
	证书工本费	0.5
	小　计	20
合　计		30

如果加上各种不可预见的税费在内，各种税费占商品房成本 30%~40%。在商品房开发成本中，土地费用约占 20%，因此，包括土地费用在内的各种税费占商品房开发成本约 50%~60%。就北京而言，土地费用占住宅总开发成本 30%以上，甚至高达 50%。北京市大型居住项目总开发成本构成情况，见表 8-2。

表 8-2 某大型普通商品住宅项目成本费用估算表

序　号		项目或费用名称	投资金额/万元	单方成本/（元/m²）	占开发成本比重（%）
一		土地费用	104 385.50	1 439.8	36.8
	1	出让金	14 500.00	200.0	5.1
	2	城市建设配套费	20 300.00	280.0	7.2
	3	拆迁安置补偿费	68 135.50	939.8	24.0
	4	手续费及税金	1 450.00	20.0	0.5

（续）

序　号	项目或费用名称	投资金额/万元	单方成本/（元/m²）	占开发成本比重（%）
二	前期工程费	4 884.81	67.4	1.7
三	房屋开发费	118 979.90	1 641.1	41.9
1	建筑安装工程费	97 012.25	1 338.1	34.2
2	基础设施建设费	11 977.00	165.2	4.2
3	公共配套设施建设费	8 946.77	123.4	3.1
4	其他费用	1 043.68	14.4	0.4
四	管理费	6 239.51	86.1	2.2
五	财务费用	27 774.75	383.1	9.8
六	开发期税费	12 723.34	175.5	4.5
七	不可预见费	8 879.78	122.5	3.1
	总　　计	283 873.75	3 915.5	100.0

2．税费对销售价格影响

目前，在商品房价格中，土地费用所占的比重已由过去的20%左右上升为30%左右，而开发商开发建设利润所占比重由过去的20%以上下降为10%左右。商品房价格主要由七部分构成，见表8-3。

表8-3　商品房价格构成表

项　　目	约占商品房价格的比重（%）
土地成本	30
房屋建造成本	30～35
辅助设施费用	4
配套费用	10
开发期间费用	10
营业税金及附加	6
开发建设利润	10
合　　计	100

注：表中配套费用包括：市政配套如水、电、煤气、通信、管网等费用；开发期间费用包括：管理费、财务费和销售费等。

包括土地费用在内的各种税费对住宅总开发成本、销售价格影响较大的项目依次为土地费用（约30%），税收（约10%），其他各种合理和不合理费用（10%～20%）。

8.2.3　合理税费的调控措施

只有规范房地产市场，合理负担税费，才能使住宅价格纳入正常轨道，使住宅生产和消费正常运行。为此，国家和各级政府应对商品住宅开发建设中的税费进行必要、合理的调控。

1．降低地价

对普通商品住宅，通过减少土地出让金或将一次性支付土地费用改为若干年，分期支付等方式降低地价；对经济适用住宅，应通过行政划拨土地减免地价。

2．合理分摊城市基础设施和公用设施费用

让城市基础设施和公用设施费用单纯由消费者承担，改为政府、房地产开发商、消费者等共同承担，这样既维护了房地产开发商的利益，又能调动消费者购房积极性。

1）对于非营利性的城市基础设施（如道路、交通等）以及公用设施（学校、医院等）等费用，应由政府财政承担。

2）对于营利性的配套设施（如商业网点）等费用，本着"谁投资、谁所有、谁收益"的原则，由房地产开发商或受益企业承担。

对于住宅小区内的市政配套设施建设费用，由消费者承担。

3．降低或减免契税

为鼓励居民买房，对居民的住房应降低或减免交易契税。

4．取消不合理收费

对房地产开发企业的各项收费应进行清理，如认真清理国家明文取缔的不合理收费及现行收费项目中的不合理收费。对不合理费用坚决予以取缔，如人防费、教育集资费、地名费等以及各种名目的管理费和保证金。

此外，为避免政出多门、重复收费，政府可采取集中收费、统一管理。例如广州市，对房地产项目一次性征收的各种配套设施费实行合并，统一由市政设施收费处收取，转入财政分配使用。这样，有利于降低商品总体收费标准，进而有利于降低商品房的成本和价格。

8.3 房地产保险

8.3.1 房地产保险概述

1．房地产保险的概念

房地产保险是整个社会保险的组成部分，是指以房地产作为标的物，根据订立的经济合同，对特定的灾害事故造成的经济损失提供资金保障的一种经济形式，属于财产保险的范畴。所谓房地产保险，主要是指以房屋设计、营建、销售、消费和服务等环节中的房屋及其相关利益与责任为保险标的的保险。保险公司承担的房地产的风险是纯粹风险，即偶然性、意外性和可测定性。房地产保险是保险业务的重要组成部分，尤其是近年来我国房地产业持续升温，与其相关的房地产开发、经营（包括出售、出租、信托）、管理、维修和装饰服务等活动都成了保险活动的重要领域。但房地产保险并不是一个特指的概念，各国在实践中使用的概念均不相同。根据房地产保险的共同特点，房地产保险可以概括为：为了分散住房抵押贷款业务中的有关风险，通过财产保险、人寿保险等方式提供的一系列制度性安排。这一概念基本内涵有以下几个方面：

1）房地产保险是为了分散住房抵押贷款中的有关风险而设立的保险，其保险均与住房抵押贷款有关，换言之，与住房抵押贷款有关的保险都可称之为房地产保险。

2）房地产保险只是分散住房抵押贷款风险的一种方式，一般来说住房抵押贷款均要求以住房作为抵押,并把它作为防范风险的一个重要屏障。

3) 房地产保险涉及的险种较多,一般来说既有财产保险,又有人身保险。

4) 房地产保险是一种制度性安排,它涉及保险制度、运作方式、管理体系等内容,通常还涉及政府的支持和参与。

2. 保险的基本原则

保险的基本原则是指在保险形成过程中逐渐形成的公认准则,包括最大诚信原则、保险利益原则、近因原则和损失补偿原则。

(1) 最大诚信原则　最大诚信原则是指保险合同当事人双方订立保险合同时,应依法向对方提供影响对方是否缔约及缔约条件的全部实质性重要事实;一旦合同订立,则双方在合同的有效期间应绝对信守合同约定和承诺的原则。最大诚信原则的内容主要包括告知、保证、弃权和禁止反言。

告知在保险中称为如实告知,是指在保险合同订立前、订立时以及合同有效期内,投保人对已知或应知的危险和与保险标的有关的实质性重要事实据实向保险人做口头或书面申报;保险人也应将与投保人利害相关的实质性重要事实据实通知投保人。

保证是指保险人要求投保人或被保险人在保险期间对某一事项的作为与不作为,某种事态的存在或不存在做出的许诺,是最大诚信原则的重要内容。保证是保险合同成立的基本条件,是从属于主要合同的承诺。按照保证形式的不同,可以将保证分为明示保证和默示保证。以文字或书面形式载明于保险合同中,成为合同条款内容的保证是明示保证;而并未在保险单中载明,但签约双方在订约时都清楚的保证为默示保证。

弃权是指保险合同当事人一方放弃在保险合同中可以主张的权利,通常是指保险人放弃合同解除权与抗辩权。

禁止反言是指保险合同当事人一方如果放弃合同中可以主张的某项权利,日后不得再行主张该权利,也可以叫作禁止抗辩,在保险合同中主要约束保险人。

(2) 保险利益原则　保险利益是指投保人或被保险人对投保标的所具有的法律上承认的利益,用以衡量投保人或被保险人因保险标的的损害或丧失而遭受的经济损失。保险利益原则是指投保人以自己或被保险人具有保险利益的标的进行投保,若保险事故发生,被保险人只能获得保险利益之内的补偿;若保险利益消失,保险合同随之失效的原则。无论何种保险合同,都必须以保险利益的存在为前提,而保险标的又是产生保险利益的前提。

(3) 近因原则　近因原则是指根据保险事故与保险标的损失之间因果关系的判定,从而确定保险赔偿责任的原则。所谓近因,是指引起保险标的损失最直接、最有效和起决定性作用的因素。在空间和时间上,近因不一定是最接近损失结果的原因。近因原则的具体含义是:如果引起保险事故发生,造成保险标的损失的近因属于保险责任,则保险人承担赔偿责任;如果近因属于除外责任,则保险人不负赔偿责任。

(4) 损失补偿原则　经济补偿是保险的最基本职能,也是保险产生和发展的最初目的和最终目标,因此,保险的损失补偿原则是保险的重要原则。损失补偿原则是指当保险标的发生保险责任范围内的损失时,保险人应按保险合同的约定,对被保险人给予弥补损失的经济赔偿,但被保险人不能因损失获得额外利益的原则。损失赔偿应该以保险责任范围内的损失发生为前提,即有损失发生则有损失补偿,无损失则无补偿。损失补偿金额受到实际损失、保险合同和保险利益的限制。

3. 房地产保险的要素

房地产保险的组成要素即是房地产保险运行的必备条件，主要有：

（1）建立保险基金　保险基金的建立是保险人履行赔偿义务的重要物质基础，是房地产保险业务经营的必要条件。房地产保险基金是房地产保险公司向投保人收取的保险费，或称保险付款的总和，是专为应付意外事故的损失而作经济补偿之用的特殊资金。保险费的确定主要根据房地产的保险金额、保险费率及保险期限。

（2）房地产投保人　房地产投保人是指对保险房地产具有保险利益，与保险人订立保险契约，并交纳保险费的人，可以是法人，也可以是公民自然人。房地产投保人必须是被保险房地产的所有人或经营管理人，或者是对保险房地产有利害关系的人。房地产投保人具有以下义务：

1）按期如数交纳保险费。

2）被保险房地产一旦出险，如实向保险人报告发生危险的情况。

3）在房地产保险中，投保人应当及时维护被保险房地产的安全，并接受保险人对房地产安全的监督和合理建议，切实做好安全防灾工作。

4）房地产保险范围内事故发生后，投保人应及时通知保险人

5）投保人当事故发生时，应积极采取措施，以防止损失的扩大

6）如果投保人将房地产出售或转让给第三人，当保险责任范围内的自然灾害和不幸事故发生而造成经济损失时，如按合同规定，需要通知保险人的，应及时通知。

7）投保人有权按保险契约向保险人索赔，获得约定的保险赔偿。

（3）房地产保险人　房地产保险人即是与房地产投保人订立保险契约，收取保险费和在房地产出险后负责赔偿的人，如保险公司。房地产保险公司以及承办保险业务的银行等金融机构。

（4）房地产保险的可保风险　在房地产经营的各个环节，不可避免地存在诸多风险，会引起巨大损失，保险是减少风险的一种有效手段，但并不是所有风险都可以通过购买保险的方式转嫁给保险人。保险人承保的风险是有一定条件和一定范围的，房地产保险的可保风险条件包括：风险必须是偶然的；风险导致的损失必须是意外的；意料之中的损失是不能保险的；风险属于纯粹风险；风险必须是大量的同类标的物均有遭受同类风险损失的可能性（大数法则是保险赖以建立的数理基础）；风险损失必须是能以货币衡量的。可保的风险才能以保险责任的形式，反映在各种保险的条款之中，保险人只对保险责任范围内的风险事故或约定事件所遭受的损失负责。

（5）房地产保险合同　房地产保险合同又称保险单。它的主要内容包括保险标的及金额、保险费、保险责任、保险期限、违约责任等。

4. 房地产保险的类别

房地产保险按其保险标的不同，可分为财产保险、责任保险、信用保证保险和人身保险四大类。

（1）房地产业中的财产保险　房地产财产保险是以房地产业中的财产及其与之相关联的利益为保险标的的保险。

1）工程保险。工程保险包括建筑工程保险和安装工程保险。房地产在开发过程中，房屋的建筑和安装是个重要阶段，其间存在多种自然灾害和意外事故发生的可能性。建筑安

装工程的有关方可参加工程保险，把有关风险转移给保险人，用少量固定的保险费支出，换得较全面可靠的经济保障。

2）企业财产保险和家庭财产保险。房地产开发建造完毕，即进入流通和使用阶段。已建好的房屋及建筑面临的自然灾害和意外事故已不属于工程保险的保障范围，因此对房地产有保险利益的各方必须投保其他险种，才能获取保险保障。在我国，可为房屋及建筑物提供保障的险种主要有企业财产保险和家庭财产保险。

企业财产保险是一切工商、建筑、交通运输、饮食服务行业、国家机关、社会团体等，对因火灾及保险单中列明的各种自然灾害和意外事故引起的保险标的的直接损失、从属或后果损失和与之相关联的费用损失提供经济补偿的财产保险。

家庭财产保险是以城乡居民的房屋等家庭财产为保险标的的保险。中国人民保险公司开办的家庭财产保险类险别有家庭财产保险、家庭财产两全保险、团体家庭财产保险等险别。当发生保险责任范围内的自然灾害和意外事故时，保险公司负责赔偿。家庭财产保险的保险合同内容与企业财产保险基本相同。目前我国不少地区还开办了"农民建房保险"和"农村房屋保险"，前者是农民在建房过程中发生约定事故后，保险公司负责赔偿；后者基本与家庭财产保险相似，只是保险标的只限于房屋和附属设备，不包括其他财产。

3）货物运输保险。在房地产的开发和建造过程中，大量的物资财产，如建材、各种设备等，都需要经过运输阶段。而处于运输中的物资财产不属于一般财产保险，如上述的工程保险、企业财产保险等的保障范围，故为获得一定的保险保障，各有关方须投保货物运输保险。该保险是以运输中的货物作为保险标的的一种保险，当被保险人的保险货物遭受保险责任范围内的损失时，保险公司负责赔偿。

由于货物的运输方法有多种，如海运、空运、陆运等，若按地域不同，还可分为国内运输和跨国运输，不同的运输方式也就有着不同的风险。因此，中国人民保险公司将开办的货物运输保险分为国内货物运输保险和涉外货物运输保险两类。国内货物运输保险包括国内水路、陆路货物运输保险、国内航空货物运输保险；涉外货物运输保险包括海洋货物运输保险、陆上运输货物保险和航空货物运输保险。

4）房屋抵押贷款保险。当借款人以房屋为抵押品向银行等金融机构申请贷款时，贷款方为使已抵押的房屋能有一定的保障，往往要求借款人将作为抵押品的房屋向保险公司投保房屋保险，抵押的房屋一旦发生保险责任范围内的灾害事故时，贷款方可取得向保险公司索赔的权利。若作为抵押品的房屋未投保房屋保险，一旦发生自然灾害和意外事故，将直接导致抵押物的贬值或完全丧失其价值，银行等金融机构也就失去了物质保证，出现银行贷款风险。

5）房租保险。房租保险属灾后利益损失类保险，是一种间接损失的保险，它是以房屋出租的租金为保险标的的。当出租房屋者因出租房屋发生保险危险造成预期可得到的租金无法获取时，保险公司负责赔偿。租金保险的保险金额应为正常情况下年房租收入总额，保险责任范围仅限于因自然灾害和意外事故导致房屋受损而引起的租金收入减少。房租保险一般为火灾保险的附加险，我国目前尚未开办该险种。

(2) 房地产业中的责任保险　责任保险是以被保险人的民事损害赔偿责任作为保险标的的保险。该险种首创于19世纪的欧美国家，发展于20世纪70年代之后。根据法律规定，被保险人依法对他人损害有经济赔偿责任的，可投保各种责任保险。

1）工程保险第三者责任保险。工程保险第三者责任保险是工程保险的附加险，它包括建筑工程第三者责任保险和安装工程第三者责任保险。投保之后，企业或个人在工程施工期间，因发生意外事故而造成第三者的财产损失或人身伤害，依法原应由企业或个人承担的经济赔偿责任，现由保险公司负责赔付。例如，在房产建造安装工程中，可投保第三者责任保险，以免除被保险人对第三者应承担的经济赔偿责任。

这里所指的第三者是指被保险人之外的法人或自然人，他们与工程项目无任何利益关系，如行人、工地附近的居民、工地外来人等。而在工程现场从事与工程相关工作的人员，不属于第三者。第三者责任是指被保险人对第三者应付的财产损失和人身伤害的经济赔偿责任，以及由此引起的诉讼费用等有关费用。

2）公众责任保险。公众责任保险也称普通责任险、综合责任险，保险人承保被保险人侵权损害公众利益而依法承担的经济赔偿责任。我国1980年年初开办公众责任保险，深受欢迎。在房地产业中，通常要求投保的是场所责任保险。

场所责任保险是以固定场所因存在建筑结构的缺陷或管理不善或被保险人在该场所内进行生产经营活动时因疏忽发生意外事故，造成公众的人身伤亡或财产损失而依法产生的经济赔偿责任为保险标的的一种责任保险。这里所指的固定场所包括房屋、建筑物及其设备和装置，如商店、公园、影剧院、学校、旅馆等。由于上述各种不同场所的风险责任不相同，因而场所责任保险可分为旅馆责任保险、电梯责任保险、展览会责任保险等。

3）职业责任保险。职业责任保险是由保险人负责赔偿从事特殊职业的人，如建筑师、设计师、医生、会计师、律师等因工作疏忽和过失而造成他人的财产损失或人身伤亡，依法应负的经济赔偿责任。它最早的险种是医生职业责任，后发展到各种职业。房地产业中的职业责任保险主要是建筑师、设计师、会计师等职业责任保险。我国开办的"建设工程勘察设计责任保险"就是对在开发房地产项目中，由勘察单位和设计单位因勘察错误或设计错误造成施工和工程质量问题并由勘察设计单位负责的损失和费用，由保险公司负责赔偿，从而保障建设单位和勘察设计单位双方的经济利益。

4）雇主责任保险。雇主责任保险，又称劳工抚恤险，简称劳工险。它起源于19世纪80年代初期，是西方国家劳工通过长期斗争获得的保护自身利益的一种有效措施。不少国家劳工法规定，雇主必须投保雇主责任保险，从而使雇主责任保险成为法定保险（强制保险）。保险人承保雇主根据法律或合同规定对其雇员的人身伤亡应负的经济赔偿责任。在我国目前房地产业中，外资和中外合资合作的房地产主应对其雇员投保雇主责任保险，以保障雇员的经济利益。

(3) 房地产业中的信用保证保险　信用保证保险是随着现代社会商品经济的发展而产生的，是以信用关系为保险标的的一种保险。保险人对信用关系中的一方，因对方未履行义务或犯罪行为蒙受的经济损失提供经济赔偿。它包括两种形式：其一是保证保险，由保险人为被保险人（被保证人）向权利人提供担保，当被保证人违约使权利人遭受经济损失时，权利人有权从保证人处获得补偿。如购房者以自己的信用为保险标的，以自己为受益人，与保险人签订因非主观意愿的原因而不能如期还贷时，由保险人代为付款的保险合同就是一种房地产保证保险合同。其二是信用保险，它和保证保险属于同一范畴，只是不同当事人从不同角度向保险人提出保险请求。比如上例中，如果提出保证保险的是银行，受益人变成银行，那就是房地产信用保险。

此外，在我国，外资房地产还可投保政治风险保险。当外资方因政治风险，如战争、罢工、征用、没收、外汇管制等原因蒙受经济损失时，由保险公司负责赔偿。

（4）房地产业中的人身保险 人身保险是以人的身体和生命为保险标的的保险，包括人寿保险（生存保险、死亡保险和两全保险）、疾病保险和人身意外伤害保险。在房地产业中，最具有意义的是人身意外伤害保险，因为在房屋建造工程中，意外事故频繁，有关方可为其建筑安装工人投保人身意外保险，以保障建筑安装工人的经济利益。另外，与房地产保险相关的人寿保险就是以贷款期限为保险期限，以贷款额为保险金额（该保险金额随贷款余额的降低而降低），以借款人的死亡、残疾等为保险事故，为防范借款人由于上述事故而不能还贷的风险而设立的保险险种。

另外，一些房地产保险的品种具有上述保险的综合职能。例如欧洲一些国家采取人寿保险和保证保险结合的房地产保险模式。我国消费信贷住房综合保险，综合了信贷保证保险和住房财产保险的保险责任。

8.3.2 我国的住房信贷保险

1. 住房信贷保险概述

住房信贷保险是指借款人在申请贷款时，根据合同约定购买政府或金融机构设立的住房贷款保险，保险人对于因合同约定的可能发生的事故发生所造成的财产损失，承担赔偿保险金责任；或者当被保险人因下岗、死亡、伤残、疾病等原因，不能按期偿还贷款本息时负责承担贷款人偿还本息的行为。住房信贷保险一般有住房贷款信用保险与住房贷款寿险两种类型。住房贷款信用保险又称履约保证保险，是指保险公司按信用保险条款，在购房者连续三个月无法按贷款合同还本付息时，将代其还贷；但在一段时间之后，保险公司会向购房者追讨代还的欠款和利息，直至处置购房者的房产。而住房贷款寿险则指在购房者因疾病或意外事故导致身故或伤残时，其家庭其他成员可使用保险公司提供的保险金继续还贷；直至本息归还完毕，保险公司无权向购房者追讨代还款；从而可以保证购房者能够在出险时，保留自己的住房。我国的住房信贷保险是随着住房抵押贷款业务的发展而逐步发展起来的。保险机构主要是各财产保险和人寿保险公司，有些地方政府通过支持地方性住房担保公司参与住房保险。保险产品包括：住房消费信贷保证保险、消费信贷住房财产保险、消费信贷住房综合保险和住房定期人寿保险等。保险的运行方式是保险公司与贷款银行合作，委托贷款银行代理保险。从保险规模、产品种类、运行模式等方面来看，我国住房信贷保险在整体上还处于起步阶段。

在住房贷款业务发展初期，部分保险公司就开始介入住房消费信贷保险市场，最早出现的是住房消费信贷保证保险。这种保险产品刚进入市场时，曾因保险公司对保证保险认识不足、经营风险控制不力，发生了累积风险与公司偿付能力增长不匹配的问题。住房信贷保险为促进住房消费信贷业务的发展，保证国家宏观调控政策的顺利实施，有效地防范和化解金融风险起到了积极的作用。随着国家宏观调控政策的顺利实施，以及住房制度的改革，个人住房消费信贷业务的快速增长必将带动信贷住房财产保险市场的发展。

2. 住房信贷保险的意义

我国由于住房保险刚刚进步，当前人们对什么是住房信贷保险还很陌生，相当一部分人还不知道购房为什么还要买保险，对住房保险有什么好处、保障范围、具体内容还不了解。随着住房制度改革的深入，住房信贷将在广大居民的住房消费中发挥越来越重要的作用。但是，目前住房贷款的实施还受到一些条件的制约，对于经营者来说也有一定的风险。解决这一难题，保险作为现代社会转移化解风险的重要手段，则完全可以在住房信贷业务中发挥重要的作用。

1）住房信贷保险可以化解住房信贷的经营风险，促进住房信贷业务的发展。一般说来，住房贷款有以下四种风险：道德风险、物质风险、行为风险和房地产市场风险。道德风险是指贷款人以弄虚作假的手段，骗取银行信任而获得贷款或贷款后恶意违反贷款合同致使银行无法收回贷款而承受损失。物质风险则是指贷款人因生病、受伤、发生人身意外或失业等，导致收入减少甚至没有了收入，因而无法还贷，使银行蒙受损失。行为风险是由于贷款人疏忽或误解合同的有关规定而发生了违约行为，使银行不能按期或按额收回贷款。房地产市场风险是指在房地产交易变现所需的期间内，由房地产市场价格、供求关系等因素的变化以及房屋价格与借款人收入之间的情况变化而形成的交易市值发生负面变化的风险。它主要表现为两个方面：一是由于各种原因致使房地产市场价格产生大幅度波动而给投资者带来的风险；二是当投资者购入房地产准备转出或出租时，可能会遇到找不到适合的买家或租赁者的情况。在市场经济条件下，这种不确定因素非常多，国内外社会变动、经济变动、政策变动以及居民收入水平的变动等都会影响房地产市场的运行，从而产生房地产市场风险。规避这些投资风险，广泛开展住房贷款保险，是行之有效的手段。

2）有利于解决借款者在无力还贷时的困境。俗话说，"天有不测风云，人有旦夕祸福。"借款者在还贷期间可能会遇到各种风险，在无能力还贷的情况下，保险公司就可以按照保险的有关规定履行保险责任，为借款者承担还贷责任。这既是借款者购买住房保险的出发点和最终目的，也是保险补偿作用的最终体现。因此，适应住房贷款的发展，建立健全住房保险机制，对于防范和化解金融风险，为住房消费的发展提供有力支持，具有重要意义。住房信贷保险既有利于贷款者，又有利于借款者，成为维护双方利益安全的保障。

3）住房信贷保险客观上能起到扩大住房消费，拉动内需的作用。有了住房信贷保险制度，一方面银行就会放心地发放贷款，不用担心贷款收不回来；另一方面消费者个人也敢于借款，发生意外再不用担心。这样做的结果是既刺激了住房消费，又对拉动内需起到重要作用。随着住房信贷的发展，居民购房还会增加。国务院在《关于深化城镇住房制度改革的决定》中指出"要完善住房产权登记制度，发展住房贷款保险，防范贷款人风险，保证贷款安全"。这为我们发展住房贷款和住房保险指明了方向。

3. 住房信贷保险的种类

目前保险公司提供的主要产品可分为两大类：一类是财产保险公司开发的住房消费信贷保证保险、消费信贷住房财产保险、消费信贷住房综合保险；另一类是寿险公司开发的与人身险业务有关的住房定期人寿保险。

4. 住房消费信贷保证保险

该险种投保人是借款人，受益人是贷款人，当借款人出现保险责任约定的事项，在一定的时间内无法偿还贷款时，由保险人负责代偿给贷款人。

（1）消费信贷住房财产保险　其保险标的和责任范围与普通的住房财产保险基本一致，都是承保房屋的建筑结构，不同的是它所保障的期限为整个贷款期限，保费为一次性收取的。它主要是为保障由于住房信贷业务中抵押房屋损毁产生的风险。以中国太平洋保险公司个人住房保险为例：投保人是个人住房的合法所有人；保险责任是由于规定原因造成保险财产损失和费用支出，保险人负赔偿责任。规定原因包括：火灾、爆炸、雷击、暴雨、洪水、台风、暴风、龙卷风、雪灾、雹灾、空中运行物体的坠落等；保险期限是与"购房借款合同"中约定的借款期限一致；保险金额按"商品房销售合同"载明的价格确定；保险费为保险金额乘以保费费率。有的保险公司采用现值法收取保险费，即在收取保费时按一定的贴现率进行贴现处理。

（2）消费信贷住房综合保险　其保险责任综合了上述住房消费信贷保证保险和消费信贷住房财产保险，是一种保险责任比较宽泛的保险产品。

（3）住房定期人寿保险　寿险公司推出的住房定期人寿保险一般属于减额定期寿险，保险期限与贷款期限相同，保险额随贷款余额递减而递减，当被保险人发生意外伤害或疾病导致身故、全残而无法偿还贷款时，保险人负责偿还贷款。以中国人寿保险公司安居定期保险为例：投保人是18～55周岁、身体健康、符合中国人民银行《个人住房贷款管理办法》规定的贷款条件向贷款人贷款购房，贷款期限届满后年龄不超过70周岁者，均可作为被保险人；保险期间与被保险人和贷款人签订的个人住房贷款合同期间相同；保险责任是在保险合同有效期内被保险人身故，保险公司按保险事故发生时的保险金额给付保险金。保险金额逐年变动，首年的保险金额为住房贷款本金，以后的各年的保险金额包括剩余贷款本息；保险费交付方式分为趸交和年交，年交保险费的交费期间为保险合同的保险期间。在北京地区还有专为住房公积金贷款提供的"喜洋洋消费借贷者定期寿险"，也是为借款人提供身故和全残保障。

5．运行模式

目前住房消费信贷保险业务主要采取以下模式：保险公司向商业银行贷款，各经办行分别签订代理保险合同书，由经办行负责销售和办理保险，并收取一定比例的手续费。手续费按照保监会有关规定确认保险手续费支付标准和支付方式（如建设银行上海、北京、广东分行的手续费分别为保险费的15%，8%和10%）。

借款人在获准贷款后，到经办行签订保险合同，办理保险手续。保险合同的主要内容包括：保险人名称和住所；投保人、被投保人名称和住所以及人身保险受益人的名称和住所；保险标的；保险责任和责任免除；保险期间和保险责任开始时间；保险价值和保险金额；保险费以及支付办法；保险金赔偿或者给付办法；违约责任和异议处理；订立保险合同的日期。

建立住房信贷保险制度是发展住房信贷保险的关键和保证，从我国保险市场出现住房信贷保险以来，不论是保证保险还是房屋财产保险，其发展变化只是在保险责任方面做一些修改，没有更多的适合市场需求的险种出现，选择的余地较小。这使我国保险行业所开发的产品不能适应市场的需求。我国住房信贷保险存在的问题主要表现在：

1）险种不能满足市场需求，生命力不强。目前仅消费信贷房屋财产保险得到了较好的发展，其他险种的发展较慢，这从另一个侧面说明了为什么有些产品生命力不强。

2）住房信贷保险产品推出的时间短，统计分析工作基础较为薄弱，数据资料不全，单个险种的效益情况不清楚，缺少各个风险的准确损失率，给科学合理拟订费率带来一定的难度。由于住房信贷业务是长期业务，与其配套的保险也都是长期险种，仅以目前几年的经验数据尚不能准确地得出损失率的结论。

3）住房信贷保险条款费率单一，不能与保险标的的风险程度多样性相匹配。住房信贷业务面临的风险具有多样性，不同的贷款方式和贷款手续、不同的房产，都会具有不同的风险，而现在提供的是同一条款和同一费率，这种做法不能给被保险人提供适合的保障，最终将阻碍住房信贷保险业务的健康发展。

4）佣金支付方式尚需进一步研究。由于住房信贷保险的保险费是一次性收取的，佣金也一次性按比例支付，当借款人提前偿还贷款，要求退保时，佣金的扣减存在不合理问题。

针对上述问题，为发展我国住房信贷保险制度，应尽快达到以下目标：

1）保险产品的多样化，要根据市场需要开发出能够提供全方位保险服务的住房信贷保险，使受保人能有多种选择。

2）费率拟订科学化。除费率拟订的基本原则外，还要考虑房屋结构、贷款条件、历史数据等因素，科学地拟订出合理的费率。

3）建立科学合理的核算方式。

4）建立良好的保险、银行协作关系。住房信贷保险中的保证保险需要个人消费信用体系的支持，而借款人的信用审查是银行贷款的前提条件，保险公司借助银行掌握的借款人的履约情况，可以降低因个人信用问题而产生的风险。

本 章 小 结

中国现行房地产税有房产税、城镇土地使用税、耕地占用税、土地增值税、契税。

与房地产相关的税收有增值税、企业所得税、外国投资企业和外国企业所得税、个人所得税、印花税。

房地产税费对房地产开发成本和开发价格影响较大，可以采取合理的调控措施进行调控。

房地产保险是保险业务的重要组成部分，房地产保险按其保险标的不同，可分为财产保险、责任保险、信用保证保险和人身保险四大类。

复习思考题

1. 我国房地产税及相关税有哪几种？
2. 你知道有关房地产税收的哪些政策？
3. 税费对房地产开发成本及销售价格有何影响？
4. 与房地产相关的保险有哪几种？

综合实践题

某房地产开发公司 2010 年度发生的主营业务收入以下：

1）销售商品房 600 套，每套售价 50 万元，收取房款 3 亿元。预售商品房 100 套，每套 60 万元，预收房款 1 800 万元。

2）将委托某施工企业建造的高档别墅一栋作价 200 万元，与其他公司换取某块土地的使用权。经税务机关认定，其作价明显偏低，当地无同类房产售价，该别墅开发成本为 260 万元。

3）出售自建的办公楼一栋，工程总成本 1 600 万元，售价 2 500 万元。

4）将新建的一栋房屋无偿捐赠给附近的一所小学。该房屋由某建筑单位施工，账面成本 500 万元。

5）以本公司的一栋原价为 1 000 万元的综合楼做抵押，向某商业银行贷款 600 万元，贷款期限 2 年，贷款年利率为 6.8%。按照协议规定，抵押期间该房产由银行使用，公司不再负担贷款利息。贷款期满后，因公司发生财务困难，无力偿还贷款本金，银行将所抵押房产收归己有，核定该房屋价值为 1 200 万元，银行向该公司支付 1 200 万元。

6）转让办公楼一栋，取得转让收入 3 000 万元。该房屋为上一年度购置，购置原价为 2 000 万元。（按照现行税法规定，单位或个人转让房地产不足五年按照销售全额计征营业税）

分析：

1）销售商品房，应按"销售不动产"税目计算缴纳营业税，纳税人销售不动产，采取预收款方式的，其纳税义务发生时间，为销售建筑物并收取应收款当天。

2）以别墅换取土地使用权，作为销售处理，应按"销售不动产"税目计算缴纳营业税。因作价明显偏低，又无同类房产售价，应按组成计税价格计算征收营业税。

3）自建建筑物出售，其自建行为应按"建筑业"税目计算缴纳营业税。其销售行为，按"销售不动产"税目计算缴纳营业税。其中自建部分应按组成计税价格计算征税。

4）单位将不动产无偿赠与他人，视同销售不动产征收营业税，其营业额由主管税务机关核定。

5）公司在借款期间按照应支付的利息作为财产租赁收入，计算缴纳营业税。贷款期满后，因房产所有权发生转移，应按"销售不动产"计算缴纳营业税。

6）纳税人销售其购置的不动产，超过五年的（含五年）应按全部收入减去不动产或土地使用权的购置或受让原价后的余额为营业额计算缴纳营业税。不足五年的则按照转让全额计征营业税。

已知：当地主管税务机关核定的成本利润率为 20%。

要求：根据税法规定，计算该公司 2010 年度应缴纳的营业税税额。

分析与讨论

2014 年两会，将房地产税立法的相关工作列入了重要议程，明确将房地产税立法作为人大工作的重要组成部分。房产税的出台将关系到千家万户、亿万人民的切身利益，引起了全社会的关注。国家为什么会在这个时段将房地产税列入重要议程，请分析与讨论房地产税出台的社会背景，并关注社会各方观点。

第 9 章 物 业 管 理

【学习目的】

通过本章学习，了解物业经营收入、费用类型及其确定方式，了解我国物业管理的发展方向；熟悉物业及物业管理的概念，收益性物业管理的特性与原则，物业管理机构的设置；掌握物业管理的内容。

9.1 物业管理概述

9.1.1 物业管理的相关概念

1．物业的概念及特点

（1）物业的概念 "物业"一词由我国香港地区传入沿海及内地，译自英语 Property 或 Estate。从广义上来说，物业与房地产是同一个概念，指建筑物及其附属设备、设施和相关场地，但从物业管理的角度来说，物业则特指正在使用中的或可以投入使用的各类建筑物及其附属的设备、配套设施和相关场地。按照所有权的性质，物业可以分为公共物业（政府办公楼、公立学校、医院等）和非公共物业（企业、机构和个人的生产、办公、居住等物业）；按占有形式，可以分为自用物业和出租物业；按使用性质可以分为商业物业、居住物业、工业物业和特殊用途物业。从存在的形式来看，物业有大小之别，可以是一个建筑群（如居住小区）、一栋单体建筑（如住宅楼）或一个单元（如住宅单元），某宗物业的范围通常用产权的形式来界定。

（2）物业的特点

1）固定性。物业的固定性主要是指物业空间位置的不可移动性。物业从建造到使用始终固定在某个确定的场所，不能移动。除非自然毁损和人为拆除，否则人们无法将某一物业从偏远区位移动到商业中心。当然，随着现代科学技术的发展，迁移整幢楼已成为可能。但这并不能否定物业的固定性。

2）耐久性。物业的使用价值具有耐久性，如果不是人为原因或自然灾害，物业的使用年限可长达数十年甚至更长时间，在整个使用年限里都能基本保持原有的使用价值，从而也使物业服务具有长期性。

3）多样性。物业包括住宅小区、商业大厦、写字楼、高层公寓、工厂物业、仓库等及其配套设施等，其范围非常广泛，且每一个单体物业都有自己的特点，形成多样性。多样性的物业构成了城镇风景，更显城镇独特的风采。

4）高值性。物业不仅有价值，而且具有使用价值或观赏价值。建筑物及其配套设施、设备以及场地的综合价值很高，尤其在人口众多、可用土地较少的大城市，物业的价值就更高。

2．物业管理的概念

物业管理有广义和狭义之分。广义的物业管理泛指一切有关房地产发展、租赁、销售及售租后的服务。在我国，物业管理主要是指狭义的物业管理，根据《物业管理条例》中对物业管理的表述："物业管理是指业主通过选聘物业服务企业，由业主和物业服务企业按照物业服务合同约定，对房屋及配套的设施设备和相关场地进行维修、养护、管理，维护物业管理区域内的环境卫生和相关秩序的活动。"由此可见，物业服务企业在业主的委托下，依据国家的有关法律规定，按照合同或契约行使管理权，运用现代管理与服务技术，为物业的所有人或使用人提供高效、优质和经济的服务，创造安全方便的居住和工作环境，使物业发挥最大的经济价值和使用价值。

物业管理有着丰富的内涵，基本上可以分为经营、管理和服务三个方面。经营是物业服务企业生存和发展的关键，主要是指依据市场规律，进行商业策划、制订并实施销售方案，或是评估租金，制订出租方案，以便使物业保值甚至增值。管理是物业管理的基本职能，主要是掌握房地产的变动和作用情况，使房屋得到及时修缮，保持房屋使用功能，使房屋的数量、产权、建筑形式、完好程度、设备使用情况等及时准确地记录下来，及时变更有关记录；此外，管理工作还包括物业服务公司内部财务、人事的综合管理，以保证经营、服务的正常运行。服务是物业服务企业的宗旨，是指准确、及时地满足用户要求，如清洁、保安、绿化及各种服务。物业管理三个方面的工作是相辅相成的，寓经营、管理于服务之中，在服务中完善经营管理。

9.1.2 物业管理的意义

物业管理是房地产市场体系的一个重要组成部分，是房地产市场发展到一定程度，为完善市场机制而逐步建立起来的一种综合性经营服务方式。人们购买房地产的要求和购买其他商品一样，不仅注重它的价格和质量，还十分注重其售后服务。实践证明，提供良好的物业管理服务，不仅有利于树立开发者的形象，加快房地产商品销售的速度，而且有利于维护房屋购买者或投资者利益，达到物业保值增值的目的。同时，物业管理是一个很重要的服务行业，它直接经营管理的物业资产比其他任何部门的固定资产都要多。因此，物业管理的好坏，直接影响社会、经济、环境等各方面的效果，具有非常重大的意义。

1）从财富积累的角度看，良好的物业管理能延长物业的经济使用寿命，充分发挥物业的使用价值。缺乏良好的物业管理常常导致物业内部设施运转不良，加快物业自然损耗的速度，使物业使用价值超前消耗，造成社会财富的巨大浪费。

2）从经营效果看，良好的物业管理能增强社会信任感和投资者信心。并非所有的物业持有者或使用者都具有物业管理的经验和时间，他们往往要借助于社会上提供的专业物业管理服务对其所拥有或使用中的物业进行有效的管理，而将自己宝贵的时间投入其所擅长的专业方面。此外，完善的物业管理能使物业始终保持良好的运行状态，不断地适应社会、经济发展的潮流对建筑物使用功能的要求，使物业易于出租或出售，并保持一个较高的价格水平。良好的物业管理也是最实在、最有效的市场推广手段，它既可以使开发商较快地达到其市场目标，也能为投资者带来直接的经济效益。

3）从社会影响角度看，物业管理能促进人居环境的改善。运用良好的大厦设施有助于工作效率的提高，称心如意的居住环境，有助于人们的身心健康和人际关系的融洽。社会学研究表明，良好的工作、生活环境，不仅能减少人们的烦恼、焦虑、矛盾、摩擦及某些有害社会的不轨行为，还会形成互助、互谅的社会风气，促进身心健康，提高工作效率。由此可见，搞好物业管理会产生极大的社会效益和经济效益，对完善房地产市场、建设现代化城市及提高人民的生活水平具有深远的意义。为此，建设部在1992年的全国房地产工作会议上就提出"发展物业管理和委托代管，提高房地产经营管理、维修服务的社会化、专业化程度"的要求。

9.1.3 收益性物业管理的特性与原则

收益性物业管理是指以经营性房地产为主体对象的物业管理，它普遍存在于酒店、写字楼、零售商业中心、工业厂房货仓以及商品住宅的管理中。

1. 收益性物业管理的特性

收益性物业管理的特性是由收益性物业的特点所决定的。一般来说，收益性物业管理的特性体现在以下几个方面：

1）所辖物业以商品的形式存在。收益性物业虽然是一种耗资巨大的特殊商品，但它也要在交换过程中遵循价值规律。投资者或承租人付出了货币而获得物业永久或一定期限的使用价值，这就产生了收益性物业经营的活动方式——出租或出售。

2）收益性物业管理是一种创造性的活动。在收益性物业管理中，建筑物成了商品，但这是一种特殊的商品，随着其外界环境的变化以及内部管理的优劣，其可使用时间长短会有较大差异，市场价值也会有很大变动。从房地产估价理论中我们知道，房地产的价值取决于其现在和将来所能给权利人带来利益的总和。随着市场价格水平的变化、物业使用寿命的延长或缩短，物业的价值会产生大的变化。正因为这种变化的敏感性，使物业管理的可塑性极强。所以说，收益性物业管理不是简单的商品交换，它是一种创造性的活动。良好的管理会大大提高物业的使用价值和市场价值。

3）收益性物业管理属于服务性行业，要寓管理于服务之中。收益性物业管理的对象是建筑物及附属设施和相关场地，而服务的对象是"人"，是物业的产权所有者和使用者。它属于服务型行业，所管理的内容要从服务中体现出来，因此强调严格管理、优质服务。

4）收益性物业管理中所提供的服务具有紧迫的时间性。收益性物业管理中最重要的服务在于房屋的出租和其他附属性的商业服务。房屋的价值不能库存，若当天售不出去，就失去了当天的价值回收的机会。例如，酒店，客房的数目是固定的，即使第二天出租率为100%，也无法收回前一天的空置而造成的损失。并且不论物业的出租情况如何，与物业有关的管理费用支出一般也不能减少。仍以酒店为例，即使某天酒店的出租率仅为10%，也不可能马上裁减员工、停开中央空调或减少清洁保安服务，因此，收益性物业管理强调时间的充分利用。

5）收益性物业管理是综合性的统一管理。收益性物业管理的内容相当广泛，既有房屋出租、商业服务等经营型内容，又有结构、装修、设备维修等技术内容，还存在着清洁、保安、绿化、交通等日常服务，同时还要代表产权人和使用者与政府有关部门、公共事业部门、社会团体等组织就相关问题进行协商，因此它是综合性的管理。

6）收益性物业管理具有极大的社会作用。随着社会主义市场经济的发展，收益性物业的投资主体呈现多元化的趋势，维护投资者的利益就成了至关重要的问题。因而收益性物业管理对社会的安定、人民生活水平的提高、城市的美化等起着重要作用。此外，随着市场经济的发展，收益性物业管理逐渐成为物业管理的主流，因此，在物业管理中要时刻关注社会效益。

2. 收益性物业管理的原则

根据物业管理的特性和我国物业管理的实际情况，收益性物业管理应坚持以下几项原则：

1）综合管理的原则。随着房地产产权多元化和私有化的发展，一项物业往往有多个产权人，但物业管理应该是统一的，物业的管理权和所有权可以分离。如果采用分散管理的办法，容易造成职责不明、互相推诿、效率低下的现象。所以单宗物业的管理应委托专业物业服务企业进行统一、综合的管理服务，这是提高管理水平与质量、减少损耗、贯彻最大物质效益原则的需要。

2）经济效益和社会效益并重的原则。良好的收益性物业管理可以使物业始终处于良好的运行状态，并能不断适应社会经济发展潮流对收益性物业使用功能的要求，使收益性物业容易出租或出售，并保持一个较高的价格水平。所以，收益性物业管理在追求最大经济效益的同时，对保护投资者利益和社会安定、人民生活水平的提高，以及城市的美化、吸引外资等都起着不可低估的作用。

3）社会化原则。收益性物业管理要按照发展社会主义市场经济的要求，从行政管理逐步过渡到经营型管理，从单位自管向社会化管理过渡。

4）专业管理与民主管理相结合的原则。收益性物业管理要向专业化管理发展，但同时必须注意同使用者、产权人进行协商，共同完成管理任务。方法是物业服务企业针对物业进行专业化管理，业主组成管理委员会参与管理过程中重要问题的决策，对物业服务企业的财务状况、服务情况及其工作人员的表现进行监督，物业服务企业还要接受房地产行政管理部门的指导与监督。

9.2 物业管理机构设置

9.2.1 物业服务企业的设立

物业服务企业是依法设立、具有独立法人资格，具备相应资质条件，从事物业管理服务活动的经济实体。物业服务企业的设立，要遵守《中华人民共和国公司法》《物业服务企业资质管理办法》的有关规定，本着市场化、社会化、专业化和企业化的组建原则，进行工商注册登记和资质等级评定。

1. 物业服务企业的注册登记

物业服务企业需向工商行政部门进行注册登记，领取营业执照，方可开业。新设立的物业服务企业应该到当地人民政府房地产主管部门申请，经主管部门批准后，才可从事物业管理业务。

2. 物业服务企业的资质等级审批

根据建设部 2007 年 11 月 26 日修正发布的《物业服务企业资质管理办法》规定，物业服务企业资质等级分为一、二、三级。国务院建设主管部门负责一级物业服务企业资质证书的颁发和管理。省、自治区人民政府建设主管部门负责二级物业服务企业资质证书的颁发和管理,直辖市人民政府房地产主管部门负责二级和三级物业服务企业资质证书的颁发和管理,并接受国务院建设主管部门的指导和监督。

设区的市的人民政府房地产主管部门负责三级物业服务企业资质证书的颁发和管理,并接受省、自治区人民政府建设主管部门的指导和监督。

3．物业服务企业的资质等级条件

物业服务企业资质条件,主要从注册资金、人员素质、管理业绩和管理规章制度等方面状况进行考查,规定其具体的资质等级。各资质等级物业服务企业的条件如下。

（1）一级资质企业应具备下列条件

1）注册资本人民币 500 万元以上。

2）物业管理专业人员以及工程、管理、经济等相关专业类的专职管理和技术人员不少于 30 人。其中,具有中级以上职称的人员不少于 20 人,工程、财务等业务负责人具有相应专业中级以上职称。

3）物业管理专业人员按照国家有关规定取得职业资格证书。

4）管理两种类型以上物业,并且管理各类物业的房屋建筑面积分别占下列相应计算基数的百分比之和不低于 100%。

① 多层住宅 200 万 m^2。

② 高层住宅 100 万 m^2。

③ 独立式住宅（别墅）15 万 m^2。

④ 办公楼、工业厂房及其他物业 50 万 m^2。

5）建立并严格执行服务质量、服务收费等企业管理制度和标准,建立企业信用档案系统,有优良的经营管理业绩。

（2）二级资质企业应具备下列条件

1）注册资本人民币 300 万元以上。

2）物业管理专业人员以及工程、管理、经济等相关专业类的专职管理和技术人员不少于 20 人。其中,具有中级以上职称的人员不少于 10 人,工程、财务等业务负责人具有相应专业中级以上职称。

3）物业管理专业人员按照国家有关规定取得职业资格证书。

4）管理两种类型以上物业,并且管理各类物业的房屋建筑面积分别占下列相应计算基数的百分比之和不低于 100%。

① 多层住宅 100 万 m^2。

② 高层住宅 50 万 m^2。

③ 独立式住宅（别墅）8 万 m^2。

④ 办公楼、工业厂房及其他物业 20 万 m^2。

5）建立并严格执行服务质量、服务收费等企业管理制度和标准,建立企业信用档案系统,有良好的经营管理业绩。

（3）三级资质企业应具备下列条件

1）注册资本人民币 50 万元以上。

2）物业管理专业人员以及工程、管理、经济等相关专业类的专职管理和技术人员不少于 10 人。其中，具有中级以上职称的人员不少于 5 人，工程、财务等业务负责人具有相应专业中级以上职称。

3）物业管理专业人员按照国家有关规定取得职业资格证书。

4）有委托的物业管理项目。

5）建立并严格执行服务质量、服务收费等企业管理制度和标准，建立企业信用档案系统。

4. 物业服务企业的资质申请与核定

（1）新设立的物业服务企业资质的申请　新设立的物业服务企业应当自领取营业执照之日起 30 日内，持下列文件向工商注册所在地直辖市、设区的市的人民政府房地产主管部门申请资质：

1）营业执照。

2）企业章程。

3）验资证明。

4）企业法定代表人的身份证明。

5）物业管理专业人员的职业资格证书和劳动合同，管理和技术人员的职称证书和劳动合同。

新设立的物业服务企业，其资质等级按照最低等级核定，并设一年的暂定期。

（2）核定资质等级申报　申报核定资质等级的物业服务企业，应当提交下列材料：

1）企业资质等级申报表。

2）营业执照。

3）企业资质证书正、副本。

4）物业管理专业人员的职业资格证书和劳动合同，管理和技术人员的职称证书和劳动合同，工程、财务负责人的职称证书和劳动合同。

5）物业服务合同复印件。

6）物业管理业绩材料。

资质审批部门应当自受理企业申请之日起 20 个工作日内，对符合相应资质等级条件的企业核发资质证书；一级资质审批前，应当由省、自治区人民政府建设主管部门或者直辖市人民政府房地产主管部门审查，审查期限为 20 个工作日。

（3）资质证书的管理　资质证书分为正本和副本，由国务院建设主管部门统一印制，正、副本具有同等法律效力。任何单位和个人不得伪造、涂改、出租、出借、转让资质证书。企业遗失资质证书，应当在新闻媒体上声明后，方可申请补领。

企业发生分立、合并的，应当在向工商行政管理部门办理变更手续后 30 日内，到原资质审批部门申请办理资质证书注销手续，并重新核定资质等级。

物业服务企业取得资质证书后，不得降低企业的资质条件，并应当接受资质审批部门的监督检查。资质审批部门应当加强对物业服务企业的监督检查。

9.2.2　物业服务企业的组织机构设置

物业服务企业为了实现对物业进行统一、专业、综合的服务管理，就必须有较为健全的机构设置。物业服务企业一般根据其所管理的物业规模、物业类别及提供服务内容等设置企业组织机构，设置的规模应根据企业的发展和服务管理的需要而定。其机构设置一般可由以下部门组成。

1．经理室

经理室是物业服务企业的决策机构，对企业的一切重大问题进行最后决策。一般设经理一人，副经理若干人，实行经理负责制。经理对企业全面负责，并协调各个副经理的工作。副经理是经理的助手，分管相应的工作，在经理的领导下，对下属机构进行指导和管理，遇到重大问题应报请经理或经理会议处理。

2．办公室

办公室是经理领导下的综合管理部门，负责人事和人员培训，负责各种文档资料的管理，检查监督各项制度的执行情况，协调各部门之间的工作等。

3．财务部

财务部负责制订财务、计划、经济核算和各类收费等工作，接受工商部门、税务部门及业主的监督检查。

4．业务部

业务部负责环境卫生、园林绿化、治安消防、车辆管理及突发事件（停水、停电、停煤气等）的应急处理，并接受业主投诉。

5．工程部

工程部是企业重要的技术管理部门，负责房屋、设备及公共设施的管理、维修和保养，并依据国家和地方政府的有关规定对业主入住后的房屋改造、装修进行监督检查。

6．经营服务部

经营服务部负责策划和从事各种经营项目，为业主提供各种综合服务和代办服务。

9.2.3　业主、业主大会和业主委员会

房屋的所有权人为业主。在物业管理中，业主是物业管理市场的需求主体，是物业服务企业服务的对象。

1．业主的权利和义务

根据2007年8月国务院颁布的《物业管理条例》第六条的规定，业主在物业管理活动中，享有下列权利：

1）按照物业服务合同的约定，接受物业服务企业提供的服务。
2）提议召开业主大会会议，并就物业管理的有关事项提出建议。
3）提出制定和修改管理规约、业主大会议事规则的建议。
4）参加业主大会会议，行使投票权。
5）选举业主委员会成员，并享有被选举权。
6）监督业主委员会的工作。
7）监督物业服务企业履行物业服务合同。
8）对物业共用部位、共用设施设备和相关场地使用情况享有知情权和监督权。

9）监督物业共用部位、共用设施设备专项维修资金（以下简称专项维修资金）的管理和使用。

10）法律、法规规定的其他权利。

根据《物业管理条例》第七条的规定，业主在物业管理活动中，履行下列义务：

1）遵守管理规约、业主大会议事规则。

2）遵守物业管理区域内物业共用部位和共用设施设备的使用、公共秩序和环境卫生的维护等方面的规章制度。

3）执行业主大会的决定和业主大会授权业主委员会做出的决定。

4）按照国家有关规定缴纳专项维修资金。

5）按时缴纳物业服务费用。

6）法律、法规规定的其他义务。

2. 业主大会

业主大会是由物业管理区域全体业主组成，是业主自治管理机构。业主大会代表和维护物业管理区域内全体业主在物业管理活动中的合法权益。一个物业管理区域成立一个业主大会。

（1）业主大会的召开　业主大会包括首次业主大会、定期会议和临时会议。

1）首次业主大会。首次业主大会应当在物业所在地的区、县人民政府房地产行政主管部门和街道办事处（乡镇人民政府）的指导下，由业主代表、建设单位（包括公有住房出售单位）组成业主大会筹备组，负责业主大会筹备工作。筹备组成员名单确定后，以书面形式在物业管理区域内公告。筹备组应当自组成之日起30日内在物业所在地的区、县人民政府房地产行政主管部门的指导下，组织业主召开首次业主大会会议，并选举产生业主委员会。但是，只有一个业主的，或者业主人数较少且经全体业主一致同意，决定不成立业主大会的，由业主共同履行业主大会、业主委员会职责。

2）业主大会定期会议。业主大会定期会议应当按照业主大会议事规则的规定由业主委员会组织召开，一般每年至少要召开一次。

3）业主大会临时会议。业主大会临时会议是在召开定期会议外，由于出现下述情况之一的，业主委员会应当及时组织召开业主大会临时会议：20%以上业主提议的；发生重大事故或者紧急事件需要及时处理的；业主大会议事规则或者业主公约规定的其他情况。

发生应当召开业主大会临时会议的情况，业主委员会不履行组织召开会议职责的，区、县人民政府房地产行政主管部门应当责令业主委员会限期召开。业主委员会应当在业主大会会议召开15日前将会议通知及有关材料以书面形式在物业管理区域内公告。

业主大会会议可以采用集体讨论的形式，也可以采用书面征求意见的形式；但是，应当有物业管理区域内专有部分占建筑物总面积过半数的业主且占总人数过半数的业主参加。业主可以委托代理人参加业主大会会议。

（2）业主大会的职责　业主大会履行以下职责：

1）制定、修改业主公约和业主大会议事规则。

2）选举、更换业委会委员，监督业主委员会的工作。

3）选聘、解聘物业服务企业。

4）决定专项维修资金使用、续筹方案，并监督实施。

5）制定、修改物业管理区域内物业共用部位和共用设施设备的使用、公共秩序和环境卫生的维护等方面的规章制度。

6）法律、法规或者业主大会议事规则规定的其他有关物业管理的职责。

3. 业主委员会

业主委员会是按照法定程序，由业主大会从全体业主中选举产生。业主委员会是业主大会常设机构和执行机构，对业主大会负责。作为业主自治管理的机构，业主委员会的宗旨是贯彻执行国家有关物业管理的法律、法规和政策规定，协助物业服务企业管理区域内的公共秩序，代表和维护物业管理区域内全体业主的合法权益。业主委员会应当接受房地产行政主管部门的监督、指导和管理。

（1）业主委员会的组建　根据《物业管理条例》及《业主大会规程》的有关规定，业主委员会是首次业主大会选举产生的。业主委员会成员应由热心公益事业、较强责任心、具有一定的组织能力、必要的工作时间和较高的社会公信力的人士担任。业主委员会应当自选举产生之日起30日内，将业主大会的成立情况、业主大会议事规则、业主公约及业主委员会委员名单等材料向物业所在地的区、县人民政府房地产行政主管部门和街道办事处、乡镇人民政府备案。业主委员会应当自选举产生之日起3日内召开首次业主委员会会议，推选产生业主委员会主任1人，副主任1~2人。

（2）业主委员会的职责

1）召集业主大会会议，报告物业管理的实施情况。

2）代表业主与业主大会选聘的物业管理企业签订物业服务合同。

3）及时了解业主、物业使用人的意见和建议，监督和协助物业管理企业履行物业服务合同。

4）监督业主公约的实施。

5）业主大会赋予的其他职责。

9.3　物业管理的模式与内容

9.3.1　物业管理的基本模式

物业管理模式是指物业管理的运行机制与组织方式，是物业管理活动规律的理论概括和本质反映。物业管理模式受经济体制的制约，必须根据整个国家的房地产经营管理体制的特点来运行。因此，物业管理模式实际是根据房地产经营管理体制的特征而划分的不同管理种类。

1. 行政管理部门成立的物业管理公司所采用的物业管理模式

这种模式的优点在于突出了地方政府的行政管理作用，因其管理机构与政权基层组织相一致，在实施管理时具有权威性，制约力强。专业管理机构在小区管理委员会领导下，各自履行自己的职责，能做到统一安排，分工明确，专业协作，各负其责，使小区成为一个完整的管理体制，而且基层组织的稳定性有利于小区管理的长期性和稳定性。这种模式在单一产权房屋管理中，尤其能体现它的行政管理的效用。在产权多元的情况下，这种以行政为主体的管理模式,应避免管理委员会大包大揽,要充分发挥专业管理部门的职责和功能,要防止行政管理代替一切的情况。据有关部门统计,目前小区中,占56%左右的违章房屋是属于行政组织——居委会、街道办事处所为。

2. 房地产开发公司组建的物业管理公司的管理模式

这种模式在商品经济比较发达的地方容易推广。它发挥了房地产开发企业的经营所长,从开发、建设到管理是一条龙,管理与经营活动结合起来,可以为住户提供全方位服务,不仅包括市政、环卫、治安、供水、供电等公共服务,还可以为住户提供特殊需要服务。由于这类公司依附于开发商,物业管理公司经营得好与坏、盈与亏都由开发商负责,造成物业管理公司自身独立性差,自主意识差,市场竞争意识弱。从近期看,这种依附还是可以的,但从长远来看,物业管理公司总有一天要"断奶"。因此这类物业管理公司应尽快增强自主意识、独立意识和市场竞争意识,真正成为自主经营、自负盈亏的经济实体。此外,这种模式应注重经济效益、社会效益与环境效益相结合,加强政府的监督、指导,维护居民正当的合法权益,并注重处理好与街道办事处、居委会的关系,充分发挥基层政权组织的作用。

3. 单位自行管理的物业管理模式

这种模式的优点是企业比较重视,住房已成为企业十分重要的问题和工作,配有专职企业负责人进行管理,管理对象是本单位的职工和本单位的房产,比较单一。经费来源是以企业福利基金为后盾,比较充裕,住户如有意见或公共设施出现损坏需要修理时,可以直接向有关部门反映,并能尽快地得到解决。由于领导一元化,出现问题行政领导可以干预,从管理到经费筹措都比较方便。这种模式只能在企业内部进行。存在的问题是随着人事制度的改革、单位用工自主权的增加,解聘、招聘、辞职等人才大量流动,给企业福利性住房管理带来了不便,不能适应我国的住房制度改革和发展社会主义市场经济的需要。此外,本企业后勤部门成立的物业管理公司不是独立法人单位,在经济利益上难以和原单位脱钩,经营管理工作也受到较大限制,难以实行职能分解、政企分离,也不利于面向社会,形成规模经营。

4. 按照现代企业制度建立物业管理公司的管理模式

这种模式的优点:首先是管理思路清晰、市场意识强烈,明确服务对象是业主(使用人),办事热情、认真;其次,物业管理企业成本概念清楚,他们完全按照"独立核算、自负盈亏、自我运转、自我发展"的方式进行,可解决多年来行政管理缺乏资金的大问题;再次,这种按照现代企业制度建立起来的物业管理公司机制灵活,运用市场经济规律采用优胜劣汰的竞争机制,对企业职工采用聘用制、合同工制,定期考核,定期评定,充分调动全体员工的积极性,彻底打破过去国有企业那种吃"大锅饭"的懒惰思想;最后,这种企业为业主(使用人)服务思想牢固,服务质量高。

5. 按照"三合一"组建的物业管理模式

"三合一"模式的优点:首先是居委会参与,可以树立物业管理公司的形象。因为居委会作为我国行政组织的最基本单位,它代表政府,有一定威信。其次,容易与政府各部门协调。居委会可以代表物业管理公司与政府各职能部门进行协调。因为居委会对街道、政府较为熟悉,协调较为容易。最后,居委会与物业管理公司在行政、经济上分工明确,小区行政管理由居委会承担,经济上由物业管理公司解决并支持居委会开展工作。这种模式的弊端：第一，领导体制不顺：居委会主任由上级街道委派，物业管理公司经理是企业法人，当两者工作发生矛盾时，到底谁服从谁？没有明确规定。第二，存在权利与义务不符。对于居委会来讲，经费上得到物业管理公司的支持（有些居委会工作人员还得到了一份补贴），应该承担物业管理公司的一部分工作，但事实上，很多物业管理公司认为居委会权利要得多，义务承担得少，容易产生矛盾。第三，产生了新的政企不分的局面。物业管理公司作为企业，自负盈亏；居委会作为国家基础行政组织，则以行为利益为重，企业利益与行政利益常发生冲突，领导又常和稀泥。第四，物业管理中出现重大失误，业主把物业管理公司告上法庭时，由于体制不清，许多物业管理公司经理还兼任居委会主任，就出现业主状告政府（居委会主任代表基层政府）的被动局面。

9.3.2 物业管理的内容

物业管理属于服务性管理，它的重要目标是为物业所有人或使用人提供完善的服务。但其服务内容并不是一成不变的，随着物业管理范围的扩大，管理工作也日益专业化、社会化，物业管理的内容根据业主或使用人的不同要求也不断扩充、变化，其主要内容有以下几个方面。

1. 房屋及设备的维护与修缮管理

房屋及设备的维护与修缮管理是物业管理的主要内容之一。物业部门需对房屋及设备经常进行维护与修缮，使建筑物始终处于完好的工作状态，包括建筑物外形不会因日久失修而残破，影响外观；建筑物内部的水、电、暖、卫、气更要运行畅通无阻。搞好房屋及设备的维护与修缮，可以保持房屋及设备的使用功能，保护用户的正常使用，防止事故发生，延长其使用寿命。

2. 住宅小区环境维护管理

住宅小区环境的维护管理，是以小区住宅房屋、公共建筑物和其他公用基础设施为对象所进行的管理，主要包括小区内违章建筑、市政公用设施、环境卫生、绿化、治安、车辆交通等的管理。管理的目的是为小区内居民创造一个优美、整洁、舒适、安全、生活方便的居住环境。

3. 多种经营服务管理

多种经营服务管理是指除房屋及设备的维护与修缮管理、小区环境维护管理外，开展的便民服务项目，向业主或使用人提供的多层次、多方式的综合性服务管理。例如，为全体业主或使用人提供的经常性服务，包括清扫环境卫生、清倒垃圾、绿化美化环境等；为满足业主或使用人的特别需要，受业主或使用人的委托而提供的有偿服务，如代管房屋、预约定期上门清扫室内卫生、代清洗衣物、代办购物、代购火车、飞机票、代请保姆、照看病人、代接送孩子上下学、入托及其他服务项目。该类服务的委托范围相当广泛，收费标准以成本加劳务费结算，体现出"你出钱图方便，我出力得报酬"的国际惯例。

9.3.3 物业服务企业的选择

对于物业服务企业的选择有一系列的标准可供遵循。这些标准往往反映了物业服务企业承担物业管理工作的能力。这些标准通常包括以下方面：

（1）能否令业主满意　主要看物业服务企业受托进行物业管理的条件、所能提供的服务方式等是否满足业主的要求。

（2）专业服务水平　主要了解物业服务企业从事物业管理的时间、可以投入的专业人员数量及其从业资格、当地的声誉、当前管理的物业的情况等。

（3）向业主提供信息的能力　除了月报告以外，业主通常还需要有关收入或房产税、法律问题等方面的信息，许多物业服务企业拥有自己的计算机信息管理系统，能及时、便捷地提供业主所需要的信息报告。

（4）管理计划　物业服务企业在收费相同的情况下不可能提供完全相同的服务。选择物业服务企业最好的办法，就是根据上述三点标准选择3~4家物业服务企业，然后确定一个管理计划，再从中选择要求管理费用最低的企业。

应当特别指出的是，选择物业服务企业应当和当初选择物业时一样小心谨慎。因为良好的物业管理极大地影响着业主投资目标的实现，业主能否达到预期收益目标，投资成功还是失败都与物业管理有着直接的关系。

9.3.4 物业管理工作的评价

良好的物业管理并不仅仅意味着百分之百的出租率。实际上，没有空置的物业可能预示着物业的租金低于市场租金水平。所以要结合目标标准对物业管理工作进行评价，而不能仅仅凭借主观感觉。对于物业管理工作的评价，应将重点放在能够让物业服务企业为业主或使用人提供更好的服务上。

物业管理工作的评价应着重从以下几方面进行考虑：
1）与业主或使用人有良好的沟通。
2）及时收取租金。
3）及时处理业主或使用人的有关意见。
4）很好地达到出租率目标。
5）物业维修状况良好。
6）物业经营没有突破预算。
7）及时提供有关报告。
8）为业主或使用人的利益提出建议。
9）对业主或使用人的批评或建议做出迅速反应。

当然，物业管理工作的评价需要考虑的因素可能有很多，可以通过对每一项因素打分的方式来做出综合评价。评价的最后一步就是将评价结果与物业管理企业见面，对于一个好的物业管理企业来说，他们往往视此为改进与业主或使用人的关系、提高管理和服务水平的绝好机会。

9.4　收益性物业经营管理的收入与费用

随着现代化社会经济的发展，对写字楼、酒店、购物中心等收益性物业的需求越来越多样化、大型化，而现代建筑技术的发展，又使得对这些需求的满足变成了现实。在我国许多大城市，一栋栋拥有数万平方米的可出租面积，集办公、商场、居住、酒店服务、康乐设施、餐饮服务等于一体的大型建筑群如雨后春笋般拔地而起。例如，北京国际贸易中心拥有包括写字楼、酒店、公寓、展览中心等在内的共 8 栋主要建筑，总建筑面积达 40 余万 m^2。

一般来说，大型收益性物业主要用于出租，除了拥有中央空调、集中供热、电梯设施等外，业主或其物业服务企业还提供很多项服务，如建筑物公共部分的照明和清洁服务、保安服务，交通、购物、餐饮、康乐和秘书服务等。因此，其经营管理服务的收入与费用的内容也很多。

9.4.1 收益性物业的收入

收益性物业的收入既是房地产投资者收回投资、获取投资收益的来源，也是物业服务企业进行经营管理的费用来源。该收入主要包括经营收入和其他业务收入两个方面。经营收入一般是指出租建筑物楼面和其附属配套设施的租金收入；其他业务收入则包括管理费，附属性的餐饮、购物、商务中心、交通等项服务所得。

1. 收益性物业的租金收入

（1）确定租金的方法　确定租金的过程十分复杂，不仅要具备专业知识，还要根据物业的特点和影响租金收入的诸多因素进行综合考虑。

1）分析同类收益性物业市场，进行市场定位。在确定租金的过程中，物业服务企业首先要对同类物业市场进行调查分析，充分了解市场上同类物业出租的租金水平和出租率情况，其次要结合自身物业的特点和优势进行市场定位，确定本物业出租的市场租金水平和所要面对的主要承租对象，最后再对承租客户类型、心理和可支付租金的能力，确定市场营销策略。

2）分析不同状况下的物业出租率和租金水平。物业服务企业要根据业主对投资收益率的要求和物业价值情况，分析不同收益率情况下的出租率和租金水平，确定出在乐观、一般和悲观的情况下完成投资回报率所要求达到的出租率和租金水平。

3）确定基本租金。综合以上两个步骤所得的结果，就可以确定出物业出租的基本租金。然后再根据楼层、朝向、使用面积容易利用程度（平面布置）等因素，确定建筑物内各部分面积的租金。该租金不是一成不变的，在与承租人谈判时，可以根据承租人的情况进行一定的调整。

（2）调整租金的方法　为了使收益性物业的租金收入始终能够保持在一个比较理想的水平上，业主及其委托的物业管理企业，就要根据市场的供求变化和通货膨胀的情况，以及自身物业在当地市场中的地位等因素进行适时适度的反应，进行租金调整。按照市场变化情况适时适度调整租金是一项很重要的工作。作为市场推广的一种战略，许多业主为了有效地吸引承租人，迅速扩大物业的知名度和影响力，初始租金一般多定位在一个比较低的水平上。即便是正常运营很长时间的物业，其租金水平也不一定始终与市场的发展趋势相一致。所以，如何根据市场供求关系的变化情况、通货膨胀率、自身物业在当地市场中的地位变化等因素进行租金调整，以达到物业租金收益能够始终保持在一个较为理想的水平上，就成了业主及其委托的物业管理企业的一个重要课题。

租金何时调整？调整时间间隔有多长？调整幅度有多大？按照一般性原则，租金每一至两年调整一次,对于短期承租客户,这个调整也可以更加频繁,但是要提前 1~3 个月告知承租客户,以使其有一个选择决策的时间。应该特别指出的是,并非租金越高越好,尤其是市场中的甲级物业。如果这样做,就要承担将市场引入歧途、损坏物业在市场中形象的风险。

(3) 收益性物业租金收入的收取方式 收益性物业的租金一般按月于月初收取。对于长期承租客户,有时可以按优惠价格一次收取一年或数年的租金,以尽快缓解投资者的资金压力。但要特别注意的是,对于大多数承租人而言,一般都很难一次支付较大数额的租金,否则他就会去买楼而不是去租楼了。所以,一次性收取较长时间租金的优惠要有足够的吸引力。不论是何种收取租金方法,通常租客还要交纳 1~3 个月的押金,这笔押金的利息收入,也是物业出租收入的一部分。

2. 其他附属服务收入

物业服务企业除了按照提供服务的内容和程度不同收取不同的管理费外,还有其他附属服务收入。其他附属服务收入是在物业内提供的除出租房屋以外的其他服务收入。这类收入包括物业管理企业自行经营的商场购物服务收入、餐饮服务收入、商务中心服务收入、交通服务收入等。对于许多收益性物业来说,附属服务收入在物业总收入中占有相当大的比重。

9.4.2 收益性物业经营费用

收益性物业经营管理的费用主要包括房屋建筑物的维修费用、设备及服务费用和有关税费。

1. 房屋建筑物的维修费用

房屋建筑物的维修费用取决于建筑物的建造和设计的类型、建筑物的楼龄以及租约中规定的承租人承担的责任范围。在承租人仅对内部装修负有责任的情况下,业主实际上要承担维修费用的全部,所以必须安排一笔数额相对比较大的准备费用。

最有效的方法就是参照建筑物的实际情况,求出建筑物内、外部装修所需要的周期性费用,并将这笔费用折算成年金,再将所算出的结果与类似物业的相关费用进行比较,确定出每年需要留存的维修费用。

2. 服务及其设备设施费用

服务及其设备设施费用会由于物业的类型不同而有较大的差异。因为,有些物业拥有某种设备设施,而有些物业则没有;有些物业需要的某种服务,而有些物业则不需要。所以,在确定服务及其设备设施费用之前,一定要了解和熟悉物业所拥有的设备设施和所需要的服务。

一般情况下租约要尽可能增加收费项目的范围,进而增加收益性物业的收入。向承租人收取的服务及其设备设施费用,不仅要补偿日常设备设施维护和其他服务的实际成本,而且还要包括服务监督和管理所需的费用。所以,服务费通常是按服务项目单独收取并作为附加租金。在确定服务及其设备设施费用时,物业管理人员不仅要考虑是否将未来可能增加的费用转嫁到承租人身上,而且还要考虑所收费用是否能够满足补偿包括设备折旧在内的实际发生的成本。

以下项目通常包括在服务收费的内容之中:

(1) 供热和热水供应费 集中供热的年成本在很大程度上取决于供热设备的类型、使用年限以及所使用的原料。

（2）空调设备费　许多收益性物业大多有完善的空调设备。一般认为，这种设备不论是运行成本还是维护成本都很昂贵。中央空调的成本又大大超出了分离式空调的成本。

（3）照明费用　承租人通常负责其所租用部分内部的照明，楼梯间和其他公用部分的照明则要通过收费来补偿。费用的大小主要取决于所提供照明的范围大小，还要包括灯具更换的费用。

（4）电梯费用　电梯的年维修费变动很大。这主要取决于电梯的类型和已使用的年限，客流量的大小也会对此项费用有较大的影响。

（5）清洁费用　业主如提供清洁服务，则费用主要取决于所雇用清洁工人数量的多少。在承租人自己负责提供服务的情况下，除非这种服务会影响到物业的租金，否则其成本不必考虑在内。

（6）保安费用　出于对物业公共安全的考虑，大多数物业管理企业都提供保安服务。该项费用的大小主要取决于保安人员数量的多少。

（7）职员工资　职员工资主要是指业主为保证物业能够正常使用而需要雇用人员的费用。职员工资费用取决于所雇用的员工人数和人均工资。职员人数是根据建筑物的实际情况而定的。

（8）保险费　在服务范围内，一般包括多种保险种类。其中火险是最主要的险种，其他还有财产损毁责任保险、电梯保险、锅炉保险等。

（9）不可预见费　收益性物业管理中常有一些预计不到的费用支出，如意外事件的发生、短期内物价的上涨等而引起的租金损失，可按租金收入的一定比例计算。

（10）管理费　管理费是组织和管理收益性物业的日常服务必不可少的费用项目。其数额一般为租金收入的3%～5%。

3．有关税费

物业出租经营过程中的主要税费包括房产税、营业税、城市维护建设税、教育费附加和土地使用税。具体计税依据和税率参照国家的有关制度和政策进行。

了解收益性物业经营中的主要收入和费用，就可以运用财务分析方法进行有关技术经济指标的计算，并利用所计算的结果，及时对经营中存在的问题进行控制、调整，实现经济效益目标。

9.4.3　收益性物业管理的现状

改革开放以来，随着城镇住房制度改革的不断深化，住房产权多元化格局的逐渐形成和住宅建设总量的持续增长，物业管理体制在全国范围内逐步展开，物业管理行业得到快速发展。目前，物业管理领域不断扩展，管理覆盖面不断扩大，物业管理已形成了包括房屋及相关设施设备维修养护、小区保安、环境保洁、绿化养护、居民生活服务等众多服务内容在内的综合配套服务，成为和我国经济、社会协调发展，与广大人民生活、工作息息相关的一个相对独立的新兴行业。

物业管理服务的领域，已单纯从住宅区逐步扩展到工业区、学校、医院、商场、办公楼等各类物业，为城市公房管理体制改革，以及机关、企事业单位后勤服务社会化创造了条件。截止到2014年年底，我国物业服务企业10.5万家、管理规模164.5亿m^2、从业人员711万、年营业收入3 500亿元；百强企业虽仅占行业企业总量的0.2%，但其年营业总收入850亿元，占全国物业服务企业年总营业收入的24.3%；管理面积32.18亿m^2，占全国物业管理总面积的19.5%，行业集中度较2013年进一步提升。

作为一个新兴行业，物业管理工作非常重要，其工作的重点是及时了解市场的变化，寻求解决问题的方法，对未来的经营管理做出决定并评估这种决定对未来的影响。但是，传统的物业管理在世界许多国家和地区，向来是比其他专业性房地产顾问服务如物业代理、物业投资顾问、房地产估价的地位低微。其主要原因是：

1）与其他方面比较起来，物业管理所赚取的收入并不算多，投入物业管理的资源与其他投资比较，回报率最低。

2）物业管理不只是复杂和费力，而且所投入的时间也非常长。其他房地产业务如物业的买卖、租赁、投资及估价服务，相对来说十分快捷。

3）物业管理必须绝对谨慎地进行，否则就会带来极大的风险。比如说，没有按时以适当的方式终止租约或收取租金，则有可能给业主造成极为严重的后果和负担，而物业管理企业也可能会因为工作上的疏忽做出经济赔偿。

基于以上情况，物业管理曾沦为被动性的房屋管理工作，同时也给物业管理带来许多不良的影响，其中包括不能吸引优秀人才从事这项工作。

现阶段，中国物业管理行业尚未真正形成规范化、产业化、市场化的发展格局，除深圳、成都、上海、北京等城市物业管理市场相对成熟之外，全国大部分地区物业管理处于起步阶段，市场化程度偏低。主要表现为：

1）以数量型为行业发展的主要特征造成企业数量多、分布广、规模小、规模效益差、发展后劲不足等问题。

2）企业发展趋同化、企业运作方法雷同，低水平、重复性的产业队伍大量涌现，从而形成管理手段落后，管理水平参差不齐，产品（服务）结构不合理，低档次产品（服务）多，企业运营成本居高不下，市场竞争力差的局面。

3）由于物业管理行业普遍存在低水平重复建设的现象，大量小而全的物业管理企业势必造成资源配置不合理、资源浪费的严重后果。一方面 "五脏俱全" 的机构使人力、物力、财力浪费极大，企业成本增加；另一方面形成各类工程技术人员工作量极不饱和，复杂的现代化设施、设备出现的重大技术问题仍需依赖专业公司。同时，库存备用材料、低耗物料又占用企业大量流动资金，造成流动资金沉淀。

新时期的物业管理企业必须审时度势，正确对待现阶段行业发展面临的问题，转变、更新观念，不断超越自我，才能使企业迈入持续、健康的发展轨道。

9.4.4 现代物业管理的发展方向

21世纪，物业服务企业将要面对更为激烈的市场竞争所带来的挑战，而日新月异的高新科技也给企业带来了前所未有的发展机遇。随着社会进步和经济发展的速度不断加快，城市建设的标准和居民生活的要求不断提高,市场对物业管理行业发展提出了更高的要求。在物业管理行业发展不断深入和物业管理市场不断完善的过程中，国内物业服务企业在经济性质、组织结构、经营管理机制方面会发生根本性的转变，传统的被动式收益性物业管理将逐渐失去竞争力而被淘汰，新的主动式和运用高科技信息系统的专业化、市场化、社会化、证券化、法制化、国际化管理将是现代化收益性物业管理的发展趋势。

1．主动式管理

所谓主动式管理，就是以满足客户对物业管理服务的需求为目标，通过利用先进的技术和手段以及规范化的管理服务，提高物业管理工作的水平和效率，并进而提高物业管理的经济效果。一般来说，主动式管理要达到下列目标：

1）使物业周围环境尽善尽美，符合客户的期望。这是物业管理工作的首要目标。

2）建立并保持物业的地位或形象。在经济发展到一定阶段后，消费者购买的是概念和形象，物业管理人员有责任确保物业形象得以建立和保持。

3）尽量发挥大企业规模经营的经济效果，以确保使用物业在管理费方面的开支尽量低廉而又用得其所。物业管理的目标是以尽量低廉的代价，提供最佳的环境。否则，管理费过高，租金收入即使在初次招租时不致受损，在后期调整租金时也一定受损。因此，物业服务企业必须尽量发挥规模经济效益，发挥主动式管理的优点，分析组织过程，及时收集和整理信息资料，以有效控制和管理实施过程。若能应用现代技术来协助物业管理人员分析、处理和传送信息资料，则效果最佳。

2．运用现代化信息系统管理

随着现代科技的迅猛发展，以楼宇智能化、信息化为代表的高新技术，在现代建筑中得到了广泛的应用，物业服务行业赖以生存和发展的各种物业"硬件"发生了前所未有的变化，这就要求物业服务企业必须向科技转型，提高信息化应用水平。在信息化社会，信息的收集、分析和利用，是诸多企业成败的关键。为了适应主动式物业管理的需要，计算机管理信息系统技术在物业管理中得到了越来越广泛的应用。

物业管理信息系统的应用，是指运用现代计算机技术，把有关物业管理的信息物化在各种设备中，并由这些设备和物业管理人员构成一个为物业管理目标服务的人机信息处理系统。物业服务企业应用信息技术，实现信息化管理，不仅可以促进企业自身适应信息社会的发展，使其达到规范、有序、高效、高质的管理目标，而且能够为用户提供准确、便捷、安全、丰富的优质服务，同时可以搭建和应用信息平台，实现"零距离"的沟通与服务。例如，利用计算机控制建筑物的空调系统、防火安全自动报警系统、建筑物内的垂直交通系统、照明系统、建筑物的部件及附属设备安全报警系统、大厦保安系统、辅助物业管理人员工作的资产管理信息系统、建筑物出租（承租人、租金、租约）管理系统、财务分析与管理系统、管理决策辅助支持系统、人员管理系统等，实现人与人之间的交流，使物业服务企业服务更具人性化。

自动化对物业管理可以有两个明显的效果：

1）提高效率，达到降低成本的效果。因为自动化可以使在员工人数相同或更少的情况下，在一段指定的时间内做出更好的工作成绩。

2）提高成效，达到增值的效果。因为借助于自动化引进崭新的服务或加强现有的服务，向客户提供更高水准、更优良的服务，能提高物业租金水平，进而达到物业增值的效果。

在我国，房地产业的竞争将越来越激烈，作为一个服务贸易型的物业服务行业，房地产业的竞争最终要依仗服务来支撑，物业的价值也将通过服务来体现。同时，国外实力雄厚的物业服务企业的大举进入，对物业管理市场形成较大冲击，我国物业服务企业直面生存危机。但只有竞争才能促进行业的发展,只要我们深入领会物业服务的内涵,练好内功,抓住机遇,开拓进取,必能实现行业发展、社会满意的总体目标。

案例

邵先生购买了某住宅小区的一套住房,在房屋装修时,他的太太极力主张要安装一台太阳能热水器,因为她身边的许多朋友都告诉她,太阳能热水器,既节能又环保,一次投入,长年受益,是国家提倡使用的环保节能产品。邵先生听后就行动起来,他首先对太阳能热水器与电热水器两种产品进行了对比,深感太阳能热水器有很多优点,应当安装一台,然后他又到小区物业咨询了有关太阳能热水器安装的问题,被告知小区物业对业主安装太阳能热水器没有限制,可以安装,但要同顶层住户协商,因为小区住宅没有通往楼屋面的公共通道,要上楼屋面必须经由顶层住户的阁楼才能到楼顶。邵先生听后,就和太太一同来到顶层住户家,与其商量借道上屋顶安装太阳能一事,但顶层住户以阁楼装修豪华、一旦太阳能热水器发生漏水,会给自家带来损失和麻烦为由拒绝了邵先生夫妇的借道请求。邵先生夫妇觉得顶层住户的拒绝毫无道理,并再三与其协商,还是被拒绝。邵太太气不过,来到物业服务企业,要求其出面进行协调,物业服务企业告诉邵太太,小区有许多业主有安装太阳能热水器的想法,最终都是由于顶楼住户不同意,上不了楼屋面而被迫放弃了。物业服务企业协调了几次没有成功,所以以后只要有安装太阳能热水器的住户提出安装要求,物业服务企业只能要求其与顶层住户协商,协商不成,物业服务企业也没有办法。

问题1:顶层住户的拒绝理由是否合理?
问题2:物业服务企业的做法是否妥当?
问题3:你有建议提供给邵太太吗?

本 章 小 结

物业的含义是指各类建筑物及其附属的设备、配套设施和相关场地。

物业管理是物业服务企业按照物业服务合同约定,对房屋及配套设备和相关场地进行维修、养护、管理,为物业的所有人或使用人提供高效、优质和经济的服务,创造安全方便的居住和工作环境,使物业发挥最大的经济价值和使用价值。

业主大会是由物业管理区域全体业主组成,是业主自治管理机构。业主大会代表和维护物业管理区域内全体业主在物业管理活动中的合法权益。

收益性物业管理是指以经营性房地产为主体对象的物业管理,它普遍存在于酒店、写字楼、零售商业中心、工业厂房货仓以及商品住宅的管理中。

根据房地产经营管理体制的特征物业管理模式可以有不同的物业管理模式。

复习思考题

1. 什么是物业及物业管理?
2. 物业管理的特点及内容是什么?

3. 业主大会有哪些职责？
4. 如何选择和评价物业服务企业？
5. 如何确定收益性物业的成本？
6. 如何发展我国的物业管理？

综合实践题

请利用实习与社会实践或课外时间完成某商务中心、商务写字楼的考察，并完成如下考虑报告，表格可以根据实际情况进行调整与修改，绘出各楼层平面图并标注客户情况分布图。

一、基本信息

项目名称			地址	
行政区			网址	
开发商			电话	
投资组合				
承建单位			项目设计单位	
物业管理公司			物业收费标准	
开盘时间			入住时间	
占地面积			总建筑面积	m²
地上建面			写字楼地上建筑面积	/
高度/层数	/		容积率	/
绿化率			使用率	
配套物业	商业情况	公寓情况	酒店情况	会议室情况
车位	地下车位自有共_____个 物业费（自有）_____元/月	地下公共车位_____个 租赁价格_____元/月	地上_____个 租赁价格_____元/月	

二、租售情况

经营方式	□只租不售　□只售不租　■可租可售 （数据来源：　　　　）		
销售公司		租赁公司	
售价	元/m²	按■建筑面积	□使用面积
租金	租金成交价： 元/m²/天（含税）	按■建筑面积 □使用面积	■不含物业费 □含物业费
出租率		销售率		入住率	90%
商业配套	
生活服务设施情况	
其他情况	

附 录

附录A 中华人民共和国城市房地产管理法

中华人民共和国主席令第七十二号

《全国人民代表大会常务委员会关于修改〈中华人民共和国城市房地产管理法〉的决定》已由中华人民共和国第十届全国人民代表大会常务委员会第二十九次会议于2007年8月30日通过,现予公布,自公布之日起施行。

中华人民共和国主席　胡锦涛
2007年8月30日

第一章 总　则

第一条　为了加强对城市房地产的管理,维护房地产市场秩序,保障房地产权利人的合法权益,促进房地产业的健康发展,制定本法。

第二条　在中华人民共和国城市规划区国有土地(以下简称国有土地)范围内取得房地产开发用地的土地使用权,从事房地产开发、房地产交易,实施房地产管理,应当遵守本法。

本法所称房屋,是指土地上的房屋等建筑物及构筑物。

本法所称房地产开发,是指在依据本法取得国有土地使用权的土地上进行基础设施、房屋建设的行为。

本法所称房地产交易,包括房地产转让、房地产抵押和房屋租赁。

第三条　国家依法实行国有土地有偿、有限期使用制度。但是,国家在本法规定的范围内划拨国有土地使用权的除外。

第四条　国家根据社会、经济发展水平,扶持发展居民住宅建设,逐步改善居民的居住条件。

第五条　房地产权利人应当遵守法律和行政法规,依法纳税。房地产权利人的合法权益受法律保护,任何单位和个人不得侵犯。

第六条　为了公共利益的需要,国家可以征收国有土地上单位和个人的房屋,并依法给予拆迁补偿,维护被征收人的合法权益;征收个人住宅的,还应当保障被征收人的居住条件。具体办法由国务院规定。

第七条　国务院建设行政主管部门、土地管理部门依照国务院规定的职权划分,各司其职,密切配合,管理全国房地产工作。

县级以上地方人民政府房产管理、土地管理部门的机构设置及其职权由省、自治区、直辖市人民政府确定。

第二章 房地产开发用地

第一节 土地使用权出让

第八条 土地使用权出让,是指国家将国有土地使用权(以下简称土地使用权)在一定年限内出让给土地使用者,由土地使用者向国家支付土地使用权出让金的行为。

第九条 城市规划区内的集体所有的土地,经依法征用转为国有土地后,该幅国有土地的使用权方可有偿出让。

第十条 土地使用权出让,必须符合土地利用总体规划、城市规划和年度建设用地计划。

第十一条 县级以上地方人民政府出让土地使用权用于房地产开发的,须根据省级以上人民政府下达的控制指标拟订年度出让土地使用权总面积方案,按照国务院规定,报国务院或者省级人民政府批准。

第十二条 土地使用权出让,由市、县人民政府有计划、有步骤地进行。出让的每幅地块、用途、年限和其他条件,由市、县人民政府土地管理部门会同城市规划、建设、房产管理部门共同拟定方案,按照国务院规定,报经有批准权的人民政府批准后,由市、县人民政府土地管理部门实施。

直辖市的县人民政府及其有关部门行使前款规定的权限,由直辖市人民政府规定。

第十三条 土地使用权出让,可以采取拍卖、招标或者双方协议的方式。

商业、旅游、娱乐和豪华住宅用地,有条件的,必须采取拍卖、招标方式;没有条件,不能采取拍卖、招标方式的,可以采取双方协议的方式。

采取双方协议方式出让土地使用权的出让金不得低于按国家规定所确定的最低价。

第十四条 土地使用权出让最高年限由国务院规定。

第十五条 土地使用权出让,应当签订书面出让合同。

土地使用权出让合同由市、县人民政府土地管理部门与土地使用者签订。

第十六条 土地使用者必须按照出让合同约定,支付土地使用权出让金;未按照出让合同约定支付土地使用权出让金的,土地管理部门有权解除合同,并可以请求违约赔偿。

第十七条 土地使用者按照出让合同约定支付土地使用权出让金的,市、县人民政府土地管理部门必须按照出让合同约定,提供出让的土地;未按照出让合同约定提供出让的土地的,土地使用者有权解除合同,由土地管理部门返还土地使用权出让金,土地使用者并可以请求违约赔偿。

第十八条 土地使用者需要改变土地使用权出让合同约定的土地用途的,必须取得出让方和市、县人民政府城市规划行政主管部门的同意,签订土地使用权出让合同变更协议或者重新签订土地使用权出让合同,相应调整土地使用权出让金。

第十九条 土地使用权出让金应当全部上缴财政,列入预算,用于城市基础设施建设和土地开发。土地使用权出让金上缴和使用的具体办法由国务院规定。

第二十条 国家对土地使用者依法取得的土地使用权,在出让合同约定的使用年限届满前不收回;在特殊情况下,根据社会公共利益的需要,可以依照法律程序提前收回,并根据土地使用者使用土地的实际年限和开发土地的实际情况给予相应的补偿。

第二十一条 土地使用权因土地灭失而终止。

第二十二条 土地使用权出让合同约定的使用年限届满,土地使用者需要继续使用土地的，应当至迟于届满前一年申请续期，除根据社会公共利益需要收回该幅土地的，应当予以批准。经批准准予续期的，应当重新签订土地使用权出让合同，依照规定支付土地使用权出让金。

土地使用权出让合同约定的使用年限届满，土地使用者未申请续期或者虽申请续期但依照前款规定未获批准的，土地使用权由国家无偿收回。

第二节 土地使用权划拨

第二十三条 土地使用权划拨，是指县级以上人民政府依法批准，在土地使用者缴纳补偿、安置等费用后将该幅土地交付其使用，或者将土地使用权无偿交付给土地使用者使用的行为。

依照本法规定以划拨方式取得土地使用权的，除法律、行政法规另有规定外，没有使用期限的限制。

第二十四条 下列建设用地的土地使用权，确属必需的，可以由县级以上人民政府依法批准划拨：

（一）国家机关用地和军事用地；
（二）城市基础设施用地和公益事业用地；
（三）国家重点扶持的能源、交通、水利等项目用地；
（四）法律、行政法规规定的其他用地。

第三章 房地产开发

第二十五条 房地产开发必须严格执行城市规划，按照经济效益、社会效益、环境效益相统一的原则，实行全面规划、合理布局、综合开发、配套建设。

第二十六条 以出让方式取得土地使用权进行房地产开发的，必须按照土地使用权出让合同约定的土地用途、动工开发期限开发土地。超过出让合同约定的动工开发日期满一年未动工开发的，可以征收相当于土地使用权出让金百分之二十以下的土地闲置费；满二年未动工开发的，可以无偿收回土地使用权；但是，因不可抗力或者政府、政府有关部门的行为或者动工开发必需的前期工作造成动工开发迟延的除外。

第二十七条 房地产开发项目的设计、施工，必须符合国家的有关标准和规范。

房地产开发项目竣工，经验收合格后，方可交付使用。

第二十八条 依法取得的土地使用权，可以依照本法和有关法律、行政法规的规定，作价入股，合资、合作开发经营房地产。

第二十九条 国家采取税收等方面的优惠措施鼓励和扶持房地产开发企业开发建设居民住宅。

第三十条 房地产开发企业是以营利为目的，从事房地产开发和经营的企业。设立房地产开发企业，应当具备下列条件：

（一）有自己的名称和组织机构；
（二）有固定的经营场所；
（三）有符合国务院规定的注册资本；
（四）有足够的专业技术人员；

（五）法律、行政法规规定的其他条件。

设立房地产开发企业，应当向工商行政管理部门申请设立登记。工商行政管理部门对符合本法规定条件的，应当予以登记，发给营业执照；对不符合本法规定条件的，不予登记。

设立有限责任公司、股份有限公司，从事房地产开发经营的，还应当执行公司法的有关规定。

房地产开发企业在领取营业执照后的一个月内，应当到登记机关所在地的县级以上地方人民政府规定的部门备案。

第三十一条　房地产开发企业的注册资本与投资总额的比例应当符合国家有关规定。

房地产开发企业分期开发房地产的，分期投资额应当与项目规模相适应，并按照土地使用权出让合同的约定，按期投入资金，用于项目建设。

第四章　房地产交易

第一节　一般规定

第三十二条　房地产转让、抵押时，房屋的所有权和该房屋占用范围内的土地使用权同时转让、抵押。

第三十三条　基准地价、标定地价和各类房屋的重置价格应当定期确定并公布。具体办法由国务院规定。

第三十四条　国家实行房地产价格评估制度。

房地产价格评估，应当遵循公正、公平、公开的原则，按照国家规定的技术标准和评估程序，以基准地价、标定地价和各类房屋的重置价格为基础，参照当地的市场价格进行评估。

第三十五条　国家实行房地产成交价格申报制度。

房地产权利人转让房地产，应当向县级以上地方人民政府规定的部门如实申报成交价，不得瞒报或者做不实的申报。

第三十六条　房地产转让、抵押，当事人应当依照本法第五章的规定办理权属登记。

第二节　房地产转让

第三十七条　房地产转让，是指房地产权利人通过买卖、赠与或者其他合法方式将其房地产转移给他人的行为。

第三十八条　下列房地产，不得转让：

（一）以出让方式取得土地使用权的，不符合本法第三十九条规定的条件的；

（二）司法机关和行政机关依法裁定、决定查封或者以其他形式限制房地产权利的；

（三）依法收回土地使用权的；

（四）共有房地产，未经其他共有人书面同意的；

（五）权属有争议的；

（六）未依法登记领取权属证书的；

（七）法律、行政法规规定禁止转让的其他情形。

第三十九条　以出让方式取得土地使用权的，转让房地产时，应当符合下列条件：

（一）按照出让合同约定已经支付全部土地使用权出让金，并取得土地使用权证书。

（二）按照出让合同约定进行投资开发，属于房屋建设工程的，完成开发投资总额的百分之二十五以上,属于成片开发土地的,形成工业用地或者其他建设用地条件。

转让房地产时房屋已经建成的,还应当持有房屋所有权证书。

第四十条 以划拨方式取得土地使用权的,转让房地产时,应当按照国务院规定,报有批准权的人民政府审批。有批准权的人民政府准予转让的,应当由受让方办理土地使用权出让手续,并依照国家有关规定缴纳土地使用权出让金。

以划拨方式取得土地使用权的,转让房地产报批时,有批准权的人民政府按照国务院规定决定可以不办理土地使用权出让手续的,转让方应当按照国务院规定将转让房地产所获收益中的土地收益上缴国家或者做其他处理。

第四十一条 房地产转让,应当签订书面转让合同,合同中应当载明土地使用权取得的方式。

第四十二条 房地产转让时,土地使用权出让合同载明的权利、义务随之转移。

第四十三条 以出让方式取得土地使用权的,转让房地产后,其土地使用权的使用年限为原土地使用权出让合同约定的使用年限减去原土地使用者已经使用年限后的剩余年限。

第四十四条 以出让方式取得土地使用权的,转让房地产后,受让人改变原土地使用权出让合同约定的土地用途的,必须取得原出让方和市、县人民政府城市规划行政主管部门的同意,签订土地使用权出让合同变更协议或者重新签订土地使用权出让合同,相应调整土地使用权出让金。

第四十五条 商品房预售,应当符合下列条件:

(一)已交付全部土地使用权出让金,取得土地使用权证书;

(二)持有建设工程规划许可证;

(三)按提供预售的商品房计算,投入开发建设的资金达到工程建设总投资的百分之二十五以上,并已经确定施工进度和竣工交付日期;

(四)向县级以上人民政府房产管理部门办理预售登记,取得商品房预售许可证明。

商品房预售人应当按照国家有关规定将预售合同报县级以上人民政府房产管理部门和土地管理部门登记备案。

商品房预售所得款项,必须用于有关的工程建设。

第四十六条 商品房预售的,商品房预购人将购买的未竣工的预售商品房再行转让的问题,由国务院规定。

第三节 房地产抵押

第四十七条 房地产抵押,是指抵押人以其合法的房地产以不转移占有的方式向抵押权人提供债务履行担保的行为。债务人不履行债务时,抵押权人有权依法以抵押的房地产拍卖所得的价款优先受偿。

第四十八条 依法取得的房屋所有权连同该房屋占用范围内的土地使用权,可以设定抵押权。

以出让方式取得的土地使用权,可以设定抵押权。

第四十九条 房地产抵押,应当凭土地使用权证书、房屋所有权证书办理。

第五十条 房地产抵押,抵押人和抵押权人应当签订书面抵押合同。

第五十一条 设定房地产抵押权的土地使用权是以划拨方式取得的,依法拍卖该房地产后,应当从拍卖所得的价款中缴纳相当于应缴纳的土地使用权出让金的款额后,抵押权人方可优先受偿。

第五十二条 房地产抵押合同签订后,土地上新增的房屋不属于抵押财产。需要拍卖该抵押的房地产时,可以依法将土地上新增的房屋与抵押财产一同拍卖,但对拍卖新增房屋所得,抵押权人无权优先受偿。

第四节 房屋租赁

第五十三条 房屋租赁,是指房屋所有权人作为出租人将其房屋出租给承租人使用,由承租人向出租人支付租金的行为。

第五十四条 房屋租赁,出租人和承租人应当签订书面租赁合同,约定租赁期限、租赁用途、租赁价格、修缮责任等条款,以及双方的其他权利和义务,并向房产管理部门登记备案。

第五十五条 住宅用房的租赁,应当执行国家和房屋所在城市人民政府规定的租赁政策。租用房屋从事生产、经营活动的,由租赁双方协商议定租金和其他租赁条款。

第五十六条 以营利为目的,房屋所有权人将以划拨方式取得使用权的国有土地上建成的房屋出租的,应当将租金中所含土地收益上缴国家。具体办法由国务院规定。

第五节 中介服务机构

第五十七条 房地产中介服务机构包括房地产咨询机构、房地产价格评估机构、房地产经纪机构等。

第五十八条 房地产中介服务机构应当具备下列条件:
(一)有自己的名称和组织机构;
(二)有固定的服务场所;
(三)有必要的财产和经费;
(四)有足够数量的专业人员;
(五)法律、行政法规规定的其他条件。

设立房地产中介服务机构,应当向工商行政管理部门申请设立登记,领取营业执照后,方可开业。

第五十九条 国家实行房地产价格评估人员资格认证制度。

第五章 房地产权属登记管理

第六十条 国家实行土地使用权和房屋所有权登记发证制度。

第六十一条 以出让或者划拨方式取得土地使用权,应当向县级以上地方人民政府土地管理部门申请登记,经县级以上地方人民政府土地管理部门核实,由同级人民政府颁发土地使用权证书。

在依法取得的房地产开发用地上建成房屋的,应当凭土地使用权证书向县级以上地方人民政府房产管理部门申请登记,由县级以上地方人民政府房产管理部门核实并颁发房屋所有权证书。

房地产转让或者变更时,应当向县级以上地方人民政府房产管理部门申请房产变更登记,并凭变更后的房屋所有权证书向同级人民政府土地管理部门申请土地使用权变更登记,经同级人民政府土地管理部门核实,由同级人民政府更换或者更改土地使用权证书。

法律另有规定的，依照有关法律的规定办理。

第六十二条　房地产抵押时,应当向县级以上地方人民政府规定的部门办理抵押登记。因处分抵押房地产而取得土地使用权和房屋所有权的,应当依照本章规定办理过户登记。

第六十三条　经省、自治区、直辖市人民政府确定,县级以上地方人民政府由一个部门统一负责房产管理和土地管理工作的,可以制作、颁发统一的房地产权证书,依照本法第六十一条的规定,将房屋的所有权和该房屋占用范围内的土地使用权的确认和变更,分别载入房地产权证书。

第六章　法　律　责　任

第六十四条　违反本法第十一条、第十二条的规定,擅自批准出让或者擅自出让土地使用权用于房地产开发的,由上级机关或者所在单位给予有关责任人员行政处分。

第六十五条　违反本法第三十条的规定,未取得营业执照擅自从事房地产开发业务的,由县级以上人民政府工商行政管理部门责令停止房地产开发业务活动,没收违法所得,可以并处罚款。

第六十六条　违反本法第三十九条第一款的规定转让土地使用权的,由县级以上人民政府土地管理部门没收违法所得,可以并处罚款。

第六十七条　违反本法第四十条第一款的规定转让房地产的,由县级以上人民政府土地管理部门责令缴纳土地使用权出让金,没收违法所得,可以并处罚款。

第六十八条　违反本法第四十五条第一款的规定预售商品房的,由县级以上人民政府房产管理部门责令停止预售活动,没收违法所得,可以并处罚款。

第六十九条　违反本法第五十八条的规定,未取得营业执照擅自从事房地产中介服务业务的,由县级以上人民政府工商行政管理部门责令停止房地产中介服务业务活动,没收违法所得,可以并处罚款。

第七十条　没有法律、法规的依据,向房地产开发企业收费的,上级机关应当责令退回所收取的钱款；情节严重的,由上级机关或者所在单位给予直接责任人员行政处分。

第七十一条　房产管理部门、土地管理部门工作人员玩忽职守、滥用职权,构成犯罪的,依法追究刑事责任；不构成犯罪的,给予行政处分。

房产管理部门、土地管理部门工作人员利用职务上的便利,索取他人财物,或者非法收受他人财物为他人谋取利益,构成犯罪的,依照惩治贪污罪贿赂罪的补充规定追究刑事责任；不构成犯罪的,给予行政处分。

第七章　附　　则

第七十二条　在城市规划区外的国有土地范围内取得房地产开发用地的土地使用权,从事房地产开发、交易活动以及实施房地产管理,参照本法执行。

第七十三条　本法自1995年1月1日起施行。

附录 B 中华人民共和国城乡规划法

中华人民共和国主席令第七十四号

《中华人民共和国城乡规划法》已由中华人民共和国第十届全国人民代表大会常务委员会第三十次会议于 2007 年 10 月 28 日通过,现予公布,自 2008 年 1 月 1 日起施行。

中华人民共和国主席　胡锦涛
2007 年 10 月 28 日

第一章　总　则

第一条　为了加强城乡规划管理,协调城乡空间布局,改善人居环境,促进城乡经济社会全面协调可持续发展,制定本法。

第二条　制定和实施城乡规划,在规划区内进行建设活动,必须遵守本法。

本法所称城乡规划,包括城镇体系规划、城市规划、镇规划、乡规划和村庄规划。城市规划、镇规划分为总体规划和详细规划。详细规划分为控制性详细规划和修建性详细规划。

本法所称规划区,是指城市、镇和村庄的建成区以及因城乡建设和发展需要,必须实行规划控制的区域。规划区的具体范围由有关人民政府在组织编制的城市总体规划、镇总体规划、乡规划和村庄规划中,根据城乡经济社会发展水平和统筹城乡发展的需要划定。

第三条　城市和镇应当依照本法制定城市规划和镇规划。城市、镇规划区内的建设活动应当符合规划要求。

县级以上地方人民政府根据本地农村经济社会发展水平,按照因地制宜、切实可行的原则,确定应当制定乡规划、村庄规划的区域。在确定区域内的乡、村庄,应当依照本法制定规划,规划区内的乡、村庄建设应当符合规划要求。

县级以上地方人民政府鼓励、指导前款规定以外的区域的乡、村庄制定和实施乡规划、村庄规划。

第四条　制定和实施城乡规划,应当遵循城乡统筹、合理布局、节约土地、集约发展和先规划后建设的原则,改善生态环境,促进资源、能源节约和综合利用,保护耕地等自然资源和历史文化遗产,保持地方特色、民族特色和传统风貌,防止污染和其他公害,并符合区域人口发展、国防建设、防灾减灾和公共卫生、公共安全的需要。

在规划区内进行建设活动,应当遵守土地管理、自然资源和环境保护等法律、法规的规定。

县级以上地方人民政府应当根据当地经济社会发展的实际,在城市总体规划、镇总体规划中合理确定城市、镇的发展规模、步骤和建设标准。

第五条　城市总体规划、镇总体规划以及乡规划和村庄规划的编制,应当依据国民经济和社会发展规划,并与土地利用总体规划相衔接。

第六条　各级人民政府应当将城乡规划的编制和管理经费纳入本级财政预算。

第七条　经依法批准的城乡规划,是城乡建设和规划管理的依据,未经法定程序不得修改。

第八条　城乡规划组织编制机关应当及时公布经依法批准的城乡规划。但是，法律、行政法规规定不得公开的内容除外。

第九条　任何单位和个人都应当遵守经依法批准并公布的城乡规划，服从规划管理，并有权就涉及其利害关系的建设活动是否符合规划的要求向城乡规划主管部门查询。

任何单位和个人都有权向城乡规划主管部门或者其他有关部门举报或者控告违反城乡规划的行为。城乡规划主管部门或者其他有关部门对举报或者控告，应当及时受理并组织核查、处理。

第十条　国家鼓励采用先进的科学技术，增强城乡规划的科学性，提高城乡规划实施及监督管理的效能。

第十一条　国务院城乡规划主管部门负责全国的城乡规划管理工作。

县级以上地方人民政府城乡规划主管部门负责本行政区域内的城乡规划管理工作。

第二章　城乡规划的制定

第十二条　国务院城乡规划主管部门会同国务院有关部门组织编制全国城镇体系规划，用于指导省域城镇体系规划、城市总体规划的编制。

全国城镇体系规划由国务院城乡规划主管部门报国务院审批。

第十三条　省、自治区人民政府组织编制省域城镇体系规划，报国务院审批。

省域城镇体系规划的内容应当包括：城镇空间布局和规模控制，重大基础设施的布局，为保护生态环境、资源等需要严格控制的区域。

第十四条　城市人民政府组织编制城市总体规划。

直辖市的城市总体规划由直辖市人民政府报国务院审批。省、自治区人民政府所在地的城市以及国务院确定的城市的总体规划，由省、自治区人民政府审查同意后，报国务院审批。其他城市的总体规划，由城市人民政府报省、自治区人民政府审批。

第十五条　县人民政府组织编制县人民政府所在地镇的总体规划，报上一级人民政府审批。其他镇的总体规划由镇人民政府组织编制，报上一级人民政府审批。

第十六条　省、自治区人民政府组织编制的省域城镇体系规划，城市、县人民政府组织编制的总体规划，在报上一级人民政府审批前，应当先经本级人民代表大会常务委员会审议，常务委员会组成人员的审议意见交由本级人民政府研究处理。

镇人民政府组织编制的镇总体规划，在报上一级人民政府审批前，应当先经镇人民代表大会审议，代表的审议意见交由本级人民政府研究处理。

规划的组织编制机关报送审批省域城镇体系规划、城市总体规划或者镇总体规划，应当将本级人民代表大会常务委员会组成人员或者镇人民代表大会代表的审议意见和根据审议意见修改规划的情况一并报送。

第十七条　城市总体规划、镇总体规划的内容应当包括：城市、镇的发展布局，功能分区，用地布局，综合交通体系，禁止、限制和适宜建设的地域范围，各类专项规划等。

规划区范围、规划区内建设用地规模、基础设施和公共服务设施用地、水源地和水系、基本农田和绿化用地、环境保护、自然与历史文化遗产保护以及防灾减灾等内容，应当作为城市总体规划、镇总体规划的强制性内容。

城市总体规划、镇总体规划的规划期限一般为二十年。城市总体规划还应当对城市更长远的发展做出预测性安排。

第十八条　乡规划、村庄规划应当从农村实际出发，尊重村民意愿，体现地方和农村特色。

乡规划、村庄规划的内容应当包括：规划区范围，住宅、道路、供水、排水、供电、垃圾收集、畜禽养殖场所等农村生产、生活服务设施、公益事业等各项建设的用地布局、建设要求，以及对耕地等自然资源和历史文化遗产保护、防灾减灾等的具体安排。乡规划还应当包括本行政区域内的村庄发展布局。

第十九条　城市人民政府城乡规划主管部门根据城市总体规划的要求，组织编制城市的控制性详细规划，经本级人民政府批准后，报本级人民代表大会常务委员会和上一级人民政府备案。

第二十条　镇人民政府根据镇总体规划的要求，组织编制镇的控制性详细规划，报上一级人民政府审批。县人民政府所在地镇的控制性详细规划，由县人民政府城乡规划主管部门根据镇总体规划的要求组织编制，经县人民政府批准后，报本级人民代表大会常务委员会和上一级人民政府备案。

第二十一条　城市、县人民政府城乡规划主管部门和镇人民政府可以组织编制重要地块的修建性详细规划。修建性详细规划应当符合控制性详细规划。

第二十二条　乡、镇人民政府组织编制乡规划、村庄规划，报上一级人民政府审批。村庄规划在报送审批前，应当经村民会议或者村民代表会议讨论同意。

第二十三条　首都的总体规划、详细规划应当统筹考虑中央国家机关用地布局和空间安排的需要。

第二十四条　城乡规划组织编制机关应当委托具有相应资质等级的单位承担城乡规划的具体编制工作。

从事城乡规划编制工作应当具备下列条件，并经国务院城乡规划主管部门或者省、自治区、直辖市人民政府城乡规划主管部门依法审查合格，取得相应等级的资质证书后，方可在资质等级许可的范围内从事城乡规划编制工作：

（一）有法人资格；

（二）有规定数量的经国务院城乡规划主管部门注册的规划师；

（三）有规定数量的相关专业技术人员；

（四）有相应的技术装备；

（五）有健全的技术、质量、财务管理制度。

规划师执业资格管理办法，由国务院城乡规划主管部门会同国务院人事行政部门制定。

编制城乡规划必须遵守国家有关标准。

第二十五条　编制城乡规划，应当具备国家规定的勘察、测绘、气象、地震、水文、环境等基础资料。

县级以上地方人民政府有关主管部门应当根据编制城乡规划的需要，及时提供有关基础资料。

第二十六条　城乡规划报送审批前，组织编制机关应当依法将城乡规划草案予以公告，并采取论证会、听证会或者其他方式征求专家和公众的意见。公告的时间不得少于三十日。

组织编制机关应当充分考虑专家和公众的意见，并在报送审批的材料中附具意见采纳情况及理由。

第二十七条　省域城镇体系规划、城市总体规划、镇总体规划批准前，审批机关应当组织专家和有关部门进行审查。

第三章　城乡规划的实施

第二十八条　地方各级人民政府应当根据当地经济社会发展水平，量力而行，尊重群众意愿，有计划、分步骤地组织实施城乡规划。

第二十九条　城市的建设和发展，应当优先安排基础设施以及公共服务设施的建设，妥善处理新区开发与旧区改建的关系，统筹兼顾进城务工人员生活和周边农村经济社会发展、村民生产与生活的需要。

镇的建设和发展，应当结合农村经济社会发展和产业结构调整，优先安排供水、排水、供电、供气、道路、通信、广播电视等基础设施和学校、卫生院、文化站、幼儿园、福利院等公共服务设施的建设，为周边农村提供服务。

乡、村庄的建设和发展，应当因地制宜、节约用地，发挥村民自治组织的作用，引导村民合理进行建设，改善农村生产、生活条件。

第三十条　城市新区的开发和建设，应当合理确定建设规模和时序，充分利用现有市政基础设施和公共服务设施，严格保护自然资源和生态环境，体现地方特色。

在城市总体规划、镇总体规划确定的建设用地范围以外，不得设立各类开发区和城市新区。

第三十一条　旧城区的改建，应当保护历史文化遗产和传统风貌，合理确定拆迁和建设规模，有计划地对危房集中、基础设施落后等地段进行改建。

历史文化名城、名镇、名村的保护以及受保护建筑物的维护和使用，应当遵守有关法律、行政法规和国务院的规定。

第三十二条　城乡建设和发展，应当依法保护和合理利用风景名胜资源，统筹安排风景名胜区及周边乡、镇、村庄的建设。

风景名胜区的规划、建设和管理，应当遵守有关法律、行政法规和国务院的规定。

第三十三条　城市地下空间的开发和利用，应当与经济和技术发展水平相适应，遵循统筹安排、综合开发、合理利用的原则，充分考虑防灾减灾、人民防空和通信等需要，并符合城市规划，履行规划审批手续。

第三十四条　城市、县、镇人民政府应当根据城市总体规划、镇总体规划、土地利用总体规划和年度计划以及国民经济和社会发展规划，制定近期建设规划，报总体规划审批机关备案。

近期建设规划应当以重要基础设施、公共服务设施和中低收入居民住房建设以及生态环境保护为重点内容，明确近期建设的时序、发展方向和空间布局。近期建设规划的规划期限为五年。

第三十五条　城乡规划确定的铁路、公路、港口、机场、道路、绿地、输配电设施及输电线路走廊、通信设施、广播电视设施、管道设施、河道、水库、水源地、自然保护区、防汛通道、消防通道、核电站、垃圾填埋场及焚烧厂、污水处理厂和公共服务设施的用地以及其他需要依法保护的用地，禁止擅自改变用途。

第三十六条　按照国家规定需要有关部门批准或者核准的建设项目，以划拨方式提供国有土地使用权的，建设单位在报送有关部门批准或者核准前，应当向城乡规划主管部门申请核发选址意见书。

前款规定以外的建设项目不需要申请选址意见书。

第三十七条　在城市、镇规划区内以划拨方式提供国有土地使用权的建设项目，经有关部门批准、核准、备案后，建设单位应当向城市、县人民政府城乡规划主管部门提出建设用地规划许可申请，由城市、县人民政府城乡规划主管部门依据控制性详细规划核定建设用地的位置、面积、允许建设的范围，核发建设用地规划许可证。

建设单位在取得建设用地规划许可证后，方可向县级以上地方人民政府土地主管部门申请用地，经县级以上人民政府审批后，由土地主管部门划拨土地。

第三十八条　在城市、镇规划区内以出让方式提供国有土地使用权的，在国有土地使用权出让前，城市、县人民政府城乡规划主管部门应当依据控制性详细规划，提出出让地块的位置、使用性质、开发强度等规划条件，作为国有土地使用权出让合同的组成部分。未确定规划条件的地块，不得出让国有土地使用权。

以出让方式取得国有土地使用权的建设项目，在签订国有土地使用权出让合同后，建设单位应当持建设项目的批准、核准、备案文件和国有土地使用权出让合同，向城市、县人民政府城乡规划主管部门领取建设用地规划许可证。

城市、县人民政府城乡规划主管部门不得在建设用地规划许可证中，擅自改变作为国有土地使用权出让合同组成部分的规划条件。

第三十九条　规划条件未纳入国有土地使用权出让合同的，该国有土地使用权出让合同无效；对未取得建设用地规划许可证的建设单位批准用地的，由县级以上人民政府撤销有关批准文件；占用土地的，应当及时退回；给当事人造成损失的，应当依法给予赔偿。

第四十条　在城市、镇规划区内进行建筑物、构筑物、道路、管线和其他工程建设的，建设单位或者个人应当向城市、县人民政府城乡规划主管部门或者省、自治区、直辖市人民政府确定的镇人民政府申请办理建设工程规划许可证。

申请办理建设工程规划许可证，应当提交使用土地的有关证明文件、建设工程设计方案等材料。需要建设单位编制修建性详细规划的建设项目，还应当提交修建性详细规划。对符合控制性详细规划和规划条件的，由城市、县人民政府城乡规划主管部门或者省、自治区、直辖市人民政府确定的镇人民政府核发建设工程规划许可证。

城市、县人民政府城乡规划主管部门或者省、自治区、直辖市人民政府确定的镇人民政府应当依法将经审定的修建性详细规划、建设工程设计方案的总平面图予以公布。

第四十一条　在乡、村庄规划区内进行乡镇企业、乡村公共设施和公益事业建设的，建设单位或者个人应当向乡、镇人民政府提出申请，由乡、镇人民政府报城市、县人民政府城乡规划主管部门核发乡村建设规划许可证。

在乡、村庄规划区内使用原有宅基地进行农村村民住宅建设的规划管理办法，由省、自治区、直辖市制定。

在乡、村庄规划区内进行乡镇企业、乡村公共设施和公益事业建设以及农村村民住宅建设，不得占用农用地；确需占用农用地的，应当依照《中华人民共和国土地管理法》有关规定办理农用地转用审批手续后，由城市、县人民政府城乡规划主管部门核发乡村建设规划许可证。

建设单位或者个人在取得乡村建设规划许可证后，方可办理用地审批手续。

第四十二条　城乡规划主管部门不得在城乡规划确定的建设用地范围以外做出规划许可。

第四十三条　建设单位应当按照规划条件进行建设；确需变更的，必须向城市、县人民政府城乡规划主管部门提出申请。变更内容不符合控制性详细规划的，城乡规划主管部门不得批准。城市、县人民政府城乡规划主管部门应当及时将依法变更后的规划条件通报同级土地主管部门并公示。

建设单位应当及时将依法变更后的规划条件报有关人民政府土地主管部门备案。

第四十四条　在城市、镇规划区内进行临时建设的，应当经城市、县人民政府城乡规划主管部门批准。临时建设影响近期建设规划或者控制性详细规划的实施以及交通、市容、安全等的，不得批准。

临时建设应当在批准的使用期限内自行拆除。

临时建设和临时用地规划管理的具体办法，由省、自治区、直辖市人民政府制定。

第四十五条　县级以上地方人民政府城乡规划主管部门按照国务院规定对建设工程是否符合规划条件予以核实。未经核实或者经核实不符合规划条件的，建设单位不得组织竣工验收。

建设单位应当在竣工验收后六个月内向城乡规划主管部门报送有关竣工验收资料。

第四章　城乡规划的修改

第四十六条　省域城镇体系规划、城市总体规划、镇总体规划的组织编制机关，应当组织有关部门和专家定期对规划实施情况进行评估，并采取论证会、听证会或者其他方式征求公众意见。组织编制机关应当向本级人民代表大会常务委员会、镇人民代表大会和原审批机关提出评估报告并附具征求意见的情况。

第四十七条　有下列情形之一的，组织编制机关方可按照规定的权限和程序修改省域城镇体系规划、城市总体规划、镇总体规划：

（一）上级人民政府制定的城乡规划发生变更，提出修改规划要求的；

（二）行政区划调整确需修改规划的；

（三）因国务院批准重大建设工程确需修改规划的；

（四）经评估确需修改规划的；

（五）城乡规划的审批机关认为应当修改规划的其他情形。

修改省域城镇体系规划、城市总体规划、镇总体规划前，组织编制机关应当对原规划的实施情况进行总结，并向原审批机关报告；修改涉及城市总体规划、镇总体规划强制性内容的，应当先向原审批机关提出专题报告，经同意后，方可编制修改方案。

修改后的省域城镇体系规划、城市总体规划、镇总体规划，应当依照本法第十三条、第十四条、第十五条和第十六条规定的审批程序报批。

第四十八条　修改控制性详细规划的，组织编制机关应当对修改的必要性进行论证，征求规划地段内利害关系人的意见，并向原审批机关提出专题报告，经原审批机关同意后，方可编制修改方案。修改后的控制性详细规划，应当依照本法第十九条、第二十条规定的审批程序报批。控制性详细规划修改涉及城市总体规划、镇总体规划的强制性内容的，应当先修改总体规划。

修改乡规划、村庄规划的，应当依照本法第二十二条规定的审批程序报批。

第四十九条　城市、县、镇人民政府修改近期建设规划的，应当将修改后的近期建设规划报总体规划审批机关备案。

第五十条　在选址意见书、建设用地规划许可证、建设工程规划许可证或者乡村建设规划许可证发放后，因依法修改城乡规划给被许可人合法权益造成损失的，应当依法给予补偿。

经依法审定的修建性详细规划、建设工程设计方案的总平面图不得随意修改；确需修改的，城乡规划主管部门应当采取听证会等形式，听取利害关系人的意见；因修改给利害关系人合法权益造成损失的，应当依法给予补偿。

第五章　监督检查

第五十一条　县级以上人民政府及其城乡规划主管部门应当加强对城乡规划编制、审批、实施、修改的监督检查。

第五十二条　地方各级人民政府应当向本级人民代表大会常务委员会或者乡、镇人民代表大会报告城乡规划的实施情况，并接受监督。

第五十三条　县级以上人民政府城乡规划主管部门对城乡规划的实施情况进行监督检查，有权采取以下措施：

（一）要求有关单位和人员提供与监督事项有关的文件、资料，并进行复制；

（二）要求有关单位和人员就监督事项涉及的问题做出解释和说明，并根据需要进入现场进行勘测；

（三）责令有关单位和人员停止违反有关城乡规划的法律、法规的行为。

城乡规划主管部门的工作人员履行前款规定的监督检查职责，应当出示执法证件。被监督检查的单位和人员应当予以配合，不得妨碍和阻挠依法进行的监督检查活动。

第五十四条　监督检查情况和处理结果应当依法公开，供公众查阅和监督。

第五十五条　城乡规划主管部门在查处违反本法规定的行为时，发现国家机关工作人员依法应当给予行政处分的，应当向其任免机关或者监察机关提出处分建议。

第五十六条　依照本法规定应当给予行政处罚，而有关城乡规划主管部门不给予行政处罚的，上级人民政府城乡规划主管部门有权责令其做出行政处罚决定或者建议有关人民政府责令其给予行政处罚。

第五十七条　城乡规划主管部门违反本法规定做出行政许可的，上级人民政府城乡规划主管部门有权责令其撤销或者直接撤销该行政许可。因撤销行政许可给当事人合法权益造成损失的，应当依法给予赔偿。

第六章　法律责任

第五十八条　对依法应当编制城乡规划而未组织编制，或者未按法定程序编制、审批、修改城乡规划的，由上级人民政府责令改正，通报批评；对有关人民政府负责人和其他直接责任人员依法给予处分。

第五十九条　城乡规划组织编制机关委托不具有相应资质等级的单位编制城乡规划

的，由上级人民政府责令改正，通报批评；对有关人民政府负责人和其他直接责任人员依法给予处分。

第六十条　镇人民政府或者县级以上人民政府城乡规划主管部门有下列行为之一的，由本级人民政府、上级人民政府城乡规划主管部门或者监察机关依据职权责令改正，通报批评；对直接负责的主管人员和其他直接责任人员依法给予处分：

（一）未依法组织编制城市的控制性详细规划、县人民政府所在地镇的控制性详细规划的；

（二）超越职权或者对不符合法定条件的申请人核发选址意见书、建设用地规划许可证、建设工程规划许可证、乡村建设规划许可证的；

（三）对符合法定条件的申请人未在法定期限内核发选址意见书、建设用地规划许可证、建设工程规划许可证、乡村建设规划许可证的；

（四）未依法对经审定的修建性详细规划、建设工程设计方案的总平面图予以公布的；

（五）同意修改修建性详细规划、建设工程设计方案的总平面图前未采取听证会等形式听取利害关系人的意见的；

（六）发现未依法取得规划许可或者违反规划许可的规定在规划区内进行建设的行为，而不予查处或者接到举报后不依法处理的。

第六十一条　县级以上人民政府有关部门有下列行为之一的，由本级人民政府或者上级人民政府有关部门责令改正，通报批评；对直接负责的主管人员和其他直接责任人员依法给予处分：

（一）对未依法取得选址意见书的建设项目核发建设项目批准文件的；

（二）未依法在国有土地使用权出让合同中确定规划条件或者改变国有土地使用权出让合同中依法确定的规划条件的；

（三）对未依法取得建设用地规划许可证的建设单位划拨国有土地使用权的。

第六十二条　城乡规划编制单位有下列行为之一的，由所在地城市、县人民政府城乡规划主管部门责令限期改正，处合同约定的规划编制费一倍以上二倍以下的罚款；情节严重的，责令停业整顿，由原发证机关降低资质等级或者吊销资质证书；造成损失的，依法承担赔偿责任：

（一）超越资质等级许可的范围承揽城乡规划编制工作的；

（二）违反国家有关标准编制城乡规划的。

未依法取得资质证书承揽城乡规划编制工作的，由县级以上地方人民政府城乡规划主管部门责令停止违法行为，依照前款规定处以罚款；造成损失的，依法承担赔偿责任。

以欺骗手段取得资质证书承揽城乡规划编制工作的，由原发证机关吊销资质证书，依照本条第一款规定处以罚款；造成损失的，依法承担赔偿责任。

第六十三条　城乡规划编制单位取得资质证书后，不再符合相应的资质条件的，由原发证机关责令限期改正；逾期不改正的，降低资质等级或者吊销资质证书。

第六十四条　未取得建设工程规划许可证或者未按照建设工程规划许可证的规定进行建设的，由县级以上地方人民政府城乡规划主管部门责令停止建设；尚可采取改正措施消除对规划实施的影响的，限期改正，处建设工程造价百分之五以上百分之十以下的罚款；无法采取改正措施消除影响的，限期拆除，不能拆除的，没收实物或者违法收入，可以并处建设工程造价百分之十以下的罚款。

第六十五条　在乡、村庄规划区内未依法取得乡村建设规划许可证或者未按照乡村建设规划许可证的规定进行建设的，由乡、镇人民政府责令停止建设、限期改正；逾期不改正的，可以拆除。

第六十六条　建设单位或者个人有下列行为之一的，由所在地城市、县人民政府城乡规划主管部门责令限期拆除，可以并处临时建设工程造价一倍以下的罚款：

（一）未经批准进行临时建设的；

（二）未按照批准内容进行临时建设的；

（三）临时建筑物、构筑物超过批准期限不拆除的。

第六十七条　建设单位未在建设工程竣工验收后六个月内向城乡规划主管部门报送有关竣工验收资料的，由所在地城市、县人民政府城乡规划主管部门责令限期补报；逾期不补报的，处一万元以上五万元以下的罚款。

第六十八条　城乡规划主管部门作出责令停止建设或者限期拆除的决定后，当事人不停止建设或者逾期不拆除的，建设工程所在地县级以上地方人民政府可以责成有关部门采取查封施工现场、强制拆除等措施。

第六十九条　违反本法规定，构成犯罪的，依法追究刑事责任。

第七章　附　　则

第七十条　本法自 2008 年 1 月 1 日起施行。《中华人民共和国城市规划法》同时废止。

附录 C　中华人民共和国物权法

中华人民共和国主席令第六十二号

《中华人民共和国物权法》已由中华人民共和国第十届全国人民代表大会第五次会议于 2007 年 3 月 16 日通过，现予公布，自 2007 年 10 月 1 日起施行。

中华人民共和国主席　胡锦涛

2007 年 3 月 16 日

中华人民共和国物权法（节选）

第一编　总　　则

第一章　基 本 原 则

第一条　为了维护国家基本经济制度，维护社会主义市场经济秩序，明确物的归属，发挥物的效用，保护权利人的物权，根据宪法，制定本法。

第二条　因物的归属和利用而产生的民事关系，适用本法。

本法所称物，包括不动产和动产。法律规定权利作为物权客体的，依照其规定。

本法所称物权，是指权利人依法对特定的物享有直接支配和排他的权利，包括所有权、用益物权和担保物权。

第三条　国家在社会主义初级阶段，坚持公有制为主体、多种所有制经济共同发展的基本经济制度。

国家巩固和发展公有制经济，鼓励、支持和引导非公有制经济的发展。

国家实行社会主义市场经济，保障一切市场主体的平等法律地位和发展权利。

第四条　国家、集体、私人的物权和其他权利人的物权受法律保护，任何单位和个人不得侵犯。

第五条　物权的种类和内容，由法律规定。

第六条　不动产物权的设立、变更、转让和消灭，应当依照法律规定登记。动产物权的设立和转让，应当依照法律规定交付。

第七条　物权的取得和行使，应当遵守法律，尊重社会公德，不得损害公共利益和他人合法权益。

第八条　其他相关法律对物权另有特别规定的，依照其规定。

第二章　物权的设立、变更、转让和消灭

第一节　不动产登记

第九条　不动产物权的设立、变更、转让和消灭，经依法登记，发生效力；未经登记，不发生效力，但法律另有规定的除外。

依法属于国家所有的自然资源，所有权可以不登记。

第十条 不动产登记,由不动产所在地的登记机构办理。

国家对不动产实行统一登记制度。统一登记的范围、登记机构和登记办法,由法律、行政法规规定。

第十一条 当事人申请登记,应当根据不同登记事项提供权属证明和不动产界址、面积等必要材料。

第十二条 登记机构应当履行下列职责:

(一)查验申请人提供的权属证明和其他必要材料;

(二)就有关登记事项询问申请人;

(三)如实、及时登记有关事项;

(四)法律、行政法规规定的其他职责。

申请登记的不动产的有关情况需要进一步证明的,登记机构可以要求申请人补充材料,必要时可以实地查看。

第十三条 登记机构不得有下列行为:

(一)要求对不动产进行评估;

(二)以年检等名义进行重复登记;

(三)超出登记职责范围的其他行为。

第十四条 不动产物权的设立、变更、转让和消灭,依照法律规定应当登记的,自记载于不动产登记簿时发生效力。

第十五条 当事人之间订立有关设立、变更、转让和消灭不动产物权的合同,除法律另有规定或者合同另有约定外,自合同成立时生效;未办理物权登记的,不影响合同效力。

第十六条 不动产登记簿是物权归属和内容的根据。不动产登记簿由登记机构管理。

第十七条 不动产权属证书是权利人享有该不动产物权的证明。不动产权属证书记载的事项,应当与不动产登记簿一致;记载不一致的,除有证据证明不动产登记簿确有错误外,以不动产登记簿为准。

第十八条 权利人、利害关系人可以申请查询、复制登记资料,登记机构应当提供。

第十九条 权利人、利害关系人认为不动产登记簿记载的事项错误的,可以申请更正登记。不动产登记簿记载的权利人书面同意更正或者有证据证明登记确有错误的,登记机构应当予以更正。

不动产登记簿记载的权利人不同意更正的,利害关系人可以申请异议登记。登记机构予以异议登记的,申请人在异议登记之日起十五日内不起诉,异议登记失效。异议登记不当,造成权利人损害的,权利人可以向申请人请求损害赔偿。

第二十条 当事人签订买卖房屋或者其他不动产物权的协议,为保障将来实现物权,按照约定可以向登记机构申请预告登记。预告登记后,未经预告登记的权利人同意,处分该不动产的,不发生物权效力。

预告登记后,债权消灭或者自能够进行不动产登记之日起三个月内未申请登记的,预告登记失效。

第二十一条 当事人提供虚假材料申请登记,给他人造成损害的,应当承担赔偿责任。

因登记错误,给他人造成损害的,登记机构应当承担赔偿责任。登记机构赔偿后,可以向造成登记错误的人追偿。

第二十二条 不动产登记费按件收取,不得按照不动产的面积、体积或者价款的比例收取。具体收费标准由国务院有关部门会同价格主管部门规定。

第三节 其他规定

第二十八条 因人民法院、仲裁委员会的法律文书或者人民政府的征收决定等，导致物权设立、变更、转让或者消灭的，自法律文书或者人民政府的征收决定等生效时发生效力。

第二十九条 因继承或者受遗赠取得物权的，自继承或者受遗赠开始时发生效力。

第三十条 因合法建造、拆除房屋等事实行为设立或者消灭物权的，自事实行为成就时发生效力。

第三十一条 依照本法第二十八条至第三十条规定享有不动产物权的，处分该物权时，依照法律规定需要办理登记的，未经登记，不发生物权效力。

第三章 物权的保护

第三十二条 物权受到侵害的，权利人可以通过和解、调解、仲裁、诉讼等途径解决。

第三十三条 因物权的归属、内容发生争议的，利害关系人可以请求确认权利。

第三十四条 无权占有不动产或者动产的，权利人可以请求返还原物。

第三十五条 妨害物权或者可能妨害物权的，权利人可以请求排除妨害或者消除危险。

第三十六条 造成不动产或者动产毁损的，权利人可以请求修理、重作、更换或者恢复原状。

第三十七条 侵害物权，造成权利人损害的，权利人可以请求损害赔偿，也可以请求承担其他民事责任。

第三十八条 本章规定的物权保护方式，可以单独适用，也可以根据权利被侵害的情形合并适用。

侵害物权，除承担民事责任外，违反行政管理规定的，依法承担行政责任；构成犯罪的，依法追究刑事责任。

第二编 所 有 权

第四章 一 般 规 定

第三十九条 所有权人对自己的不动产或者动产，依法享有占有、使用、收益和处分的权利。

第四十条 所有权人有权在自己的不动产或者动产上设立用益物权和担保物权。用益物权人、担保物权人行使权利，不得损害所有权人的权益。

第四十一条 法律规定专属于国家所有的不动产和动产，任何单位和个人不能取得所有权。

第四十二条 为了公共利益的需要，依照法律规定的权限和程序可以征收集体所有的土地和单位、个人的房屋及其他不动产。

征收集体所有的土地，应当依法足额支付土地补偿费、安置补助费、地上附着物和青苗的补偿费等费用，安排被征地农民的社会保障费用，保障被征地农民的生活，维护被征地农民的合法权益。

征收单位、个人的房屋及其他不动产，应当依法给予拆迁补偿，维护被征收人的合法权益；征收个人住宅的，还应当保障被征收人的居住条件。

任何单位和个人不得贪污、挪用、私分、截留、拖欠征收补偿费等费用。

第四十三条　国家对耕地实行特殊保护，严格限制农用地转为建设用地，控制建设用地总量。不得违反法律规定的权限和程序征收集体所有的土地。

第四十四条　因抢险、救灾等紧急需要，依照法律规定的权限和程序可以征用单位、个人的不动产或者动产。被征用的不动产或者动产使用后，应当返还被征用人。单位、个人的不动产或者动产被征用或者征用后毁损、灭失的，应当给予补偿。

第五章　国家所有权和集体所有权、私人所有权

第四十五条　法律规定属于国家所有的财产，属于国家所有即全民所有。

国有财产由国务院代表国家行使所有权；法律另有规定的，依照其规定。

第四十六条　矿藏、水流、海域属于国家所有。

第四十七条　城市的土地，属于国家所有。法律规定属于国家所有的农村和城市郊区的土地，属于国家所有。

第四十八条　森林、山岭、草原、荒地、滩涂等自然资源，属于国家所有，但法律规定属于集体所有的除外。

第四十九条　法律规定属于国家所有的野生动植物资源，属于国家所有。

第五十条　无线电频谱资源属于国家所有。

第五十一条　法律规定属于国家所有的文物，属于国家所有。

第五十二条　国防资产属于国家所有。

铁路、公路、电力设施、电信设施和油气管道等基础设施，依照法律规定为国家所有的，属于国家所有。

第五十三条　国家机关对其直接支配的不动产和动产，享有占有、使用以及依照法律和国务院的有关规定处分的权利。

第五十四条　国家举办的事业单位对其直接支配的不动产和动产，享有占有、使用以及依照法律和国务院的有关规定收益、处分的权利。

第五十五条　国家出资的企业，由国务院、地方人民政府依照法律、行政法规规定分别代表国家履行出资人职责，享有出资人权益。

第五十六条　国家所有的财产受法律保护，禁止任何单位和个人侵占、哄抢、私分、截留、破坏。

第五十七条　履行国有财产管理、监督职责的机构及其工作人员，应当依法加强对国有财产的管理、监督，促进国有财产保值增值，防止国有财产损失；滥用职权，玩忽职守，造成国有财产损失的，应当依法承担法律责任。

违反国有财产管理规定，在企业改制、合并分立、关联交易等过程中，低价转让、合谋私分、擅自担保或者以其他方式造成国有财产损失的，应当依法承担法律责任。

第五十八条　集体所有的不动产和动产包括：

（一）法律规定属于集体所有的土地和森林、山岭、草原、荒地、滩涂；

（二）集体所有的建筑物、生产设施、农田水利设施；
（三）集体所有的教育、科学、文化、卫生、体育等设施；
（四）集体所有的其他不动产和动产。

第五十九条　农民集体所有的不动产和动产，属于本集体成员集体所有。

下列事项应当依照法定程序经本集体成员决定：
（一）土地承包方案以及将土地发包给本集体以外的单位或者个人承包；
（二）个别土地承包经营权人之间承包地的调整；
（三）土地补偿费等费用的使用、分配办法；
（四）集体出资的企业的所有权变动等事项；
（五）法律规定的其他事项。

第六十条　对于集体所有的土地和森林、山岭、草原、荒地、滩涂等，依照下列规定行使所有权：
（一）属于村农民集体所有的，由村集体经济组织或者村民委员会代表集体行使所有权；
（二）分别属于村内两个以上农民集体所有的，由村内各该集体经济组织或者村民小组代表集体行使所有权；
（三）属于乡镇农民集体所有的，由乡镇集体经济组织代表集体行使所有权。

第六十一条　城镇集体所有的不动产和动产，依照法律、行政法规的规定由本集体享有占有、使用、收益和处分的权利。

第六十二条　集体经济组织或者村民委员会、村民小组应当依照法律、行政法规以及章程、村规民约向本集体成员公布集体财产的状况。

第六十三条　集体所有的财产受法律保护，禁止任何单位和个人侵占、哄抢、私分、破坏。

集体经济组织、村民委员会或者其负责人作出的决定侵害集体成员合法权益的，受侵害的集体成员可以请求人民法院予以撤销。

第六十四条　私人对其合法的收入、房屋、生活用品、生产工具、原材料等不动产和动产享有所有权。

第六十五条　私人合法的储蓄、投资及其收益受法律保护。

国家依照法律规定保护私人的继承权及其他合法权益。

第六十六条　私人的合法财产受法律保护，禁止任何单位和个人侵占、哄抢、破坏。

第六十七条　国家、集体和私人依法可以出资设立有限责任公司、股份有限公司或者其他企业。国家、集体和私人所有的不动产或者动产，投到企业的，由出资人按照约定或者出资比例享有资产收益、重大决策以及选择经营管理者等权利并履行义务。

第六十八条　企业法人对其不动产和动产依照法律、行政法规以及章程享有占有、使用、收益和处分的权利。

企业法人以外的法人，对其不动产和动产的权利，适用有关法律、行政法规以及章程的规定。

第六十九条　社会团体依法所有的不动产和动产，受法律保护。

第六章　业主的建筑物区分所有权

第七十条　业主对建筑物内的住宅、经营性用房等专有部分享有所有权，对专有部分以外的共有部分享有共有和共同管理的权利。

第七十一条 业主对其建筑物专有部分享有占有、使用、收益和处分的权利。业主行使权利不得危及建筑物的安全，不得损害其他业主的合法权益。

第七十二条 业主对建筑物专有部分以外的共有部分，享有权利，承担义务；不得以放弃权利不履行义务。

业主转让建筑物内的住宅、经营性用房，其对共有部分享有的共有和共同管理的权利一并转让。

第七十三条 建筑区划内的道路，属于业主共有，但属于城镇公共道路的除外。建筑区划内的绿地，属于业主共有，但属于城镇公共绿地或者明示属于个人的除外。建筑区划内的其他公共场所、公用设施和物业服务用房，属于业主共有。

第七十四条 建筑区划内，规划用于停放汽车的车位、车库应当首先满足业主的需要。

建筑区划内，规划用于停放汽车的车位、车库的归属，由当事人通过出售、附赠或者出租等方式约定。

占用业主共有的道路或者其他场地用于停放汽车的车位，属于业主共有。

第七十五条 业主可以设立业主大会，选举业主委员会。

地方人民政府有关部门应当对设立业主大会和选举业主委员会给予指导和协助。

第七十六条 下列事项由业主共同决定：

（一）制定和修改业主大会议事规则；

（二）制定和修改建筑物及其附属设施的管理规约；

（三）选举业主委员会或者更换业主委员会成员；

（四）选聘和解聘物业服务企业或者其他管理人；

（五）筹集和使用建筑物及其附属设施的维修资金；

（六）改建、重建建筑物及其附属设施；

（七）有关共有和共同管理权利的其他重大事项。

决定前款第五项和第六项规定的事项，应当经专有部分占建筑物总面积三分之二以上的业主且占总人数三分之二以上的业主同意。决定前款其他事项，应当经专有部分占建筑物总面积过半数的业主且占总人数过半数的业主同意。

第七十七条 业主不得违反法律、法规以及管理规约，将住宅改变为经营性用房。业主将住宅改变为经营性用房的，除遵守法律、法规以及管理规约外，应当经有利害关系的业主同意。

第七十八条 业主大会或者业主委员会的决定，对业主具有约束力。

业主大会或者业主委员会做出的决定侵害业主合法权益的，受侵害的业主可以请求人民法院予以撤销。

第七十九条 建筑物及其附属设施的维修资金，属于业主共有。经业主共同决定，可以用于电梯、水箱等共有部分的维修。维修资金的筹集、使用情况应当公布。

第八十条 建筑物及其附属设施的费用分摊、收益分配等事项，有约定的，按照约定；没有约定或者约定不明确的，按照业主专有部分占建筑物总面积的比例确定。

第八十一条 业主可以自行管理建筑物及其附属设施，也可以委托物业服务企业或者其他管理人管理。

对建设单位聘请的物业服务企业或者其他管理人，业主有权依法更换。

第八十二条 物业服务企业或者其他管理人根据业主的委托管理建筑区划内的建筑物及其附属设施,并接受业主的监督。

第八十三条 业主应当遵守法律、法规以及管理规约。

业主大会和业主委员会,对任意弃置垃圾、排放污染物或者噪声、违反规定饲养动物、违章搭建、侵占通道、拒付物业费等损害他人合法权益的行为,有权依照法律、法规以及管理规约,要求行为人停止侵害、消除危险、排除妨害、赔偿损失。业主对侵害自己合法权益的行为,可以依法向人民法院提起诉讼。

第七章 相邻关系

第八十四条 不动产的相邻权利人应当按照有利生产、方便生活、团结互助、公平合理的原则,正确处理相邻关系。

第八十五条 法律、法规对处理相邻关系有规定的,依照其规定;法律、法规没有规定的,可以按照当地习惯。

第八十六条 不动产权利人应当为相邻权利人用水、排水提供必要的便利。

对自然流水的利用,应当在不动产的相邻权利人之间合理分配。对自然流水的排放,应当尊重自然流向。

第八十七条 不动产权利人对相邻权利人因通行等必须利用其土地的,应当提供必要的便利。

第八十八条 不动产权利人因建造、修缮建筑物以及铺设电线、电缆、水管、暖气和燃气管线等必须利用相邻土地、建筑物的,该土地、建筑物的权利人应当提供必要的便利。

第八十九条 建造建筑物,不得违反国家有关工程建设标准,妨碍相邻建筑物的通风、采光和日照。

第九十条 不动产权利人不得违反国家规定弃置固体废物,排放大气污染物、水污染物、噪声、光、电磁波辐射等有害物质。

第九十一条 不动产权利人挖掘土地、建造建筑物、铺设管线以及安装设备等,不得危及相邻不动产的安全。

第九十二条 不动产权利人因用水、排水、通行、铺设管线等利用相邻不动产的,应当尽量避免对相邻的不动产权利人造成损害;造成损害的,应当给予赔偿。

第八章 共 有

第九十三条 不动产或者动产可以由两个以上单位、个人共有。共有包括按份共有和共同共有。

第九十四条 按份共有人对共有的不动产或者动产按照其份额享有所有权。

第九十五条 共同共有人对共有的不动产或者动产共同享有所有权。

第九十六条 共有人按照约定管理共有的不动产或者动产;没有约定或者约定不明确的,各共有人都有管理的权利和义务。

第九十七条 处分共有的不动产或者动产以及对共有的不动产或者动产作重大修缮的,应当经占份额三分之二以上的按份共有人或者全体共同共有人同意,但共有人之间另有约定的除外。

第九十八条 对共有物的管理费用以及其他负担,有约定的,按照约定;没有约定或者约定不明确的,按份共有人按照其份额负担,共同共有人共同负担。

第九十九条 共有人约定不得分割共有的不动产或者动产,以维持共有关系的,应当按照约定,但共有人有重大理由需要分割的,可以请求分割;没有约定或者约定不明确的,按份共有人可以随时请求分割,共同共有人在共有的基础丧失或者有重大理由需要分割时可以请求分割。因分割对其他共有人造成损害的,应当给予赔偿。

第一百条 共有人可以协商确定分割方式。达不成协议,共有的不动产或者动产可以分割并且不会因分割减损价值的,应当对实物予以分割;难以分割或者因分割会减损价值的,应当对折价或者拍卖、变卖取得的价款予以分割。

共有人分割所得的不动产或者动产有瑕疵的,其他共有人应当分担损失。

第一百零一条 按份共有人可以转让其享有的共有的不动产或者动产份额。其他共有人在同等条件下享有优先购买的权利。

第一百零二条 因共有的不动产或者动产产生的债权债务,在对外关系上,共有人享有连带债权、承担连带债务,但法律另有规定或者第三人知道共有人不具有连带债权债务关系的除外;在共有人内部关系上,除共有人另有约定外,按份共有人按照份额享有债权、承担债务,共同共有人共同享有债权、承担债务。偿还债务超过自己应当承担份额的按份共有人,有权向其他共有人追偿。

第一百零三条 共有人对共有的不动产或者动产没有约定为按份共有或者共同共有,或者约定不明确的,除共有人具有家庭关系等外,视为按份共有。

第一百零四条 按份共有人对共有的不动产或者动产享有的份额,没有约定或者约定不明确的,按照出资额确定;不能确定出资额的,视为等额享有。

第一百零五条 两个以上单位、个人共同享有用益物权、担保物权的,参照本章规定。

第九章 所有权取得的特别规定

第一百零六条 无处分权人将不动产或者动产转让给受让人的,所有权人有权追回;除法律另有规定外,符合下列情形的,受让人取得该不动产或者动产的所有权:

(一)受让人受让该不动产或者动产时是善意的;
(二)以合理的价格转让;
(三)转让的不动产或者动产依照法律规定应当登记的已经登记,不需要登记的已经交付给受让人。

受让人依照前款规定取得不动产或者动产的所有权的,原所有权人有权向无处分权人请求赔偿损失。

当事人善意取得其他物权的,参照前两款规定。

第一百零七条 所有权人或者其他权利人有权追回遗失物。该遗失物通过转让被他人占有的,权利人有权向无处分权人请求损害赔偿,或者自知道或者应当知道受让人之日起二年内向受让人请求返还原物,但受让人通过拍卖或者向具有经营资格的经营者购得该遗失物的,权利人请求返还原物时应当支付受让人所付的费用。权利人向受让人支付所付费用后,有权向无处分权人追偿。

第一百零八条 善意受让人取得动产后,该动产上的原有权利消灭,但善意受让人在受让时知道或者应当知道该权利的除外。

第三编　用益物权

第十章　一般规定

第一百一十七条　用益物权人对他人所有的不动产或者动产，依法享有占有、使用和收益的权利。

第一百一十八条　国家所有或者国家所有由集体使用以及法律规定属于集体所有的自然资源，单位、个人依法可以占有、使用和收益。

第一百一十九条　国家实行自然资源有偿使用制度，但法律另有规定的除外。

第一百二十条　用益物权人行使权利，应当遵守法律有关保护和合理开发利用资源的规定。所有权人不得干涉用益物权人行使权利。

第一百二十一条　因不动产或者动产被征收、征用致使用益物权消灭或者影响用益物权行使的，用益物权人有权依照本法第四十二条、第四十四条的规定获得相应补偿。

第一百二十二条　依法取得的海域使用权受法律保护。

第一百二十三条　依法取得的探矿权、采矿权、取水权和使用水域、滩涂从事养殖、捕捞的权利受法律保护。

第十二章　建设用地使用权

第一百三十五条　建设用地使用权人依法对国家所有的土地享有占有、使用和收益的权利，有权利用该土地建造建筑物、构筑物及其附属设施。

第一百三十六条　建设用地使用权可以在土地的地表、地上或者地下分别设立。新设立的建设用地使用权，不得损害已设立的用益物权。

第一百三十七条　设立建设用地使用权，可以采取出让或者划拨等方式。

工业、商业、旅游、娱乐和商品住宅等经营性用地以及同一土地有两个以上意向用地者的，应当采取招标、拍卖等公开竞价的方式出让。

严格限制以划拨方式设立建设用地使用权。采取划拨方式的，应当遵守法律、行政法规关于土地用途的规定。

第一百三十八条　采取招标、拍卖、协议等出让方式设立建设用地使用权的，当事人应当采取书面形式订立建设用地使用权出让合同。

建设用地使用权出让合同一般包括下列条款：

（一）当事人的名称和住所；

（二）土地界址、面积等；

（三）建筑物、构筑物及其附属设施占用的空间；

（四）土地用途；

（五）使用期限；

（六）出让金等费用及其支付方式；

（七）解决争议的方法。

第一百三十九条　设立建设用地使用权的，应当向登记机构申请建设用地使用权登记。建设用地使用权自登记时设立。登记机构应当向建设用地使用权人发放建设用地使用权证书。

第一百四十条　建设用地使用权人应当合理利用土地，不得改变土地用途；需要改变土地用途的，应当依法经有关行政主管部门批准。

第一百四十一条　建设用地使用权人应当依照法律规定以及合同约定支付出让金等费用。

第一百四十二条　建设用地使用权人建造的建筑物、构筑物及其附属设施的所有权属于建设用地使用权人，但有相反证据证明的除外。

第一百四十三条　建设用地使用权人有权将建设用地使用权转让、互换、出资、赠与或者抵押，但法律另有规定的除外。

第一百四十四条　建设用地使用权转让、互换、出资、赠与或者抵押的，当事人应当采取书面形式订立相应的合同。使用期限由当事人约定，但不得超过建设用地使用权的剩余期限。

第一百四十五条　建设用地使用权转让、互换、出资或者赠与的，应当向登记机构申请变更登记。

第一百四十六条　建设用地使用权转让、互换、出资或者赠与的，附着于该土地上的建筑物、构筑物及其附属设施一并处分。

第一百四十七条　建筑物、构筑物及其附属设施转让、互换、出资或者赠与的，该建筑物、构筑物及其附属设施占用范围内的建设用地使用权一并处分。

第一百四十八条　建设用地使用权期间届满前，因公共利益需要提前收回该土地的，应当依照本法第四十二条的规定对该土地上的房屋及其他不动产给予补偿，并退还相应的出让金。

第一百四十九条　住宅建设用地使用权期间届满的，自动续期。

非住宅建设用地使用权期间届满后的续期，依照法律规定办理。该土地上的房屋及其他不动产的归属，有约定的，按照约定；没有约定或者约定不明确的，依照法律、行政法规的规定办理。

第一百五十条　建设用地使用权消灭的，出让人应当及时办理注销登记。登记机构应当收回建设用地使用权证书。

第一百五十一条　集体所有的土地作为建设用地的，应当依照土地管理法等法律规定办理。

第十三章　宅基地使用权

第一百五十二条　宅基地使用权人依法对集体所有的土地享有占有和使用的权利，有权依法利用该土地建造住宅及其附属设施。

第一百五十三条　宅基地使用权的取得、行使和转让，适用土地管理法等法律和国家有关规定。

第一百五十四条　宅基地因自然灾害等原因灭失的，宅基地使用权消灭。对失去宅基地的村民，应当重新分配宅基地。

第一百五十五条　已经登记的宅基地使用权转让或者消灭的，应当及时办理变更登记或者注销登记。

第十四章　地役权

第一百五十六条　地役权人有权按照合同约定,利用他人的不动产,以提高自己的不动产的效益。

前款所称他人的不动产为供役地,自己的不动产为需役地。

第一百五十七条　设立地役权,当事人应当采取书面形式订立地役权合同。

地役权合同一般包括下列条款:

(一) 当事人的姓名或者名称和住所;

(二) 供役地和需役地的位置;

(三) 利用目的和方法;

(四) 利用期限;

(五) 费用及其支付方式;

(六) 解决争议的方法。

第一百五十八条　地役权自地役权合同生效时设立。当事人要求登记的,可以向登记机构申请地役权登记;未经登记,不得对抗善意第三人。

第一百五十九条　供役地权利人应当按照合同约定,允许地役权人利用其土地,不得妨害地役权人行使权利。

第一百六十条　地役权人应当按照合同约定的利用目的和方法利用供役地,尽量减少对供役地权利人物权的限制。

第一百六十一条　地役权的期限由当事人约定,但不得超过土地承包经营权、建设用地使用权等用益物权的剩余期限。

第一百六十二条　土地所有权人享有地役权或者负担地役权的,设立土地承包经营权、宅基地使用权时,该土地承包经营权人、宅基地使用权人继续享有或者负担已设立的地役权。

第一百六十三条　土地上已设立土地承包经营权、建设用地使用权、宅基地使用权等权利的,未经用益物权人同意,土地所有权人不得设立地役权。

第一百六十四条　地役权不得单独转让。土地承包经营权、建设用地使用权等转让的,地役权一并转让,但合同另有约定的除外。

第一百六十五条　地役权不得单独抵押。土地承包经营权、建设用地使用权等抵押的,在实现抵押权时,地役权一并转让。

第一百六十六条　需役地以及需役地上的土地承包经营权、建设用地使用权部分转让时,转让部分涉及地役权的,受让人同时享有地役权。

第一百六十七条　供役地以及供役地上的土地承包经营权、建设用地使用权部分转让时,转让部分涉及地役权的,地役权对受让人具有约束力。

第一百六十八条　地役权人有下列情形之一的,供役地权利人有权解除地役权合同,地役权消灭:

(一) 违反法律规定或者合同约定,滥用地役权;

(二) 有偿利用供役地,约定的付款期间届满后在合理期限内经两次催告未支付费用。

第一百六十九条　已经登记的地役权变更、转让或者消灭的,应当及时办理变更登记或者注销登记。

第四编　担保物权

第十五章　一般规定

第一百七十条　担保物权人在债务人不履行到期债务或者发生当事人约定的实现担保物权的情形，依法享有就担保财产优先受偿的权利，但法律另有规定的除外。

第一百七十一条　债权人在借贷、买卖等民事活动中，为保障实现其债权，需要担保的，可以依照本法和其他法律的规定设立担保物权。

第三人为债务人向债权人提供担保的，可以要求债务人提供反担保。反担保适用本法和其他法律的规定。

第一百七十二条　设立担保物权，应当依照本法和其他法律的规定订立担保合同。担保合同是主债权债务合同的从合同。主债权债务合同无效，担保合同无效，但法律另有规定的除外。

担保合同被确认无效后，债务人、担保人、债权人有过错的，应当根据其过错各自承担相应的民事责任。

第一百七十三条　担保物权的担保范围包括主债权及其利息、违约金、损害赔偿金、保管担保财产和实现担保物权的费用。当事人另有约定的，按照约定。

第一百七十四条　担保期间，担保财产毁损、灭失或者被征收等，担保物权人可以就获得的保险金、赔偿金或者补偿金等优先受偿。被担保债权的履行期未届满的，也可以提存该保险金、赔偿金或者补偿金等。

第一百七十五条　第三人提供担保，未经其书面同意，债权人允许债务人转移全部或者部分债务的，担保人不再承担相应的担保责任。

第一百七十六条　被担保的债权既有物的担保又有人的担保的，债务人不履行到期债务或者发生当事人约定的实现担保物权的情形，债权人应当按照约定实现债权；没有约定或者约定不明确，债务人自己提供物的担保的，债权人应当先就该物的担保实现债权；第三人提供物的担保的，债权人可以就物的担保实现债权，也可以要求保证人承担保证责任。提供担保的第三人承担担保责任后，有权向债务人追偿。

第一百七十七条　有下列情形之一的，担保物权消灭：

（一）主债权消灭；

（二）担保物权实现；

（三）债权人放弃担保物权；

（四）法律规定担保物权消灭的其他情形。

第一百七十八条　担保法与本法的规定不一致的，适用本法。

第十六章　抵押权

第一节　一般抵押权

第一百七十九条　为担保债务的履行，债务人或者第三人不转移财产的占有，将该财产抵押给债权人的，债务人不履行到期债务或者发生当事人约定的实现抵押权的情形，债权人有权就该财产优先受偿。

前款规定的债务人或者第三人为抵押人,债权人为抵押权人,提供担保的财产为抵押财产。

第一百八十条　债务人或者第三人有权处分的下列财产可以抵押:

(一) 建筑物和其他土地附着物;

(二) 建设用地使用权;

(三) 以招标、拍卖、公开协商等方式取得的荒地等土地承包经营权;

(四) 生产设备、原材料、半成品、产品;

(五) 正在建造的建筑物、船舶、航空器;

(六) 交通运输工具;

(七) 法律、行政法规未禁止抵押的其他财产。

抵押人可以将前款所列财产一并抵押。

第一百八十一条　经当事人书面协议,企业、个体工商户、农业生产经营者可以将现有的以及将有的生产设备、原材料、半成品、产品抵押,债务人不履行到期债务或者发生当事人约定的实现抵押权的情形,债权人有权就实现抵押权时的动产优先受偿。

第一百八十二条　以建筑物抵押的,该建筑物占用范围内的建设用地使用权一并抵押。以建设用地使用权抵押的,该土地上的建筑物一并抵押。

抵押人未依照前款规定一并抵押的,未抵押的财产视为一并抵押。

第一百八十三条　乡镇、村企业的建设用地使用权不得单独抵押。以乡镇、村企业的厂房等建筑物抵押的,其占用范围内的建设用地使用权一并抵押。

第一百八十四条　下列财产不得抵押:

(一) 土地所有权;

(二) 耕地、宅基地、自留地、自留山等集体所有的土地使用权,但法律规定可以抵押的除外;

(三) 学校、幼儿园、医院等以公益为目的的事业单位、社会团体的教育设施、医疗卫生设施和其他社会公益设施;

(四) 所有权、使用权不明或者有争议的财产;

(五) 依法被查封、扣押、监管的财产;

(六) 法律、行政法规规定不得抵押的其他财产。

第一百八十五条　设立抵押权,当事人应当采取书面形式订立抵押合同。

抵押合同一般包括下列条款:

(一) 被担保债权的种类和数额;

(二) 债务人履行债务的期限;

(三) 抵押财产的名称、数量、质量、状况、所在地、所有权归属或者使用权归属;

(四) 担保的范围。

第一百八十六条　抵押权人在债务履行期届满前,不得与抵押人约定债务人不履行到期债务时抵押财产归债权人所有。

第一百八十七条　以本法第一百八十条第一款第一项至第三项规定的财产或者第五项规定的正在建造的建筑物抵押的,应当办理抵押登记。抵押权自登记时设立。

第一百八十八条　以本法第一百八十条第一款第四项、第六项规定的财产或者第五项规定的正在建造的船舶、航空器抵押的,抵押权自抵押合同生效时设立;未经登记,不得对抗善意第三人。

第一百八十九条　企业、个体工商户、农业生产经营者以本法第一百八十一条规定的动产抵押的，应当向抵押人住所地的工商行政管理部门办理登记。抵押权自抵押合同生效时设立；未经登记，不得对抗善意第三人。

依照本法第一百八十一条规定抵押的，不得对抗正常经营活动中已支付合理价款并取得抵押财产的买受人。

第一百九十条　订立抵押合同前抵押财产已出租的，原租赁关系不受该抵押权的影响。抵押权设立后抵押财产出租的，该租赁关系不得对抗已登记的抵押权。

第一百九十一条　抵押期间，抵押人经抵押权人同意转让抵押财产的，应当将转让所得的价款向抵押权人提前清偿债务或者提存。转让的价款超过债权数额的部分归抵押人所有，不足部分由债务人清偿。

抵押期间，抵押人未经抵押权人同意，不得转让抵押财产，但受让人代为清偿债务消灭抵押权的除外。

第一百九十二条　抵押权不得与债权分离而单独转让或者作为其他债权的担保。债权转让的，担保该债权的抵押权一并转让，但法律另有规定或者当事人另有约定的除外。

第一百九十三条　抵押人的行为足以使抵押财产价值减少的，抵押权人有权要求抵押人停止其行为。抵押财产价值减少的，抵押权人有权要求恢复抵押财产的价值，或者提供与减少的价值相应的担保。抵押人不恢复抵押财产的价值也不提供担保的，抵押权人有权要求债务人提前清偿债务。

第一百九十四条　抵押权人可以放弃抵押权或者抵押权的顺位。抵押权人与抵押人可以协议变更抵押权顺位以及被担保的债权数额等内容，但抵押权的变更，未经其他抵押权人书面同意，不得对其他抵押权人产生不利影响。

债务人以自己的财产设定抵押，抵押权人放弃该抵押权、抵押权顺位或者变更抵押权的，其他担保人在抵押权人丧失优先受偿权益的范围内免除担保责任，但其他担保人承诺仍然提供担保的除外。

第一百九十五条　债务人不履行到期债务或者发生当事人约定的实现抵押权的情形，抵押权人可以与抵押人协议以抵押财产折价或者以拍卖、变卖该抵押财产所得的价款优先受偿。协议损害其他债权人利益的，其他债权人可以在知道或者应当知道撤销事由之日起一年内请求人民法院撤销该协议。

抵押权人与抵押人未就抵押权实现方式达成协议的，抵押权人可以请求人民法院拍卖、变卖抵押财产。

抵押财产折价或者变卖的，应当参照市场价格。

第一百九十六条　依照本法第一百八十一条规定设定抵押的，抵押财产自下列情形之一发生时确定：

（一）债务履行期届满，债权未实现；
（二）抵押人被宣告破产或者被撤销；
（三）当事人约定的实现抵押权的情形；
（四）严重影响债权实现的其他情形。

第一百九十七条　债务人不履行到期债务或者发生当事人约定的实现抵押权的情形，致使抵押财产被人民法院依法扣押的，自扣押之日起抵押权人有权收取该抵押财产的天然孳息或者法定孳息，但抵押权人未通知应当清偿法定孳息的义务人的除外。

前款规定的孳息应当先充抵收取孳息的费用。

第一百九十八条　抵押财产折价或者拍卖、变卖后，其价款超过债权数额的部分归抵押人所有，不足部分由债务人清偿。

第一百九十九条　同一财产向两个以上债权人抵押的，拍卖、变卖抵押财产所得的价款依照下列规定清偿：

（一）抵押权已登记的，按照登记的先后顺序清偿；顺序相同的，按照债权比例清偿；

（二）抵押权已登记的先于未登记的受偿；

（三）抵押权未登记的，按照债权比例清偿。

第二百条　建设用地使用权抵押后，该土地上新增的建筑物不属于抵押财产。该建设用地使用权实现抵押权时，应当将该土地上新增的建筑物与建设用地使用权一并处分，但新增建筑物所得的价款，抵押权人无权优先受偿。

第二百零一条　依照本法第一百八十条第一款第三项规定的土地承包经营权抵押的，或者依照本法第一百八十三条规定以乡镇、村企业的厂房等建筑物占用范围内的建设用地使用权一并抵押的，实现抵押权后，未经法定程序，不得改变土地所有权的性质和土地用途。

第二百零二条　抵押权人应当在主债权诉讼时效期间行使抵押权；未行使的，人民法院不予保护。

第二节　最高额抵押权

第二百零三条　为担保债务的履行，债务人或者第三人对一定期间内将要连续发生的债权提供担保财产的，债务人不履行到期债务或者发生当事人约定的实现抵押权的情形，抵押权人有权在最高债权额限度内就该担保财产优先受偿。

最高额抵押权设立前已经存在的债权，经当事人同意，可以转入最高额抵押担保的债权范围。

第二百零四条　最高额抵押担保的债权确定前，部分债权转让的，最高额抵押权不得转让，但当事人另有约定的除外。

第二百零五条　最高额抵押担保的债权确定前，抵押权人与抵押人可以通过协议变更债权确定的期间、债权范围以及最高债权额，但变更的内容不得对其他抵押权人产生不利影响。

第二百零六条　有下列情形之一的，抵押权人的债权确定：

（一）约定的债权确定期间届满；

（二）没有约定债权确定期间或者约定不明确，抵押权人或者抵押人自最高额抵押权设立之日起满二年后请求确定债权；

（三）新的债权不可能发生；

（四）抵押财产被查封、扣押；

（五）债务人、抵押人被宣告破产或者被撤销；

（六）法律规定债权确定的其他情形。

第二百零七条　最高额抵押权除适用本节规定外，适用本章第一节一般抵押权的规定。

第十七章　质　权

第一节　动产质权

第二百零八条　为担保债务的履行,债务人或者第三人将其动产出质给债权人占有的,债务人不履行到期债务或者发生当事人约定的实现质权的情形，债权人有权就该动产优先受偿。

前款规定的债务人或者第三人为出质人，债权人为质权人，交付的动产为质押财产。

第二百零九条　法律、行政法规禁止转让的动产不得出质。

第二百一十条　设立质权，当事人应当采取书面形式订立质权合同。

质权合同一般包括下列条款：

（一）被担保债权的种类和数额；

（二）债务人履行债务的期限；

（三）质押财产的名称、数量、质量、状况；

（四）担保的范围；

（五）质押财产交付的时间。

第二百一十一条　质权人在债务履行期届满前，不得与出质人约定债务人不履行到期债务时质押财产归债权人所有。

第二百一十二条　质权自出质人交付质押财产时设立。

第二百一十三条　质权人有权收取质押财产的孳息，但合同另有约定的除外。

前款规定的孳息应当先充抵收取孳息的费用。

第二百一十四条　质权人在质权存续期间，未经出质人同意，擅自使用、处分质押财产，给出质人造成损害的，应当承担赔偿责任。

第二百一十五条　质权人负有妥善保管质押财产的义务；因保管不善致使质押财产毁损、灭失的，应当承担赔偿责任。

质权人的行为可能使质押财产毁损、灭失的，出质人可以要求质权人将质押财产提存，或者要求提前清偿债务并返还质押财产。

第二百一十六条　因不能归责于质权人的事由可能使质押财产毁损或者价值明显减少，足以危害质权人权利的，质权人有权要求出质人提供相应的担保；出质人不提供的，质权人可以拍卖、变卖质押财产，并与出质人通过协议将拍卖、变卖所得的价款提前清偿债务或者提存。

第二百一十七条　质权人在质权存续期间，未经出质人同意转质，造成质押财产毁损、灭失的，应当向出质人承担赔偿责任。

第二百一十八条　质权人可以放弃质权。债务人以自己的财产出质，质权人放弃该质权的，其他担保人在质权人丧失优先受偿权益的范围内免除担保责任，但其他担保人承诺仍然提供担保的除外。

第二百一十九条　债务人履行债务或者出质人提前清偿所担保的债权的，质权人应当返还质押财产。

债务人不履行到期债务或者发生当事人约定的实现质权的情形，质权人可以与出质人协议以质押财产折价，也可以就拍卖、变卖质押财产所得的价款优先受偿。

质押财产折价或者变卖的，应当参照市场价格。

第二百二十条　出质人可以请求质权人在债务履行期届满后及时行使质权；质权人不行使的，出质人可以请求人民法院拍卖、变卖质押财产。

出质人请求质权人及时行使质权,因质权人怠于行使权利造成损害的,由质权人承担赔偿责任。

第二百二十一条 质押财产折价或者拍卖、变卖后,其价款超过债权数额的部分归出质人所有,不足部分由债务人清偿。

第二百二十二条 出质人与质权人可以协议设立最高额质权。

最高额质权除适用本节有关规定外,参照本法第十六章第二节最高额抵押权的规定。

第二节 权利质权

第二百二十三条 债务人或者第三人有权处分的下列权利可以出质:
(一)汇票、支票、本票;
(二)债券、存款单;
(三)仓单、提单;
(四)可以转让的基金份额、股权;
(五)可以转让的注册商标专用权、专利权、著作权等知识产权中的财产权;
(六)应收账款;
(七)法律、行政法规规定可以出质的其他财产权利。

第二百二十四条 以汇票、支票、本票、债券、存款单、仓单、提单出质的,当事人应当订立书面合同。质权自权利凭证交付质权人时设立;没有权利凭证的,质权自有关部门办理出质登记时设立。

第二百二十五条 汇票、支票、本票、债券、存款单、仓单、提单的兑现日期或者提货日期先于主债权到期的,质权人可以兑现或者提货,并与出质人协议将兑现的价款或者提取的货物提前清偿债务或者提存。

第二百二十六条 以基金份额、股权出质的,当事人应当订立书面合同。以基金份额、证券登记结算机构登记的股权出质的,质权自证券登记结算机构办理出质登记时设立;以其他股权出质的,质权自工商行政管理部门办理出质登记时设立。

基金份额、股权出质后,不得转让,但经出质人与质权人协商同意的除外。出质人转让基金份额、股权所得的价款,应当向质权人提前清偿债务或者提存。

第二百二十七条 以注册商标专用权、专利权、著作权等知识产权中的财产权出质的,当事人应当订立书面合同。质权自有关主管部门办理出质登记时设立。

知识产权中的财产权出质后,出质人不得转让或者许可他人使用,但经出质人与质权人协商同意的除外。出质人转让或者许可他人使用出质的知识产权中的财产权所得的价款,应当向质权人提前清偿债务或者提存。

第二百二十八条 以应收账款出质的,当事人应当订立书面合同。质权自信贷征信机构办理出质登记时设立。

应收账款出质后,不得转让,但经出质人与质权人协商同意的除外。出质人转让应收账款所得的价款,应当向质权人提前清偿债务或者提存。

第二百二十九条 权利质权除适用本节规定外,适用本章第一节动产质权的规定。

第十八章 留 置 权

第二百三十条 债务人不履行到期债务,债权人可以留置已经合法占有的债务人的动产，并有权就该动产优先受偿。

前款规定的债权人为留置权人，占有的动产为留置财产。

第二百三十一条　债权人留置的动产，应当与债权属于同一法律关系，但企业之间留置的除外。

第二百三十二条　法律规定或者当事人约定不得留置的动产，不得留置。

第二百三十三条　留置财产为可分物的，留置财产的价值应当相当于债务的金额。

第二百三十四条　留置权人负有妥善保管留置财产的义务；因保管不善致使留置财产毁损、灭失的，应当承担赔偿责任。

第二百三十五条　留置权人有权收取留置财产的孳息。

前款规定的孳息应当先充抵收取孳息的费用。

第二百三十六条　留置权人与债务人应当约定留置财产后的债务履行期间；没有约定或者约定不明确的，留置权人应当给债务人两个月以上履行债务的期间，但鲜活易腐等不易保管的动产除外。债务人逾期未履行的，留置权人可以与债务人协议以留置财产折价，也可以就拍卖、变卖留置财产所得的价款优先受偿。

留置财产折价或者变卖的，应当参照市场价格。

第二百三十七条　债务人可以请求留置权人在债务履行期届满后行使留置权；留置权人不行使的，债务人可以请求人民法院拍卖、变卖留置财产。

第二百三十八条　留置财产折价或者拍卖、变卖后，其价款超过债权数额的部分归债务人所有，不足部分由债务人清偿。

第二百三十九条　同一动产上已设立抵押权或者质权，该动产又被留置的，留置权人优先受偿。

第二百四十条　留置权人对留置财产丧失占有或者留置权人接受债务人另行提供担保的，留置权消灭。

第五编　占　　有

第十九章　占　　有

第二百四十一条　基于合同关系等产生的占有，有关不动产或者动产的使用、收益、违约责任等，按照合同约定；合同没有约定或者约定不明确的，依照有关法律规定。

第二百四十二条　占有人因使用占有的不动产或者动产，致使该不动产或者动产受到损害的，恶意占有人应当承担赔偿责任。

第二百四十三条　不动产或者动产被占有人占有的，权利人可以请求返还原物及其孳息，但应当支付善意占有人因维护该不动产或者动产支出的必要费用。

第二百四十四条　占有的不动产或者动产毁损、灭失，该不动产或者动产的权利人请求赔偿的，占有人应当将因毁损、灭失取得的保险金、赔偿金或者补偿金等返还给权利人；权利人的损害未得到足够弥补的，恶意占有人还应当赔偿损失。

第二百四十五条　占有的不动产或者动产被侵占的，占有人有权请求返还原物；对妨害占有的行为，占有人有权请求排除妨害或者消除危险；因侵占或者妨害造成损害的，占有人有权请求损害赔偿。

占有人返还原物的请求权,自侵占发生之日起一年内未行使的,该请求权消灭。

附 则

第二百四十六条 法律、行政法规对不动产统一登记的范围、登记机构和登记办法作出规定前,地方性法规可以依照本法有关规定作出规定。

第二百四十七条 本法自 2007 年 10 月 1 日起施行。

附录 D 物业管理条例（2007 修订）

中华人民共和国国务院令第 504 号

现公布《国务院关于修改〈物业管理条例〉的决定》，自 2007 年 10 月 1 日起施行。

总　理　温家宝
2007 年 8 月 26 日

第一章　总　　则

第一条　为了规范物业管理活动，维护业主和物业服务企业的合法权益，改善人民群众的生活和工作环境，制定本条例。

第二条　本条例所称物业管理，是指业主通过选聘物业服务企业，由业主和物业服务企业按照物业服务合同约定，对房屋及配套的设施设备和相关场地进行维修、养护、管理，维护物业管理区域内的环境卫生和相关秩序的活动。

第三条　国家提倡业主通过公开、公平、公正的市场竞争机制选择物业服务企业。

第四条　国家鼓励采用新技术、新方法，依靠科技进步提高物业管理和服务水平。

第五条　国务院建设行政主管部门负责全国物业管理活动的监督管理工作。

县级以上地方人民政府房地产行政主管部门负责本行政区域内物业管理活动的监督管理工作。

第二章　业主及业主大会

第六条　房屋的所有权人为业主。

业主在物业管理活动中，享有下列权利：

（一）按照物业服务合同的约定，接受物业服务企业提供的服务；

（二）提议召开业主大会会议，并就物业管理的有关事项提出建议；

（三）提出制定和修改管理规约、业主大会议事规则的建议；

（四）参加业主大会会议，行使投票权；

（五）选举业主委员会成员，并享有被选举权；

（六）监督业主委员会的工作；

（七）监督物业服务企业履行物业服务合同；

（八）对物业共用部位、共用设施设备和相关场地使用情况享有知情权和监督权；

（九）监督物业共用部位、共用设施设备专项维修资金（以下简称专项维修资金）的管理和使用；

（十）法律、法规规定的其他权利。

第七条　业主在物业管理活动中，履行下列义务：

（一）遵守管理规约、业主大会议事规则；

（二）遵守物业管理区域内物业共用部位和共用设施设备的使用、公共秩序和环境卫

生的维护等方面的规章制度;

(三) 执行业主大会的决定和业主大会授权业主委员会做出的决定;

(四) 按照国家有关规定交纳专项维修资金;

(五) 按时交纳物业服务费用;

(六) 法律、法规规定的其他义务。

第八条 物业管理区域内全体业主组成业主大会。

业主大会应当代表和维护物业管理区域内全体业主在物业管理活动中的合法权益。

第九条 一个物业管理区域成立一个业主大会。

物业管理区域的划分应当考虑物业的共用设施设备、建筑物规模、社区建设等因素。具体办法由省、自治区、直辖市制定。

第十条 同一个物业管理区域内的业主,应当在物业所在地的区、县人民政府房地产行政主管部门或者街道办事处、乡镇人民政府的指导下成立业主大会,并选举产生业主委员会。但是,只有一个业主的,或者业主人数较少且经全体业主一致同意,决定不成立业主大会的,由业主共同履行业主大会、业主委员会职责。

第十一条 下列事项由业主共同决定:

(一) 制定和修改业主大会议事规则;

(二) 制定和修改管理规约;

(三) 选举业主委员会或者更换业主委员会成员;

(四) 选聘和解聘物业服务企业;

(五) 筹集和使用专项维修资金;

(六) 改建、重建建筑物及其附属设施;

(七) 有关共有和共同管理权利的其他重大事项。

第十二条 业主大会会议可以采用集体讨论的形式,也可以采用书面征求意见的形式;但是,应当有物业管理区域内专有部分占建筑物总面积过半数的业主且占总人数过半数的业主参加。

业主可以委托代理人参加业主大会会议。

业主大会决定本条例第十一条第(五)项和第(六)项规定的事项,应当经专有部分占建筑物总面积 2/3 以上的业主且占总人数 2/3 以上的业主同意;决定本条例第十一条规定的其他事项,应当经专有部分占建筑物总面积过半数的业主且占总人数过半数的业主同意。

业主大会或者业主委员会的决定,对业主具有约束力。

业主大会或者业主委员会做出的决定侵害业主合法权益的,受侵害的业主可以请求人民法院予以撤销。

第十三条 业主大会会议分为定期会议和临时会议。

业主大会定期会议应当按照业主大会议事规则的规定召开。经20%以上的业主提议,业主委员会应当组织召开业主大会临时会议。

第十四条 召开业主大会会议,应当于会议召开15日以前通知全体业主。

住宅小区的业主大会会议,应当同时告知相关的居民委员会。

业主委员会应当做好业主大会会议记录。

第十五条 业主委员会执行业主大会的决定事项,履行下列职责:

（一）召集业主大会会议，报告物业管理的实施情况；

（二）代表业主与业主大会选聘的物业服务企业签订物业服务合同；

（三）及时了解业主、物业使用人的意见和建议，监督和协助物业服务企业履行物业服务合同；

（四）监督管理规约的实施；

（五）业主大会赋予的其他职责。

第十六条　业主委员会应当自选举产生之日起 30 日内，向物业所在地的区、县人民政府房地产行政主管部门和街道办事处、乡镇人民政府备案。

业主委员会委员应当由热心公益事业、责任心强、具有一定组织能力的业主担任。

业主委员会主任、副主任在业主委员会成员中推选产生。

第十七条　管理规约应当对有关物业的使用、维护、管理，业主的共同利益，业主应当履行的义务，违反管理规约应当承担的责任等事项依法做出约定。

管理规约应当尊重社会公德，不得违反法律、法规或者损害社会公共利益。

管理规约对全体业主具有约束力。

第十八条　业主大会议事规则应当就业主大会的议事方式、表决程序、业主委员会的组成和成员任期等事项做出约定。

第十九条　业主大会、业主委员会应当依法履行职责，不得做出与物业管理无关的决定，不得从事与物业管理无关的活动。

业主大会、业主委员会做出的决定违反法律、法规的，物业所在地的区、县人民政府房地产行政主管部门或者街道办事处、乡镇人民政府，应当责令限期改正或者撤销其决定，并通告全体业主。

第二十条　业主大会、业主委员会应当配合公安机关，与居民委员会相互协作，共同做好维护物业管理区域内的社会治安等相关工作。

在物业管理区域内，业主大会、业主委员会应当积极配合相关居民委员会依法履行自治管理职责，支持居民委员会开展工作，并接受其指导和监督。

住宅小区的业主大会、业主委员会做出的决定，应当告知相关的居民委员会，并认真听取居民委员会的建议。

第三章　前期物业管理

第二十一条　在业主、业主大会选聘物业服务企业之前，建设单位选聘物业服务企业的，应当签订书面的前期物业服务合同。

第二十二条　建设单位应当在销售物业之前，制定临时管理规约，对有关物业的使用、维护、管理，业主的共同利益，业主应当履行的义务，违反临时管理规约应当承担的责任等事项依法做出约定。

建设单位制定的临时管理规约，不得侵害物业买受人的合法权益。

第二十三条　建设单位应当在物业销售前将临时管理规约向物业买受人明示，并予以说明。

物业买受人在与建设单位签订物业买卖合同时，应当对遵守临时管理规约予以书面承诺。

第二十四条　国家提倡建设单位按照房地产开发与物业管理相分离的原则，通过招投标的方式选聘具有相应资质的物业服务企业。

住宅物业的建设单位，应当通过招投标的方式选聘具有相应资质的物业服务企业；投标人少于3个或者住宅规模较小的，经物业所在地的区、县人民政府房地产行政主管部门批准，可以采用协议方式选聘具有相应资质的物业服务企业。

第二十五条　建设单位与物业买受人签订的买卖合同应当包含前期物业服务合同约定的内容。

第二十六条　前期物业服务合同可以约定期限；但是，期限未满、业主委员会与物业服务企业签订的物业服务合同生效的，前期物业服务合同终止。

第二十七条　业主依法享有的物业共用部位、共用设施设备的所有权或者使用权，建设单位不得擅自处分。

第二十八条　物业服务企业承接物业时，应当对物业共用部位、共用设施设备进行查验。

第二十九条　在办理物业承接验收手续时，建设单位应当向物业服务企业移交下列资料：

（一）竣工总平面图，单体建筑、结构、设备竣工图，配套设施、地下管网工程竣工图等竣工验收资料；

（二）设施设备的安装、使用和维护保养等技术资料；

（三）物业质量保修文件和物业使用说明文件；

（四）物业管理所必需的其他资料。

物业服务企业应当在前期物业服务合同终止时将上述资料移交给业主委员会。

第三十条　建设单位应当按照规定在物业管理区域内配置必要的物业管理用房。

第三十一条　建设单位应当按照国家规定的保修期限和保修范围，承担物业的保修责任。

第四章　物业管理服务

第三十二条　从事物业管理活动的企业应当具有独立的法人资格。

国家对从事物业管理活动的企业实行资质管理制度。具体办法由国务院建设行政主管部门制定。

第三十三条　从事物业管理的人员应当按照国家有关规定，取得职业资格证书。

第三十四条　一个物业管理区域由一个物业服务企业实施物业管理。

第三十五条　业主委员会应当与业主大会选聘的物业服务企业订立书面的物业服务合同。

物业服务合同应当对物业管理事项、服务质量、服务费用、双方的权利义务、专项维修资金的管理与使用、物业管理用房、合同期限、违约责任等内容进行约定。

第三十六条　物业服务企业应当按照物业服务合同的约定，提供相应的服务。

物业服务企业未能履行物业服务合同的约定，导致业主人身、财产安全受到损害的，应当依法承担相应的法律责任。

第三十七条　物业服务企业承接物业时，应当与业主委员会办理物业验收手续。

业主委员会应当向物业服务企业移交本条例第二十九条第一款规定的资料。

第三十八条　物业管理用房的所有权依法属于业主。未经业主大会同意，物业服务企业不得改变物业管理用房的用途。

第三十九条　物业服务合同终止时，物业服务企业应当将物业管理用房和本条例第二十九条第一款规定的资料交还给业主委员会。

物业服务合同终止时,业主大会选聘了新的物业服务企业的,物业服务企业之间应当做好交接工作。

第四十条　物业服务企业可以将物业管理区域内的专项服务业务委托给专业性服务企业,但不得将该区域内的全部物业管理一并委托给他人。

第四十一条　物业服务收费应当遵循合理、公开以及费用与服务水平相适应的原则,区别不同物业的性质和特点,由业主和物业服务企业按照国务院价格主管部门会同国务院建设行政主管部门制定的物业服务收费办法,在物业服务合同中约定。

第四十二条　业主应当根据物业服务合同的约定交纳物业服务费用。业主与物业使用人约定由物业使用人交纳物业服务费用的,从其约定,业主负连带交纳责任。

已竣工但尚未出售或者尚未交给物业买受人的物业,物业服务费用由建设单位交纳。

第四十三条　县级以上人民政府价格主管部门会同同级房地产行政主管部门,应当加强对物业服务收费的监督。

第四十四条　物业服务企业可以根据业主的委托提供物业服务合同约定以外的服务项目,服务报酬由双方约定。

第四十五条　物业管理区域内,供水、供电、供气、供热、通信、有线电视等单位应当向最终用户收取有关费用。

物业服务企业接受委托代收前款费用的,不得向业主收取手续费等额外费用。

第四十六条　对物业管理区域内违反有关治安、环保、物业装饰装修和使用等方面法律、法规规定的行为,物业服务企业应当制止,并及时向有关行政管理部门报告。

有关行政管理部门在接到物业服务企业的报告后,应当依法对违法行为予以制止或者依法处理。

第四十七条　物业服务企业应当协助做好物业管理区域内的安全防范工作。发生安全事故时,物业服务企业在采取应急措施的同时,应当及时向有关行政管理部门报告,协助做好救助工作。

物业服务企业雇请保安人员的,应当遵守国家有关规定。保安人员在维护物业管理区域内的公共秩序时,应当履行职责,不得侵害公民的合法权益。

第四十八条　物业使用人在物业管理活动中的权利义务由业主和物业使用人约定,但不得违反法律、法规和管理规约的有关规定。

物业使用人违反本条例和管理规约的规定,有关业主应当承担连带责任。

第四十九条　县级以上地方人民政府房地产行政主管部门应当及时处理业主、业主委员会、物业使用人和物业服务企业在物业管理活动中的投诉。

第五章　物业的使用与维护

第五十条　物业管理区域内按照规划建设的公共建筑和共用设施,不得改变用途。

业主依法确需改变公共建筑和共用设施用途的,应当在依法办理有关手续后告知物业服务企业;物业服务企业确需改变公共建筑和共用设施用途的,应当提请业主大会讨论决定同意后,由业主依法办理有关手续。

第五十一条　业主、物业服务企业不得擅自占用、挖掘物业管理区域内的道路、场地,损害业主的共同利益。

因维修物业或者公共利益，业主确需临时占用、挖掘道路、场地的，应当征得业主委员会和物业服务企业的同意；物业服务企业确需临时占用、挖掘道路、场地的，应当征得业主委员会的同意。

业主、物业服务企业应当将临时占用、挖掘的道路、场地，在约定期限内恢复原状。

第五十二条 供水、供电、供气、供热、通信、有线电视等单位，应当依法承担物业管理区域内相关管线和设施设备维修、养护的责任。

前款规定的单位因维修、养护等需要，临时占用、挖掘道路、场地的，应当及时恢复原状。

第五十三条 业主需要装饰装修房屋的，应当事先告知物业服务企业。

物业服务企业应当将房屋装饰装修中的禁止行为和注意事项告知业主。

第五十四条 住宅物业、住宅小区内的非住宅物业或者与单幢住宅楼结构相连的非住宅物业的业主，应当按照国家有关规定交纳专项维修资金。

专项维修资金属于业主所有，专项用于物业保修期满后物业共用部位、共用设施设备的维修和更新、改造，不得挪作他用。

专项维修资金收取、使用、管理的办法由国务院建设行政主管部门会同国务院财政部门制定。

第五十五条 利用物业共用部位、共用设施设备进行经营的，应当在征得相关业主、业主大会、物业服务企业的同意后，按照规定办理有关手续。业主所得收益应当主要用于补充专项维修资金，也可以按照业主大会的决定使用。

第五十六条 物业存在安全隐患，危及公共利益及他人合法权益时，责任人应当及时维修养护，有关业主应当给予配合。

责任人不履行维修养护义务的，经业主大会同意，可以由物业服务企业维修养护，费用由责任人承担。

第六章 法 律 责 任

第五十七条 违反本条例的规定，住宅物业的建设单位未通过招投标的方式选聘物业服务企业或者未经批准，擅自采用协议方式选聘物业服务企业的，由县级以上地方人民政府房地产行政主管部门责令限期改正，给予警告，可以并处10万元以下的罚款。

第五十八条 违反本条例的规定，建设单位擅自处分属于业主的物业共用部位、共用设施设备的所有权或者使用权的，由县级以上地方人民政府房地产行政主管部门处5万元以上20万元以下的罚款；给业主造成损失的，依法承担赔偿责任。

第五十九条 违反本条例的规定，不移交有关资料的，由县级以上地方人民政府房地产行政主管部门责令限期改正；逾期仍不移交有关资料的，对建设单位、物业服务企业予以通报，处1万元以上10万元以下的罚款。

第六十条 违反本条例的规定，未取得资质证书从事物业管理的，由县级以上地方人民政府房地产行政主管部门没收违法所得，并处5万元以上20万元以下的罚款；给业主造成损失的，依法承担赔偿责任。

以欺骗手段取得资质证书的，依照本条第一款规定处罚，并由颁发资质证书的部门吊销资质证书。

第六十一条 违反本条例的规定，物业服务企业聘用未取得物业管理职业资格证书的人员从事物业管理活动的，由县级以上地方人民政府房地产行政主管部门责令停止违法行为，处5万元以上20万元以下的罚款；给业主造成损失的，依法承担赔偿责任。

第六十二条 违反本条例的规定，物业服务企业将一个物业管理区域内的全部物业管理一并委托给他人的，由县级以上地方人民政府房地产行政主管部门责令限期改正，处委托合同价款30%以上50%以下的罚款；情节严重的，由颁发资质证书的部门吊销资质证书。委托所得收益，用于物业管理区域内物业共用部位、共用设施设备的维修、养护，剩余部分按照业主大会的决定使用；给业主造成损失的，依法承担赔偿责任。

第六十三条 违反本条例的规定，挪用专项维修资金的，由县级以上地方人民政府房地产行政主管部门追回挪用的专项维修资金，给予警告，没收违法所得，可以并处挪用数额2倍以下的罚款；物业服务企业挪用专项维修资金，情节严重的，并由颁发资质证书的部门吊销资质证书；构成犯罪的，依法追究直接负责的主管人员和其他直接责任人员的刑事责任。

第六十四条 违反本条例的规定，建设单位在物业管理区域内不按照规定配置必要的物业管理用房的，由县级以上地方人民政府房地产行政主管部门责令限期改正，给予警告，没收违法所得，并处10万元以上50万元以下的罚款。

第六十五条 违反本条例的规定，未经业主大会同意，物业服务企业擅自改变物业管理用房的用途的，由县级以上地方人民政府房地产行政主管部门责令限期改正，给予警告，并处1万元以上10万元以下的罚款；有收益的，所得收益用于物业管理区域内物业共用部位、共用设施设备的维修、养护，剩余部分按照业主大会的决定使用。

第六十六条 违反本条例的规定，有下列行为之一的，由县级以上地方人民政府房地产行政主管部门责令限期改正，给予警告，并按照本条第二款的规定处以罚款；所得收益，用于物业管理区域内物业共用部位、共用设施设备的维修、养护，剩余部分按照业主大会的决定使用：

（一）擅自改变物业管理区域内按照规划建设的公共建筑和共用设施用途的；

（二）擅自占用、挖掘物业管理区域内道路、场地，损害业主共同利益的；

（三）擅自利用物业共用部位、共用设施设备进行经营的。

个人有前款规定行为之一的，处1000元以上1万元以下的罚款；单位有前款规定行为之一的，处5万元以上20万元以下的罚款。

第六十七条 违反物业服务合同约定，业主逾期不交纳物业服务费用的，业主委员会应当督促其限期交纳；逾期仍不交纳的，物业服务企业可以向人民法院起诉。

第六十八条 业主以业主大会或者业主委员会的名义，从事违反法律、法规的活动，构成犯罪的，依法追究刑事责任；尚不构成犯罪的，依法给予治安管理处罚。

第六十九条 违反本条例的规定，国务院建设行政主管部门、县级以上地方人民政府房地产行政主管部门或者其他有关行政管理部门的工作人员利用职务上的便利，收受他人财物或者其他好处，不依法履行监督管理职责，或者发现违法行为不予查处，构成犯罪的，依法追究刑事责任；尚不构成犯罪的，依法给予行政处分。

第七章 附 则

第七十条 本条例自2003年9月1日起施行。

附录 E 关于印发《经济适用住房管理办法》的通知

建住房〔2007〕258 号

各省、自治区、直辖市人民政府，国务院各部委、各直属机构：

根据《国务院关于解决城市低收入家庭住房困难的若干意见》（国发〔2007〕24 号），经国务院同意，现将修订后的《经济适用住房管理办法》印发给你们，请认真贯彻执行。

中华人民共和国建设部

中华人民共和国国家发展和改革委员会

中华人民共和国监察部

中华人民共和国财政部

中华人民共和国国土资源部

中国人民银行

国家税务总局

2007 年 11 月 19 日

经济适用住房管理办法

第一章 总 则

第一条 为改进和规范经济适用住房制度，保护当事人合法权益，制定本办法。

第二条 本办法所称经济适用住房，是指政府提供政策优惠，限定套型面积和销售价格，按照合理标准建设，面向城市低收入住房困难家庭供应，具有保障性质的政策性住房。

本办法所称城市低收入住房困难家庭，是指城市和县人民政府所在地镇的范围内，家庭收入、住房状况等符合市、县人民政府规定条件的家庭。

第三条 经济适用住房制度是解决城市低收入家庭住房困难政策体系的组成部分。经济适用住房供应对象要与廉租住房保障对象相衔接。经济适用住房的建设、供应、使用及监督管理，应当遵守本办法。

第四条 发展经济适用住房应当在国家统一政策指导下，各地区因地制宜，政府主导、社会参与。市、县人民政府要根据当地经济社会发展水平、居民住房状况和收入水平等因素，合理确定经济适用住房的政策目标、建设标准、供应范围和供应对象等，并组织实施。省、自治区、直辖市人民政府对本行政区域经济适用住房工作负总责，对所辖市、县人民政府实行目标责任制管理。

第五条 国务院建设行政主管部门负责对全国经济适用住房工作的指导和实施监督。县级以上地方人民政府建设或房地产行政主管部门（以下简称"经济适用住房主管部门"）负责本行政区域内经济适用住房管理工作。

县级以上人民政府发展改革（价格）、监察、财政、国土资源、税务及金融管理等部门根据职责分工，负责经济适用住房有关工作。

第六条 市、县人民政府应当在解决城市低收入家庭住房困难发展规划和年度计划中，明确经济适用住房建设规模、项目布局和用地安排等内容，并纳入本级国民经济与社会发展规划和住房建设规划，及时向社会公布。

第二章　优惠和支持政策

第七条　经济适用住房建设用地以划拨方式供应。经济适用住房建设用地应纳入当地年度土地供应计划，在申报年度用地指标时单独列出，确保优先供应。

第八条　经济适用住房建设项目免收城市基础设施配套费等各种行政事业性收费和政府性基金。经济适用住房项目外基础设施建设费用，由政府负担。经济适用住房建设单位可以以在建项目作抵押向商业银行申请住房开发贷款。

第九条　购买经济适用住房的个人向商业银行申请贷款，除符合《个人住房贷款管理办法》规定外，还应当出具市、县人民政府经济适用住房主管部门准予购房的核准通知。

购买经济适用住房可提取个人住房公积金和优先办理住房公积金贷款。

第十条　经济适用住房的贷款利率按有关规定执行。

第十一条　经济适用住房的建设和供应要严格执行国家规定的各项税费优惠政策。

第十二条　严禁以经济适用住房名义取得划拨土地后，以补交土地出让金等方式，变相进行商品房开发。

第三章　建　设　管　理

第十三条　经济适用住房要统筹规划、合理布局、配套建设，充分考虑城市低收入住房困难家庭对交通等基础设施条件的要求，合理安排区位布局。

第十四条　在商品住房小区中配套建设经济适用住房的，应当在项目出让条件中，明确配套建设的经济适用住房的建设总面积、单套建筑面积、套数、套型比例、建设标准以及建成后移交或者回购等事项，并以合同方式约定。

第十五条　经济适用住房单套的建筑面积控制在 60 平方米左右。市、县人民政府应当根据当地经济发展水平、群众生活水平、住房状况、家庭结构和人口等因素，合理确定经济适用住房建设规模和各种套型的比例，并进行严格管理。

第十六条　经济适用住房建设按照政府组织协调、市场运作的原则，可以采取项目法人招标的方式，选择具有相应资质和良好社会责任的房地产开发企业实施；也可以由市、县人民政府确定的经济适用住房管理实施机构直接组织建设。在经济适用住房建设中，应注重发挥国有大型骨干建筑企业的积极作用。

第十七条　经济适用住房的规划设计和建设必须按照发展节能省地环保型住宅的要求，严格执行《住宅建筑规范》等国家有关住房建设的强制性标准，采取竞标方式优选规划设计方案，做到在较小的套型内实现基本的使用功能。积极推广应用先进、成熟、适用、安全的新技术、新工艺、新材料、新设备。

第十八条　经济适用住房建设单位对其建设的经济适用住房工程质量负最终责任，向买受人出具《住宅质量保证书》和《住宅使用说明书》，并承担保修责任，确保工程质量和使用安全。有关住房质量和性能等方面的要求，应在建设合同中予以明确。

经济适用住房的施工和监理，应当采取招标方式，选择具有资质和良好社会责任的建筑企业和监理公司实施。

第十九条 经济适用住房项目可采取招标方式选择物业服务企业实施前期物业服务，也可以在社区居委会等机构的指导下，由居民自我管理，提供符合居住区居民基本生活需要的物业服务。

第四章 价格管理

第二十条 确定经济适用住房的价格应当以保本微利为原则。其销售基准价格及浮动幅度，由有定价权的价格主管部门会同经济适用住房主管部门，依据经济适用住房价格管理的有关规定，在综合考虑建设、管理成本和利润的基础上确定并向社会公布。房地产开发企业实施的经济适用住房项目利润率按不高于3%核定；市、县人民政府直接组织建设的经济适用住房只能按成本价销售，不得有利润。

第二十一条 经济适用住房销售应当实行明码标价，销售价格不得高于基准价格及上浮幅度，不得在标价之外收取任何未予标明的费用。经济适用住房价格确定后应当向社会公布。价格主管部门应依法进行监督管理。

第二十二条 经济适用住房实行收费卡制度，各有关部门收取费用时，必须填写价格主管部门核发的交费登记卡。任何单位不得以押金、保证金等名义，变相向经济适用住房建设单位收取费用。

第二十三条 价格主管部门要加强成本监审，全面掌握经济适用住房成本及利润变动情况，确保经济适用住房做到质价相符。

第五章 准入和退出管理

第二十四条 经济适用住房管理应建立严格的准入和退出机制。经济适用住房由市、县人民政府按限定的价格，统一组织向符合购房条件的低收入家庭出售。经济适用住房供应实行申请、审核、公示和轮候制度。市、县人民政府应当制定经济适用住房申请、审核、公示和轮候的具体办法，并向社会公布。

第二十五条 城市低收入家庭申请购买经济适用住房应同时符合下列条件：
（一）具有当地城镇户口；
（二）家庭收入符合市、县人民政府划定的低收入家庭收入标准；
（三）无房或现住房面积低于市、县人民政府规定的住房困难标准。

经济适用住房供应对象的家庭收入标准和住房困难标准，由市、县人民政府根据当地商品住房价格、居民家庭可支配收入、居住水平和家庭人口结构等因素确定，实行动态管理，每年向社会公布一次。

第二十六条 经济适用住房资格申请采取街道办事处（镇人民政府）、市（区）、县人民政府逐级审核并公示的方式认定。审核单位应当通过入户调查、邻里访问以及信函索证等方式对申请人的家庭收入和住房状况等情况进行核实。申请人及有关单位、组织或者个人应当予以配合，如实提供有关情况。

第二十七条 经审核公示通过的家庭，由市、县人民政府经济适用住房主管部门发放准予购买经济适用住房的核准通知，注明可以购买的面积标准；然后按照收入水平、住房困难程度和申请顺序等因素进行轮候。

第二十八条　符合条件的家庭，可以持核准通知购买一套与核准面积相对应的经济适用住房。购买面积原则上不得超过核准面积。购买面积在核准面积以内的，按核准的价格购买；超过核准面积的部分，不得享受政府优惠，由购房人按照同地段同类普通商品住房的价格补交差价。

第二十九条　居民个人购买经济适用住房后，应当按照规定办理权属登记。房屋、土地登记部门在办理权属登记时，应当分别注明经济适用住房、划拨土地。

第三十条　经济适用住房购房人拥有有限产权。

购买经济适用住房不满5年，不得直接上市交易，购房人因特殊原因确需转让经济适用住房的，由政府按照原价格并考虑折旧和物价水平等因素进行回购。

购买经济适用住房满5年，购房人上市转让经济适用住房的，应按照届时同地段普通商品住房与经济适用住房差价的一定比例向政府交纳土地收益等相关价款，具体交纳比例由市、县人民政府确定，政府可优先回购；购房人也可以按照政府所定的标准向政府交纳土地收益等相关价款后，取得完全产权。

上述规定应在经济适用住房购买合同中予以载明，并明确相关违约责任。

第三十一条　已经购买经济适用住房的家庭又购买其他住房的，原经济适用住房由政府按规定及合同约定回购。政府回购的经济适用住房，仍应用于解决低收入家庭的住房困难。

第三十二条　已参加福利分房的家庭在退回所分房屋前不得购买经济适用住房，已购买经济适用住房的家庭不得再购买经济适用住房。

第三十三条　个人购买的经济适用住房在取得完全产权以前不得用于出租经营。

第六章　单位集资合作建房

第三十四条　距离城区较远的独立工矿企业和住房困难户较多的企业，在符合土地利用总体规划、城市规划、住房建设规划的前提下，经市、县人民政府批准，可以利用单位自用土地进行集资合作建房。参加单位集资合作建房的对象，必须限定在本单位符合市、县人民政府规定的低收入住房困难家庭。

第三十五条　单位集资合作建房是经济适用住房的组成部分，其建设标准、优惠政策、供应对象、产权关系等均按照经济适用住房的有关规定严格执行。单位集资合作建房应当纳入当地经济适用住房建设计划和用地计划管理。

第三十六条　任何单位不得利用新征用或新购买土地组织集资合作建房；各级国家机关一律不得搞单位集资合作建房。单位集资合作建房不得向不符合经济适用住房供应条件的家庭出售。

第三十七条　单位集资合作建房在满足本单位低收入住房困难家庭购买后，房源仍有少量剩余的，由市、县人民政府统一组织向符合经济适用住房购房条件的家庭出售，或由市、县人民政府以成本价收购后用作廉租住房。

第三十八条　向职工收取的单位集资合作建房款项实行专款管理、专项使用，并接受当地财政和经济适用住房主管部门的监督。

第三十九条　已参加福利分房、购买经济适用住房或参加单位集资合作建房的人员，不得再次参加单位集资合作建房。严禁任何单位借集资合作建房名义，变相实施住房实物分配或商品房开发。

第四十条　单位集资合作建房原则上不收取管理费用，不得有利润。

第七章　监督管理

第四十一条　市、县人民政府要加强对已购经济适用住房的后续管理，经济适用住房主管部门要切实履行职责，对已购经济适用住房家庭的居住人员、房屋的使用等情况进行定期检查，发现违规行为及时纠正。

第四十二条　市、县人民政府及其有关部门应当加强对经济适用住房建设、交易中违纪违法行为的查处。

（一）擅自改变经济适用住房或集资合作建房用地性质的，由国土资源主管部门按有关规定处罚。

（二）擅自提高经济适用住房或集资合作建房销售价格等价格违法行为的，由价格主管部门依法进行处罚。

（三）未取得资格的家庭购买经济适用住房或参加集资合作建房的，其所购买或集资建设的住房由经济适用住房主管部门限期按原价格并考虑折旧等因素作价收购；不能收购的，由经济适用住房主管部门责成其补缴经济适用住房或单位集资合作建房与同地段同类普通商品住房价格差，并对相关责任单位和责任人依法予以处罚。

第四十三条　对弄虚作假、隐瞒家庭收入和住房条件，骗购经济适用住房或单位集资合作建房的个人，由市、县人民政府经济适用住房主管部门限期按原价格并考虑折旧等因素作价收回所购住房，并依法和有关规定追究责任。对出具虚假证明的，依法追究相关责任人的责任。

第四十四条　国家机关工作人员在经济适用住房建设、管理过程中滥用职权、玩忽职守、徇私舞弊的，依法依纪追究责任；涉嫌犯罪的，移送司法机关处理。

第四十五条　任何单位和个人有权对违反本办法规定的行为进行检举和控告。

第八章　附　则

第四十六条　省、自治区、直辖市人民政府经济适用住房主管部门会同发展改革（价格）、监察、财政、国土资源、金融管理、税务主管部门根据本办法，可以制定具体实施办法。

第四十七条　本办法由建设部会同发展改革委、监察部、财政部、国土资源部、人民银行、税务总局负责解释。

第四十八条　本办法下发后尚未销售的经济适用住房，执行本办法有关准入和退出管理、价格管理、监督管理等规定；已销售的经济适用住房仍按原有规定执行。此前已审批但尚未开工的经济适用住房项目，凡不符合本办法规定内容的事项，应按本办法做相应调整。

第四十九条　建设部、发展改革委、国土资源部、人民银行《关于印发〈经济适用住房管理办法〉的通知》（建住房〔2004〕77号）同时废止。

附录 F 城市房地产转让管理规定

中华人民共和国建设部令第 96 号

《建设部关于修改〈城市房地产转让管理规定〉的决定》已经 2001 年 7 月 23 日建设部第 45 次常务会议审议通过，现予以发布，自发布之日起施行。

部长 俞正声
2001 年 8 月 15 日

第一条 为了加强对城市房地产转让的管理，维护房地产市场秩序，保障房地产转让当事人的合法权益，根据《中华人民共和国城市房地产管理法》，制定本规定。

第二条 凡在城市规划区国有土地范围内从事房地产转让，实施房地产转让管理，均应遵守本规定。

第三条 本规定所称房地产转让，是指房地产权利人通过买卖、赠与或者其他合法方式将其房地产转移给他人的行为。

前款所称其他合法方式，主要包括下列行为：

（一）以房地产作价入股、与他人成立企业法人，房地产权属发生变更的；

（二）一方提供土地使用权，另一方或者多方提供资金，合资、合作开发经营房地产，而使房地产权属发生变更的；

（三）因企业被收购、兼并或合并，房地产权属随之转移的；

（四）以房地产抵债的；

（五）法律、法规规定的其他情形。

第四条 国务院建设行政主管部门归口管理全国城市房地产转让工作。

省、自治区人民政府建设行政主管部门归口管理本行政区域内的城市房地产转让工作。

直辖市、市、县人民政府房地产行政主管部门（以下简称房地产管理部门）负责本行政区域内的城市房地产转让管理工作。

第五条 房地产转让时，房屋所有权和该房屋占用范围内的土地使用权同时转让。

第六条 下列房地产不得转让：

（一）以出让方式取得土地使用权但不符合本规定第十条规定的条件的；

（二）司法机关和行政机关依法裁定、决定查封或者以其他形式限制房地产权利的；

（三）依法收回土地使用权的；

（四）共有房地产，未经其他共有人书面同意的；

（五）权属有争议的；

（六）未依法登记领取权属证书的；

（七）法律、行政法规规定禁止转让的其他情形。

第七条 房地产转让，应当按照下列程序办理：

（一）房地产转让当事人签订书面转让合同；

（二）房地产转让当事人在房地产转让合同签订后 90 日内持房地产权属证书、当事人

的合法证明、转让合同等有关文件向房地产所在地的房地产管理部门提出申请,并申报成交价格;

（三）房地产管理部门对提供的有关文件进行审查,并在 7 日内做出是否受理申请的书面答复,7 日内未做书面答复的,视为同意受理;

（四）房地产管理部门核实申报的成交价格,并根据需要对转让的房地产进行现场查勘和评估;

（五）房地产转让当事人按照规定缴纳有关税费;

（六）房地产管理部门办理房屋权属登记手续,核发房地产权属证书。

第八条　房地产转让合同应当载明下列主要内容：

（一）双方当事人的姓名或者名称、住所；

（二）房地产权属证书名称和编号；

（三）房地产座落位置、面积、四至界限；

（四）土地宗地号、土地使用权取得的方式及年限；

（五）房地产的用途或使用性质；

（六）成交价格及支付方式；

（七）房地产交付使用的时间；

（八）违约责任；

（九）双方约定的其他事项。

第九条　以出让方式取得土地使用权的,房地产转让时,土地使用权出让合同载明的权利、义务随之转移。

第十条　以出让方式取得土地使用权的,转让房地产时,应当符合下列条件：

（一）按照出让合同约定已经支付全部土地使用权出让金,并取得土地使用权证书。

（二）按照出让合同约定进行投资开发,属于房屋建设工程的,应完成开发投资总额的 25%以上；属于成片开发土地的,依照规划对土地进行开发建设,完成供排水、供电、供热、道路交通、通信等市政基础设施、公用设施的建设,达到场地平整,形成工业用地或者其他建设用地条件。

转让房地产时房屋已经建成的,还应当持有房屋所有权证书。

第十一条　以划拨方式取得土地使用权的,转让房地产时,按照国务院的规定,报有批准权的人民政府审批。有批准权的人民政府准予转让的,除符合本规定第十二条所列的可以不办理土地使用权出让手续的情形外,应当由受让方办理土地使用权出让手续,并依照国家有关规定缴纳土地使用权出让金。

第十二条　以划拨方式取得土地使用权的,转让房地产时,属于下列情形之一的,经有批准权的人民政府批准,可以不办理土地使用权出让手续,但应当将转让房地产所获收益中的土地收益上缴国家或者作其他处理。土地收益的缴纳和处理的办法按照国务院规定办理。

（一）经城市规划行政主管部门批准,转让的土地用于建设《中华人民共和国城市房地产管理法》第二十三条规定的项目的；

（二）私有住宅转让后仍用于居住的；

（三）按照国务院住房制度改革有关规定出售公有住宅的；

（四）同一宗土地上部分房屋转让而土地使用权不可分割转让的；

（五）转让的房地产暂时难以确定土地使用权出让用途、年限和其他条件的；

（六）根据城市规划土地使用权不宜出让的；

（七）县级以上人民政府规定暂时无法或不需要采取土地使用权出让方式的其他情形。

依照前款规定缴纳土地收益或作其他处理的，应当在房地产转让合同中注明。

第十三条　依照本规定第十二条规定转让的房地产再转让，需要办理出让手续、补交土地使用权出让金的，应当扣除已经缴纳的土地收益。

第十四条　国家实行房地产成交价格申报制度。

房地产权利人转让房地产，应当如实申报成交价格，不得瞒报或者作不实的申报。

房地产转让应当以申报的房地产成交价格作为缴纳税费的依据。成交价格明显低于正常市场价格的，以评估价格作为缴纳税费的依据。

第十五条　商品房预售按照建设部《城市商品房预售管理办法》执行。

第十六条　房地产管理部门在办理房地产转让时，其收费的项目和标准，必须经有批准权的物价部门和建设行政主管部门批准，不得擅自增加收费项目和提高收费标准。

第十七条　违反本规定第十条第一款和第十一条，未办理土地使用权出让手续，交纳土地使用权出让金的，按照《中华人民共和国城市房地产管理法》的规定进行处罚。

第十八条　房地产管理部门工作人员玩忽职守、滥用职权、徇私舞弊、索贿受贿的，依法给予行政处分；构成犯罪的，依法追究刑事责任。

第十九条　在城市规划区外的国有土地范围内进行房地产转让的，参照本规定执行。

第二十条　省、自治区人民政府建设行政主管部门、直辖市房地产行政主管部门可以根据本规定制定实施细则。

第二十一条　本规定由国务院建设行政主管部门负责解释。

第二十二条　本规定自1995年9月1日起施行。

附录 G　商品房销售管理办法

中华人民共和国建设部令第 88 号

《商品房销售管理办法》已于 2001 年 3 月 14 日经建设部第 38 次部常委会议审议通过，现予发布，自 2001 年 6 月 1 日起施行。

部长：俞正声
2001 年 4 月 4 日

第一章　总　则

第一条　为了规范商品房销售行为，保障商品房交易双方当事人的合法权益，根据《中华人民共和国城市房地产管理法》《城市房地产开发经营管理条例》，制定本办法。

第二条　商品房销售及商品房销售管理应当遵守本办法。

第三条　商品房销售包括商品房现售和商品房预售。

本办法所称商品房现售，是指房地产开发企业将竣工验收合格的商品房出售给买受人，并由买受人支付房价款的行为。

本办法所称商品房预售，是指房地产开发企业将正在建设中的商品房预先出售给买受人，并由买受人支付定金或者房价款的行为。

第四条　房地产开发企业可以自行销售商品房，也可以委托房地产中介服务机构销售商品房。

第五条　国务院建设行政主管部门负责全国商品房的销售管理工作。

省、自治区人民政府建设行政主管部门负责本行政区域内商品房的销售管理工作。

直辖市、市、县人民政府建设行政主管部门、房地产行政主管部门（以下统称房地产开发主管部门）按照职责分工，负责本行政区域内商品房的销售管理工作。

第二章　销售条件

第六条　商品房预售实行预售许可制度。

商品房预售条件及商品房预售许可证明的办理程序，按照《城市房地产开发经营管理条例》和《城市商品房预售管理办法》的有关规定执行。

第七条　商品房现售，应当符合以下条件：

（一）现售商品房的房地产开发企业应当具有企业法人营业执照和房地产开发企业资质证书；

（二）取得土地使用权证书或者使用土地的批准文件；

（三）持有建设工程规划许可证和施工许可证；

（四）已通过竣工验收；

（五）拆迁安置已经落实；

（六）供水、供电、供热、燃气、通信等配套基础设施具备交付使用条件，其他配套基础设施和公共设施具备交付使用条件或者已确定施工进度和交付日期；

（七）物业管理方案已经落实。

第八条　房地产开发企业应当在商品房现售前将房地产开发项目手册及符合商品房现售条件的有关证明文件报送房地产开发主管部门备案。

第九条　房地产开发企业销售设有抵押权的商品房，其抵押权的处理按照《中华人民共和国担保法》《城市房地产抵押管理办法》的有关规定执行。

第十条　房地产开发企业不得在未解除商品房买卖合同前，将作为合同标的物的商品房再行销售给他人。

第十一条　房地产开发企业不得采取返本销售或者变相返本销售的方式销售商品房。

房地产开发企业不得采取售后包租或者变相售后包租的方式销售未竣工商品房。

第十二条　商品住宅按套销售，不得分割拆零销售。

第十三条　商品房销售时，房地产开发企业选聘了物业管理企业的，买受人应当在订立商品房买卖合同时与房地产开发企业选聘的物业管理企业订立有关物业管理的协议。

第三章　广告与合同

第十四条　房地产开发企业、房地产中介服务机构发布商品房销售宣传广告，应当执行《中华人民共和国广告法》《房地产广告发布暂行规定》等有关规定，广告内容必须真实、合法、科学、准确。

第十五条　房地产开发企业、房地产中介服务机构发布的商品房销售广告和宣传资料所明示的事项，当事人应当在商品房买卖合同中约定。

第十六条　商品房销售时，房地产开发企业和买受人应当订立书面商品房买卖合同。

商品房买卖合同应当明确以下主要内容：

（一）当事人名称或者姓名和住所；

（二）商品房基本状况；

（三）商品房的销售方式；

（四）商品房价款的确定方式及总价款、付款方式、付款时间；

（五）交付使用条件及日期；

（六）装饰、设备标准承诺；

（七）供水、供电、供热、燃气、通信、道路、绿化等配套基础设施和公共设施的交付承诺和有关权益、责任；

（八）公共配套建筑的产权归属；

（九）面积差异的处理方式；

（十）办理产权登记有关事宜；

（十一）解决争议的方法；

（十二）违约责任；

（十三）双方约定的其他事项。

第十七条　商品房销售价格由当事人协商议定，国家另有规定的除外。

第十八条　商品房销售可以按套（单元）计价，也可以按套内建筑面积或者建筑面积计价。

商品房建筑面积由套内建筑面积和分摊的共有建筑面积组成，套内建筑面积部分为独立产权，分摊的共有建筑面积部分为共有产权，买受人按照法律、法规的规定对其享有权利，承担责任。

按套（单元）计价或者按套内建筑面积计价的，商品房买卖合同中应当注明建筑面积和分摊的共有建筑面积。

第十九条　按套（单元）计价的现售房屋，当事人对现售房屋实地勘察后可以在合同中直接约定总价款。

按套（单元）计价的预售房屋，房地产开发企业应当在合同中附所售房屋的平面图。平面图应当标明详细尺寸，并约定误差范围。房屋交付时，套型与设计图样一致，相关尺寸也在约定的误差范围内，维持总价款不变；套型与设计图样不一致或者相关尺寸超出约定的误差范围，合同中未约定处理方式的，买受人可以退房或者与房地产开发企业重新约定总价款。买受人退房的，由房地产开发企业承担违约责任。

第二十条　按套内建筑面积或者建筑面积计价的，当事人应当在合同中载明合同约定面积与产权登记面积发生误差的处理方式。

合同未作约定的，按以下原则处理：

（一）面积误差比绝对值在3%以内（含3%）的，据实结算房价款。

（二）面积误差比绝对值超出 3%时，买受人有权退房。买受人退房的，房地产开发企业应当在买受人提出退房之日起 30 日内将买受人已付房价款退还给买受人，同时支付已付房价款利息。买受人不退房的，产权登记面积大于合同约定面积时，面积误差比在 3%以内（含3%）部分的房价款由买受人补足；超出 3%部分的房价款由房地产开发企业承担，产权归买受人。产权登记面积小于合同约定面积时，面积误差比绝对值在3%以内（含3%）部分的房价款由房地产开发企业返还买受人；绝对值超出 3%部分的房价款由房地产开发企业双倍返还买受人。

$$面积误差比 = \frac{产权登记面积 - 合同约定面积}{合同约定面积} \times 100\%$$

因本办法第二十四条规定的规划设计变更造成面积差异，当事人不解除合同的，应当签署补充协议。

第二十一条　按建筑面积计价的，当事人应当在合同中约定套内建筑面积和分摊的共有建筑面积，并约定建筑面积不变而套内建筑面积发生误差以及建筑面积与套内建筑面积均发生误差时的处理方式。

第二十二条　不符合商品房销售条件的，房地产开发企业不得销售商品房，不得向买受人收取任何预订款性质费用。

符合商品房销售条件的，房地产开发企业在订立商品房买卖合同之前向买受人收取预订款性质费用的，订立商品房买卖合同时，所收费用应当抵作房价款；当事人未能订立商品房买卖合同的，房地产开发企业应当向买受人返还所收费用；当事人之间另有约定的，从其约定。

第二十三条　房地产开发企业应当在订立商品房买卖合同之前向买受人明示《商品房销售管理办法》和《商品房买卖合同示范文本》；预售商品房的，还必须明示《城市商品房预售管理办法》。

第二十四条　房地产开发企业应当按照批准的规划、设计建设商品房。商品房销售后，房地产开发企业不得擅自变更规划、设计。

经规划部门批准的规划变更、设计单位同意的设计变更导致商品房的结构型式、户型、空间尺寸、朝向变化,以及出现合同当事人约定的其他影响商品房质量或者使用功能情形的,房地产开发企业应当在变更确立之日起 10 日内,书面通知买受人。

买受人有权在通知到达之日起 15 日内做出是否退房的书面答复。买受人在通知到达之日起 15 日内未做书面答复的,视同接受规划、设计变更以及由此引起的房价款的变更。房地产开发企业未在规定时限内通知买受人的,买受人有权退房;买受人退房的,由房地产开发企业承担违约责任。

第四章 销 售 代 理

第二十五条 房地产开发企业委托中介服务机构销售商品房的,受托机构应当是依法设立并取得工商营业执照的房地产中介服务机构。

房地产开发企业应当与受托房地产中介服务机构订立书面委托合同,委托合同应当载明委托期限、委托权限以及委托人和被委托人的权利、义务。

第二十六条 受托房地产中介服务机构销售商品房时,应当向买受人出示商品房的有关证明文件和商品房销售委托书。

第二十七条 受托房地产中介服务机构销售商品房时,应当如实向买受人介绍所代理销售商品房的有关情况。

受托房地产中介服务机构不得代理销售不符合销售条件的商品房。

第二十八条 受托房地产中介服务机构在代理销售商品房时不得收取佣金以外的其他费用。

第二十九条 商品房销售人员应当经过专业培训,方可从事商品房销售业务。

第五章 交 付

第三十条 房地产开发企业应当按照合同约定,将符合交付使用条件的商品房按期交付给买受人。未能按期交付的,房地产开发企业应当承担违约责任。

因不可抗力或者当事人在合同中约定的其他原因,需延期交付的,房地产开发企业应当及时告知买受人。

第三十一条 房地产开发企业销售商品房时设置样板房的,应当说明实际交付的商品房质量、设备及装修与样板房是否一致,未做说明的,实际交付的商品房应当与样板房一致。

第三十二条 销售商品住宅时,房地产开发企业应当根据《商品住宅实行质量保证书和住宅使用说明书制度的规定》(以下简称《规定》),向买受人提供《住宅质量保证书》《住宅使用说明书》。

第三十三条 房地产开发企业应当对所售商品房承担质量保修责任。当事人应当在合同中就保修范围、保修期限、保修责任等内容做出约定。保修期从交付之日起计算。

商品住宅的保修期限不得低于建设工程承包单位向建设单位出具的质量保修书约定保修期的存续期;存续期少于《规定》中确定的最低保修期限的,保修期不得低于《规定》中确定的最低保修期限。

非住宅商品房的保修期限不得低于建设工程承包单位向建设单位出具的质量保修书约定保修期的存续期。

在保修期限内发生的属于保修范围的质量问题，房地产开发企业应当履行保修义务，并对造成的损失承担赔偿责任。因不可抗力或者使用不当造成的损坏，房地产开发企业不承担责任。

第三十四条　房地产开发企业应当在商品房交付使用前按项目委托具有房产测绘资格的单位实施测绘，测绘成果报房地产行政主管部门审核后用于房屋权属登记。

房地产开发企业应当在商品房交付使用之日起60日内，将需要由其提供的办理房屋权属登记的资料报送房屋所在地房地产行政主管部门。

房地产开发企业应当协助商品房买受人办理土地使用权变更和房屋所有权登记手续。

第三十五条　商品房交付使用后，买受人认为主体结构质量不合格的，可以依照有关规定委托工程质量检测机构重新核验。经核验，确属主体结构质量不合格的，买受人有权退房；给买受人造成损失的，房地产开发企业应当依法承担赔偿责任。

第六章　法　律　责　任

第三十六条　未取得营业执照，擅自销售商品房的，由县级以上人民政府工商行政管理部门依照《城市房地产开发经营管理条例》的规定处罚。

第三十七条　未取得房地产开发企业资质证书，擅自销售商品房的，责令停止销售活动，处5万元以上10万元以下的罚款。

第三十八条　违反法律、法规规定，擅自预售商品房的，责令停止违法行为，没收违法所得；收取预付款的，可以并处已收取的预付款1%以下的罚款。

第三十九条　在未解除商品房买卖合同前，将作为合同标的物的商品房再行销售给他人的，处以警告，责令限期改正，并处2万元以上3万元以下罚款；构成犯罪的，依法追究刑事责任。

第四十条　房地产开发企业将未组织竣工验收、验收不合格或者对不合格按合格验收的商品房擅自交付使用的，按照《建设工程质量管理条例》的规定处罚。

第四十一条　房地产开发企业未按规定将测绘成果或者需要由其提供的办理房屋权属登记的资料报送房地产行政主管部门的，处以警告，责令限期改正，并可处以2万元以上3万元以下罚款。

第四十二条　房地产开发企业在销售商品房中有下列行为之一的，处以警告，责令限期改正，并可处以1万元以上3万元以下罚款。

（一）未按照规定的现售条件现售商品房的；

（二）未按照规定在商品房现售前将房地产开发项目手册及符合商品房现售条件的有关证明文件报送房地产开发主管部门备案的；

（三）返本销售或者变相返本销售商品房的；

（四）采取售后包租或者变相售后包租方式销售未竣工商品房的；

（五）分割拆零销售商品住宅的；

（六）不符合商品房销售条件，向买受人收取预订款性质费用的；

（七）未按照规定向买受人明示《商品房销售管理办法》《商品房买卖合同示范文本》

《城市商品房预售管理办法》的；

（八）委托没有资格的机构代理销售商品房的。

第四十三条　房地产中介服务机构代理销售不符合销售条件的商品房的，处以警告，责令停止销售，并可处以2万元以上3万元以下罚款。

第四十四条　国家机关工作人员在商品房销售管理工作中玩忽职守、滥用职权、徇私舞弊，依法给予行政处分；构成犯罪的，依法追究刑事责任。

第七章　附　　则

第四十五条　本办法所称返本销售，是指房地产开发企业以定期向买受人返还购房款的方式销售商品房的行为。

本办法所称售后包租，是指房地产开发企业以在一定期限内承租或者代为出租买受人所购该企业商品房的方式销售商品房的行为。

本办法所称分割拆零销售，是指房地产开发企业以将成套的商品住宅分割为数部分分别出售给买受人的方式销售商品住宅的行为。

本办法所称产权登记面积，是指房地产行政主管部门确认登记的房屋面积。

第四十六条　省、自治区、直辖市人民政府建设行政主管部门可以根据本办法制定实施细则。

第四十七条　本办法由国务院建设行政主管部门负责解释。

第四十八条　本办法自2001年6月1日起施行。

附录 H 公共租赁住房管理办法

中华人民共和国住房和城乡建设部令第 11 号

《公共租赁住房管理办法》已经第 84 次部常务会议审议通过，现予发布，自 2012 年 7 月 15 日起施行。

部长 姜伟新
2012 年 5 月 28 日

第一章 总 则

第一条 为了加强对公共租赁住房的管理，保障公平分配，规范运营与使用，健全退出机制，制定本办法。

第二条 公共租赁住房的分配、运营、使用、退出和管理，适用本办法。

第三条 本办法所称公共租赁住房，是指限定建设标准和租金水平，面向符合规定条件的城镇中等偏下收入住房困难家庭、新就业无房职工和在城镇稳定就业的外来务工人员出租的保障性住房。

公共租赁住房通过新建、改建、收购、长期租赁等多种方式筹集，可以由政府投资，也可以由政府提供政策支持、社会力量投资。

公共租赁住房可以是成套住房，也可以是宿舍型住房。

第四条 国务院住房和城乡建设主管部门负责全国公共租赁住房的指导和监督工作。

县级以上地方人民政府住房城乡建设（住房保障）主管部门负责本行政区域内的公共租赁住房管理工作。

第五条 直辖市和市、县级人民政府住房保障主管部门应当加强公共租赁住房管理信息系统建设，建立和完善公共租赁住房管理档案。

第六条 任何组织和个人对违反本办法的行为都有权进行举报、投诉。

住房城乡建设（住房保障）主管部门接到举报、投诉，应当依法及时核实、处理。

第二章 申请与审核

第七条 申请公共租赁住房，应当符合以下条件：

（一）在本地无住房或者住房面积低于规定标准；

（二）收入、财产低于规定标准；

（三）申请人为外来务工人员的，在本地稳定就业达到规定年限。

具体条件由直辖市和市、县级人民政府住房保障主管部门根据本地区实际情况确定，报本级人民政府批准后实施并向社会公布。

第八条 申请人应当根据市、县级人民政府住房保障主管部门的规定，提交申请材料，并对申请材料的真实性负责。申请人应当书面同意市、县级人民政府住房保障主管部门核实其申报信息。

申请人提交的申请材料齐全的，市、县级人民政府住房保障主管部门应当受理，并向申请人出具书面凭证；申请材料不齐全的，应当一次性书面告知申请人需要补正的材料。

对在开发区和园区集中建设面向用工单位或者园区就业人员配租的公共租赁住房，用人单位可以代表本单位职工申请。

第九条　市、县级人民政府住房保障主管部门应当会同有关部门，对申请人提交的申请材料进行审核。

经审核，对符合申请条件的申请人，应当予以公示，经公示无异议或者异议不成立的，登记为公共租赁住房轮候对象，并向社会公开；对不符合申请条件的申请人，应当书面通知并说明理由。

申请人对审核结果有异议，可以向市、县级人民政府住房保障主管部门申请复核。市、县级人民政府住房保障主管部门应当会同有关部门进行复核，并在15个工作日内将复核结果书面告知申请人。

第三章　轮候与配租

第十条　对登记为轮候对象的申请人，应当在轮候期内安排公共租赁住房。

直辖市和市、县级人民政府住房保障主管部门应当根据本地区经济发展水平和公共租赁住房需求，合理确定公共租赁住房轮候期，报本级人民政府批准后实施并向社会公布。轮候期一般不超过5年。

第十一条　公共租赁住房房源确定后，市、县级人民政府住房保障主管部门应当制定配租方案并向社会公布。

配租方案应当包括房源的位置、数量、户型、面积，租金标准，供应对象范围，意向登记时限等内容。

企事业单位投资的公共租赁住房的供应对象范围，可以规定为本单位职工。

第十二条　配租方案公布后，轮候对象可以按照配租方案，到市、县级人民政府住房保障主管部门进行意向登记。

市、县级人民政府住房保障主管部门应当会同有关部门，在15个工作日内对意向登记的轮候对象进行复审。对不符合条件的，应当书面通知并说明理由。

第十三条　对复审通过的轮候对象，市、县级人民政府住房保障主管部门可以采取综合评分、随机摇号等方式，确定配租对象与配租排序。

综合评分办法、摇号方式及评分、摇号的过程和结果应当向社会公开。

第十四条　配租对象与配租排序确定后应当予以公示。公示无异议或者异议不成立的，配租对象按照配租排序选择公共租赁住房。

配租结果应当向社会公开。

第十五条　复审通过的轮候对象中享受国家定期抚恤补助的优抚对象、孤老病残人员等，可以优先安排公共租赁住房。优先对象的范围和优先安排的办法由直辖市和市、县级人民政府住房保障主管部门根据本地区实际情况确定，报本级人民政府批准后实施并向社会公布。

社会力量投资和用人单位代表本单位职工申请的公共租赁住房，只能向经审核登记为轮候对象的申请人配租。

第十六条　配租对象选择公共租赁住房后，公共租赁住房所有权人或者其委托的运营单位与配租对象应当签订书面租赁合同。

租赁合同签订前，所有权人或者其委托的运营单位应当将租赁合同中涉及承租人责任的条款内容和应当退回公共租赁住房的情形向承租人明确说明。

第十七条　公共租赁住房租赁合同一般应当包括以下内容：

（一）合同当事人的名称或姓名；

（二）房屋的位置、用途、面积、结构、室内设施和设备，以及使用要求；

（三）租赁期限、租金数额和支付方式；

（四）房屋维修责任；

（五）物业服务、水、电、燃气、供热等相关费用的缴纳责任；

（六）退回公共租赁住房的情形；

（七）违约责任及争议解决办法；

（八）其他应当约定的事项。

省、自治区、直辖市人民政府住房城乡建设（住房保障）主管部门应当制定公共租赁住房租赁合同示范文本。

合同签订后，公共租赁住房所有权人或者其委托的运营单位应当在30日内将合同报市、县级人民政府住房保障主管部门备案。

第十八条　公共租赁住房租赁期限一般不超过5年。

第十九条　市、县级人民政府住房保障主管部门应当会同有关部门，按照略低于同地段住房市场租金水平的原则，确定本地区的公共租赁住房租金标准，报本级人民政府批准后实施。

公共租赁住房租金标准应当向社会公布，并定期调整。

第二十条　公共租赁住房租赁合同约定的租金数额，应当根据市、县级人民政府批准的公共租赁住房租金标准确定。

第二十一条　承租人应当根据合同约定，按时支付租金。

承租人收入低于当地规定标准的，可以依照有关规定申请租赁补贴或者减免。

第二十二条　政府投资的公共租赁住房的租金收入按照政府非税收入管理的有关规定缴入同级国库，实行收支两条线管理，专项用于偿还公共租赁住房贷款本息及公共租赁住房的维护、管理等。

第二十三条　因就业、子女就学等原因需要调换公共租赁住房的，经公共租赁住房所有权人或者其委托的运营单位同意，承租人之间可以互换所承租的公共租赁住房。

第四章　使用与退出

第二十四条　公共租赁住房的所有权人及其委托的运营单位应当负责公共租赁住房及其配套设施的维修养护，确保公共租赁住房的正常使用。

政府投资的公共租赁住房维修养护费用主要通过公共租赁住房租金收入以及配套商业服务设施租金收入解决，不足部分由财政预算安排解决；社会力量投资建设的公共租赁住房维修养护费用由所有权人及其委托的运营单位承担。

第二十五条　公共租赁住房的所有权人及其委托的运营单位不得改变公共租赁住房的保障性住房性质、用途及其配套设施的规划用途。

第二十六条　承租人不得擅自装修所承租公共租赁住房。确需装修的，应当取得公共租赁住房的所有权人或其委托的运营单位同意。

第二十七条　承租人有下列行为之一的，应当退回公共租赁住房：

（一）转借、转租或者擅自调换所承租公共租赁住房的；

（二）改变所承租公共租赁住房用途的；

（三）破坏或者擅自装修所承租公共租赁住房，拒不恢复原状的；

（四）在公共租赁住房内从事违法活动的；

（五）无正当理由连续6个月以上闲置公共租赁住房的。

承租人拒不退回公共租赁住房的，市、县级人民政府住房保障主管部门应当责令其限期退回；逾期不退回的，市、县级人民政府住房保障主管部门可以依法申请人民法院强制执行。

第二十八条　市、县级人民政府住房保障主管部门应当加强对公共租赁住房使用的监督检查。

公共租赁住房的所有权人及其委托的运营单位应当对承租人使用公共租赁住房的情况进行巡查，发现有违反本办法规定行为的，应当及时依法处理或者向有关部门报告。

第二十九条　承租人累计6个月以上拖欠租金的，应当腾退所承租的公共租赁住房；拒不腾退的，公共租赁住房的所有权人或者其委托的运营单位可以向人民法院提起诉讼，要求承租人腾退公共租赁住房。

第三十条　租赁期届满需要续租的，承租人应当在租赁期满3个月前向市、县级人民政府住房保障主管部门提出申请。

市、县级人民政府住房保障主管部门应当会同有关部门对申请人是否符合条件进行审核。经审核符合条件的，准予续租，并签订续租合同。

未按规定提出续租申请的承租人，租赁期满应当腾退公共租赁住房；拒不腾退的，公共租赁住房的所有权人或者其委托的运营单位可以向人民法院提起诉讼，要求承租人腾退公共租赁住房。

第三十一条　承租人有下列情形之一的，应当腾退公共租赁住房：

（一）提出续租申请但经审核不符合续租条件的；

（二）租赁期内，通过购买、受赠、继承等方式获得其他住房并不再符合公共租赁住房配租条件的；

（三）租赁期内，承租或者承购其他保障性住房的。

承租人有前款规定情形之一的，公共租赁住房的所有权人或者其委托的运营单位应当为其安排合理的搬迁期，搬迁期内租金按照合同约定的租金数额缴纳。

搬迁期满不腾退公共租赁住房，承租人确无其他住房的，应当按照市场价格缴纳租金；承租人有其他住房的，公共租赁住房的所有权人或者其委托的运营单位可以向人民法院提起诉讼，要求承租人腾退公共租赁住房。

第三十二条　房地产经纪机构及其经纪人员不得提供公共租赁住房出租、转租、出售等经纪业务。

第五章　法律责任

第三十三条　住房城乡建设（住房保障）主管部门及其工作人员在公共租赁住房管理

工作中不履行本办法规定的职责,或者滥用职权、玩忽职守、徇私舞弊的,对直接负责的主管人员和其他直接责任人员依法给予处分;构成犯罪的,依法追究刑事责任。

第三十四条 公共租赁住房的所有权人及其委托的运营单位违反本办法,有下列行为之一的,由市、县级人民政府住房保障主管部门责令限期改正,并处以3万元以下罚款:

(一)向不符合条件的对象出租公共租赁住房的;

(二)未履行公共租赁住房及其配套设施维修养护义务的;

(三)改变公共租赁住房的保障性住房性质、用途,以及配套设施的规划用途的。

公共租赁住房的所有权人为行政机关的,按照本办法第三十三条处理。

第三十五条 申请人隐瞒有关情况或者提供虚假材料申请公共租赁住房的,市、县级人民政府住房保障主管部门不予受理,给予警告,并记入公共租赁住房管理档案。

以欺骗等不正手段,登记为轮候对象或者承租公共租赁住房的,由市、县级人民政府住房保障主管部门处以1000元以下罚款,记入公共租赁住房管理档案;登记为轮候对象的,取消其登记;已承租公共租赁住房的,责令限期退回所承租公共租赁住房,并按市场价格补缴租金,逾期不退回的,可以依法申请人民法院强制执行,承租人自退回公共租赁住房之日起五年内不得再次申请公共租赁住房。

第三十六条 承租人有下列行为之一的,由市、县级人民政府住房保障主管部门责令按市场价格补缴从违法行为发生之日起的租金,记入公共租赁住房管理档案,处以1000元以下罚款;有违法所得的,处以违法所得3倍以下但不超过3万元的罚款:

(一)转借、转租或者擅自调换所承租公共租赁住房的;

(二)改变所承租公共租赁住房用途的;

(三)破坏或者擅自装修所承租公共租赁住房,拒不恢复原状的;

(四)在公共租赁住房内从事违法活动的;

(五)无正当理由连续6个月以上闲置公共租赁住房的。

有前款所列行为,承租人自退回公共租赁住房之日起五年内不得再次申请公共租赁住房;造成损失的,依法承担赔偿责任。

第三十七条 违反本办法第三十二条的,依照《房地产经纪管理办法》第三十七条,由县级以上地方人民政府住房城乡建设(房地产)主管部门责令限期改正,记入房地产经纪信用档案;对房地产经纪人员,处以1万元以下罚款;对房地产经纪机构,取消网上签约资格,处以3万元以下罚款。

第六章 附 则

第三十八条 省、自治区、直辖市住房城乡建设(住房保障)主管部门可以根据本办法制定实施细则。

第三十九条 本办法自2012年7月15日起施行。

附录 I 关于公共租赁住房和廉租住房并轨运行的通知

建保〔2013〕178 号

各省、自治区住房城乡建设厅、财政厅、发展改革委,北京市住房城乡建设委、财政局、发展改革委,上海市城乡建设交通委、住房保障房屋管理局、财政局、发展改革委,天津市城乡建设交通委、国土资源房屋管理局、财政局、发展改革委,重庆市国土资源房屋管理局、财政局、发展改革委,新疆生产建设兵团建设局、财务局、发展改革委:

根据《国务院批转发展改革委关于 2013 年深化经济体制改革重点工作意见的通知》(国发〔2013〕20 号)和《国务院办公厅关于保障性安居工程建设和管理的指导意见》(国办发〔2011〕45 号)等文件精神,从 2014 年起,各地公共租赁住房和廉租住房并轨运行,并轨后统称为公共租赁住房。现就有关事宜通知如下:

一、调整公共租赁住房年度建设计划

从 2014 年起,各地廉租住房(含购改租等方式筹集,下同)建设计划调整并入公共租赁住房年度建设计划。2014 年以前年度已列入廉租住房年度建设计划的在建项目可继续建设,建成后统一纳入公共租赁住房管理。

二、整合公共租赁住房政府资金渠道

廉租住房并入公共租赁住房后,地方政府原用于廉租住房建设的资金来源渠道,调整用于公共租赁住房(含 2014 年以前在建廉租住房)建设。原用于租赁补贴的资金,继续用于补贴在市场租赁住房的低收入住房保障对象。

从 2014 年起,中央补助公共租赁住房建设资金以及租赁补贴资金继续由财政部安排,国家发展改革委原安排的中央用于新建廉租住房补助投资调整为公共租赁住房配套基础设施建设补助投资,并向西藏及青海、甘肃、四川、云南四省藏区,新疆自治区及新疆建设兵团所辖的南疆三地州等财力困难地区倾斜。

三、进一步完善公共租赁住房租金定价机制

各地要结合本地区经济发展水平、财政承受能力、住房市场租金水平、建设与运营成本、保障对象支付能力等因素,进一步完善公共租赁住房的租金定价机制,动态调整租金。

公共租赁住房租金原则上按照适当低于同地段、同类型住房市场租金水平确定。政府投资建设并运营管理的公共租赁住房,各地可根据保障对象的支付能力实行差别化租金,对符合条件的保障对象采取租金减免。社会投资建设并运营管理的公共租赁住房,各地可按规定对符合条件的低收入住房保障对象予以适当补贴。

各地可根据保障对象支付能力的变化,动态调整租金减免或补贴额度,直至按照市场价格收取租金。

四、健全公共租赁住房分配管理制度

各地要进一步完善公共租赁住房的申请受理渠道、审核准入程序,提高效率,方便群众。各地可以在综合考虑保障对象的住房困难程度、收入水平、申请顺序、保障需求以及房源等情况的基础上,合理确定轮候排序规则,统一轮候配租。已建成并分配入住的廉租住房统一纳入公共租赁住房管理,其租金水平仍按原有租金标准执行;已建成未入住的廉租住房以及在建的廉租住房项目建成后,要优先解决原廉租住房保障对象住房困难,剩余房源统一按公共租赁住房分配。

五、加强组织领导,有序推进并轨运行工作

公共租赁住房和廉租住房并轨运行是完善住房保障制度体系,提高保障性住房资源配置效率的有效措施;是改善住房保障公共服务的重要途径;是维护社会公平正义的具体举措。各地要进一步加强领导,精心组织,完善住房保障机构,充实人员,落实经费,理顺体制机制,扎实有序推进并轨运行工作。各地可根据本通知,结合实际情况,制定具体实施办法。

中华人民共和国住房和城乡建设部
中华人民共和国财政部
中华人民共和国国家发展和改革委员会
2013 年 12 月 2 日

参 考 文 献

[1] 赵代松，等．房地产开发与经营[M]．北京：中国林业出版社，2002．
[2] 银花，张加颖，等．房地产经营与管理[M]．北京：机械工业出版社，2003．
[3] 黄英，等．房地产开发与经营[M]．北京：机械工业出版社，2007．
[4] 全国监理工程师执业资格考试培训教材编写委员会．工程建设合同管理[M]．北京：知识产权出版社，2000．
[5] 刘学应．房地产开发项目投资分析与决策[J]．中国房地产估价师，1999(3)：43-46．
[6] 申立银，等．房地产经营与管理[M]．北京：中国计划出版社，1999．
[7] 王小伟，等．中国房地产法与法律实务[M]．北京：华夏出版社，2002．
[8] 黄安永．物业管理招标投标[M]．南京：东南大学出版社，2002．
[9] 王雪青．建设工程投资控制[M]．北京：知识产权出版社，2003．
[10] 刘伊生．建设工程进度控制[M]．北京：知识产权出版社，2003．
[11] 田金信．建设工程质量控制[M]．北京：知识产权出版社，2003．
[12] 常永胜．中国房地产金融体系研究[M]．北京：经济科学出版社，2001．
[13] 李启明，等．房地产投资风险与决策[M]．南京：东南大学出版社，1998．
[14] 栾淑梅，等．房地产市场营销[M]．北京：机械工业出版社，2007．
[15] 中国房地产估价师与房地产经纪人学会．房地产开发经营与管理[M]．北京：中国建筑工业出版社，2008．
[16] 全国二级建造师执业资格考试用书编写委员会．建筑工程管理与实务[M]．北京：中国建筑工业出版社，2014．
[17] 全国二级建造师执业资格考试用书编写委员会．建设工程施工管理[M]．北京：中国建筑工业出版社，2014．
[18] 刘学应，等．房地产开发与经营[M]．北京：机械工业出版社，2010．